韓國人의 日本, 日本人에 대한 認識

韓國人의 日本, 日本人에 대한 認識

한일문화교류기금 편

경인문화사

| 책을 내면서 |

이 책은 한일문화교류기금의 2021년 한일국제학술회의 '韓國人의 日本, 日本人에 대한 認識'에서 발표된 내용을 단행본으로 엮은 것이다.

이번 학술회의는 지난해에 이어서 역사적으로 한일관계에서 나타난 양국인의 상호인식에 초점을 맞추어 살펴보기로 했다. 지난해에 '日本人의 韓國, 韓國人에 대한 認識'을 알아보았고, 이어서 '韓國人의 日本, 日本人에 대한 認識'을 순차적으로 다루었다.

학술회의는 한성주 강원대교수의 사회로 3개 세션을 시대순으로 나누어 진행했다. 이상우 회장의 개회사에 이어 아이보시 코이치[相星孝一] 주한일본대사가 축사를 했고, 전주일대사 신각수 한일문화교류기금 이사가 기조강연, '한일 상호인식, 무엇이 문제인가'를 했다.

제1세션 '고대 한국인의 일본, 일본인 인식'에서는 노중국 계명대 명예교수가 '고대 삼국의 일본, 일본인 인식', 임상선 동북아역사재단 명예연구위원이 '남북국의 일본, 일본인 인식'을 주제로 발표했다. 이에 대해 關根英行 가천대 교수와 김종복 안동대 교수가 약정토론을 했다. 제2세션 '중·근세 한국인의 일본, 일본인 인식'에서는 이재범 전 경기대 교수가 '고려의 일본, 일본인 인식', 장순순 전주대 연구교수가 '조선의 일본, 일본인 인식'을 발표했고, 이에 대해 이상배 서울역사편찬원 원장과 田阪正則 선문대 교수가 약정토론을 했다. 제3세션 '근·현대 한국인의 일본, 일본인 인식'에서는 최덕수 고려대 명예교수가 '개항기 일본, 일본인 인식', 김인덕 청암대 교수가 '재일한국인의 일본, 일본인 인식', 緒方義廣 홍익대 교수가 '현대 한국인의 일본, 일본인 인식'을 주제로 발표했다. 이에 대해 김세민 전 하남역사박물관 관장, 한상도 건국대 명예교수, 선우정 조선일보 논설위원이 각각 약정토론을 했다. 그리고 손승철 강원대 명예교수의 사회로 종합토론을 통해 고대부터 현대에까지 한국인의 일본, 일본인에 대한 인식이 어떻게 형성되고 변화 내지 전개되어 가는가를 질의 응답식으로 토론했다.

물론 이 자리에서 한국인의 일본인식의 전모가 다 드러났다고 말할 수는 없다. 그러나 발표자와 토론자들은 고대부터 현대에 이르기까지 마치 의사가 진단을 위해 온몸을 스캐닝을 하듯이 각 시대의 주제들을 들여 다 보았고, 나름대로 처방을 내리려고 노력했다. 참가자들의 진단과 처방전도 여러 가지였다. 그러나 일치하는 것은 과거의 역사를 돌이킬 수 없지만 한일관계의 문제점을 정확히 진단하고 미래를 위한 처방이 필요하다는 데는 모두 공감했다. 그리고 과거의 짐을 후손들에게 대물림해서는 안 된다고 했다. 나아가 한일관계를 평화적으로 유지해가기 위해서는 어떻게든 외교적으로 갈등을 풀어가야 한다는 점이 강조되었다.

지난해와 올해, 두 차례 걸쳐 양국인의 상호인식을 통시대적으로 고찰했고, 두 권의 단행본을 발간함으로써 양국인의 상호인식을 관통하는 어떤 원형이 있을까하는 것을 찾아보려고 했다. 기본적으로 자기인식은 어떠했고, 타자인식은 어떠했을까, 서로 미워하고 폄하하는 이유는 어디에 있었을까, 역사의 거울을 들여 다 보려고 노력했다.

아무쪼록 두권의 단행본에 실린 글들이 한일관계와 상호이해를 위해 지혜를 모으는 밑거름이 되었으면 좋겠다.

끝으로 이 학술대회를 위해 수고해 주신 한일문화교류기금의 김수웅 국장, 문진옥 님, 종합토론 녹취와 정리에 수고해 준 신태훈, 민채윤 님에게 감사한다.

2022년 3월

한일문화교류기금 이사 손승철

| 개회사 |

코로나19 사태로 만남을 어려워하는 때에 저희 基金이 주최하는 학술 모임에 참여하여 주신 韓國과 日本 양국의 귀빈과 회의 참가자 여러분들께 감사드립니다. 특히 바쁘신 중에도 축사를 해주시는 相星孝一 주한 일본대사님과 기조연설을 해주시는 申珏秀 전 주일 한국대사님께 고마움을 전합니다.

저희 基金에서는 지난해에 "日本人의 韓國, 韓國人에 대한 認識"을 주제로 좋은 모임을 가졌습니다. 올해는 "韓國人의 日本, 日本人에 대한 認識"을 주제로 양국 전문가들의 高見을 들으려고 이번 회의를 준비했습니다. 韓國과 日本은 모두 國民이 主權을 행사하는 民主國家이므로 두 나라 사이의 관계는 두 나라의 國民들이 서로를 어떻게 認識하는가에 따라 결정된다고 생각해서 韓日交流를 '좋은 이웃 관계'로 만드는 일을 기획하는 기초 작업으로 이런 학술회의를 마련했습니다.

韓國과 日本에서는 "人"과 "人間"을 구별합니다. 生物的 존재인 사람은 "人"으로, 그리고 다른 사람과의 관계로 이루어지는 社會的 존재로서의 사람은 "人間"으로 표현합니다. 人間은 다른 사람과의 관계의 總和로 규정되는 社會的 存在입니다. 나와 부모, 형제와의 관계로 家族이라는 공동체가 이루어지고, 참가하는 공동체가 커지면서 民族, 市民, 國民이 이루어집니다. 民族이라는 공동체는 文化同質性을 共有하는 人間집단입니다. 그리고 국제관계란 두 나라의 國民집단 소속원들의 相對國 國民들에 대한 認識을 바탕으로 이루어집니다. 그래서 兩國 國民間의 相互認識이 호의적일 때라야 兩國間의 外交交流도 親密해집니다.

사람은 만남에서 배움을 얻습니다. 과거의 만남에서 얻어진 認識을 바탕으로 오늘의 相對를 이해하고, 나아가서 내일의 바람직한 관계를 협의해 나갑니다. 그래서 미래의 좋은 관계를 만들기 위해서는 어제의 관계를 서로 살피고 이것을 바탕으로 내일의 관계를 만들기 위한 오늘의 관계를 만들어 갑니다. 이런 생각에서 저희 韓日文化交流基金에서는 "2045年의 韓日關係: 元老들의 對話"라는 모임을 몇 차례 마련해보았습니다. 해방 100년이 되는 2045년에 韓日關係가 어떠했으면 좋겠는가를 함께 논해보고 그런 관계를 만들려면 오늘 우리가 무엇을 해야 할까를 논했습니다. 아주 의미있는 모임이었다고 저는 생각했습니다. 오늘 우리가 가지려는 학술회의도 그런 생각에서 마련한 것입니다.

"過去"는 배움을 얻는 바탕으로 우리가 고칠 수 없는 영역에 속합니다. 우리가 할 수 있는 일은 바람직한 未來를 설계하고 그 未來를 만들기 위해 오늘의 노력 방향을 찾는 일입니다. 이러한 생각을 가지고 오늘 회의에서 韓國人의 日本, 日本人에 대한 認識을 다루어 주실 것을 기대합니다.

코로나19 사태로 회의를 마련하는데 어려움이 많았습니다. 오늘 이렇게 훌륭한 회의를 마련해주시느라 애쓰신 金秀雄, 孫承喆 두 분 이사님께 고마움을 전합니다.

感謝합니다.

2021년 11월 5일

韓日文化交流基金

會長 李相禹

| 차 례 |

제 3 Session 근·현대 한국인의 일본, 일본인 인식

종합토론

기조강연

韓日 相互認識, 무엇이 문제인가

韓日 相互認識, 무엇이 문제인가

신각수 | 전 주일대사, 한일교류기금 이사

Ⅰ. 최근 한일관계 동향

한일 상호인식은 한일관계의 현주소를 반영하는 것이므로 이를 먼저 살펴볼 필요가 있다. 한일관계는 수교 반세기 동안 수차례의 위기를 잘 극복하고 착실히 발전하여 2010년대 초반에는 외교, 경제협력, 안보협력, 인적·문화교류 등 여러 부문에서 가장 양호한 상태를 보였다. 그러나 일본군위안부 문제로 촉발된 한일관계의 알력과 함께, 2012년 8월 이명박 대통령의 독도 방문이후 줄곧 내리막길을 걷기 시작하였다. 한국에서 박근혜 정부가 2013년 2월 출범하고 일본에서 아베 정부가 2012년 12월 출범하여 한일관계를 회복할 좋은 기회가 있었다. 불행히도 한국은 과거사문제의 해결 없이는 다른 분야에서의 협력은 없다는 원 트랙 정책을 취하고, 일본은 과거사문제와 일반 협력을 구별하자는 투 트랙 정책을 취하여 서로 접점이 없는 가운데 대립의 범위가 확대되면서 양국관계는 더욱 나빠졌다. 2015년 6월 양국 정상의 국교정상화 50주년 기념행사 참석과 12월 일본군위안부 한일합의의 타결로 잠시 해빙기를 맞았던 시기 외에는 지속적으로 악화하였다. 2017년 진보정권인 문재인 정부의 출범 이후에도 강제동원에 관한 2018년 대법원 판결과 2015년 일본군위안부 한일합의의 핵심인 화해치유재단 해산으로 일본의 對韓 자세가 경직되면서 격돌의 방향으로 나아갔다.

2021년도 극적 변화가 없는 한 현재 최악의 상태로 지나갈 전망이기 때문에 '한일관계 잃어버린 10년'이 목전에 다가왔다. 관계악화의 원인도 다양하고 충돌분야도 넓어서 일종의 '복합다중골절' 상태에 빠져 있다. 한일관계는 이번에 본격적으로 나빠지기 시작하기 전까지는 시시포스의 신화와 같이 과거 수차례의 위기가 있었지만 주로 과거사에 기인하고 비교적 단기간에 수습되었다. 그간 위기를 잘 극복하면서 점진적으로 착실히 발전하여 왔다는 점에서, 이번 한일관계의 위기는 종래 위기와는 달리 매우 구조적임을 보여준다.

한일관계의 악화상태가 장기화되면서 관계를 악화시키는 사안도 다양해지고 서로 악화를 조장하면서 악순환의 구조가 만들어지고 있다. 시간이 흐를수록 비정상의 늪이 깊어지고 빠져나오기 힘든 상태로 변모하고 있다. 정보화와 세계화로 세상 변화의 속도가 가팔라지고 상호 연결성이 높아지는 가운데, 이에 역행하는 10년이란 장기간의 악화가 한일관계의 근간을 흔들고 있는 것이다. 종래에는 볼 수 없었던 강한 부정적 현상들이 한일관계를 지배하기에 이르렀다. 우선 양국 국민 간의 상호인식이 크게 악화되었다. 일본인의 대외인식에 관한 여론조사를 매년 실시하는 일본 내각부 조사결과 〈표 1〉에 따르면, 조사를 시작한 1979년 40%대 초반에서 2011년 60%대 초반까지 꾸준히 상승해오던 일본인의 한국 호감도가 2012년에는 40%대 초반, 2014년에는 30%대 초반까지 급격히 하락하였다. 그 뒤 약간 회복하였지만 여전히 30%대 후반에 머물러 있다. 일본인의 한국 호감도가 수교 후 40여년 만에 최고점에 도달했는데 거기서 30%정도가 빠져 절반으로 줄어드는 데는 불과 2년 밖에 걸리지 않았다.

〈표 1〉 한국에 대한 친근감 조사결과 (일본 내각부)

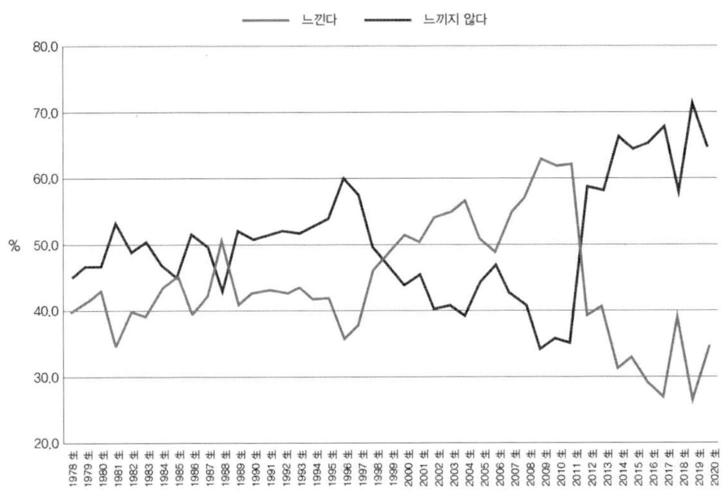

이와 같이 양국 간에 상호인식이 나빠지면서 나타난 현상은 인접국이기 때문에 자연히 발생하게 되는 문제에 관해 이성이 아닌 감성적으로, 또한 사안 자체의 성격에 따른 해결이 아니라 국내정치적 동기로 접근하는 경향이 강해졌다. 2018년 12월에 발생한 일본 초계기와 광개토대왕함 간에 일어난 자동추적장치 가동(lock-on) 여부와 저공비행을 둘러싼 갈등도 해군과 해상자위대 간의 실무 전문가 레벨에서 다루면 원만히 해결될 사안인데도 불구하고, 문제를 양국 최고지도자 수준까지 격상함으로써 해결을 어렵게 만들었다. 또한 2021년 4월 후쿠시마원전 오염수 방출 문제도 양국이 사전에 충분한 협의로 안전문제를 점검하는 절차와 협의기구를 만들어 대처하였으면 원만히 추진되었을 것이다. 그런데 한일관계 악화로 소통이 원활하지 않으니까 일본이 일방적으로 처리방침을 발표함으로써 문제를 복잡하게 만들었다. 한편 한국의 대응도 과학적 증거와 국제동향이라는 측면에서 부족한 인상을 지울 수 없다. 우리보다 더 직접적으로 영향을 받는 미국·캐나다에서는 아무런 반발이 없고 국제원자력기구(IAEA)에서도 일본의 배출계획에 대해 감시이상의 조치를 취하지 않는 점을 충분히 감안하여 합리적이고 국제적으로 수용 가능한 대응책을 모색해야 한다. 양국 간에 상호신뢰자산이 바닥이 나니까 문제해결을 위한 평형수가 없어져 이런 현상을 더욱 가중시키는 것이다.

최근 한일관계의 또 다른 특징은 과거사 현안이 전면 부각되어 한일관계 전반을 어렵게 하고 있는 형국이다. 2018년 10월 대법원의 강제동원 피해자에 대한 배상판결이 확정되면서 강제동원문제는 한일관계를 더욱 악화시키는 결정적 동기가 되었다. 대부분 과거사인식과 관련되어 추상적이었던 종래의 과거사문제와 달리, 강제동원문제는 일본기업의 한국내 재산 처리와 관련되는 구체적 사안이라는 점에서 차이가 있다. 아베 정부는 동 판결이 1965년 한일청구권협정에 반하는 국제법위반에 해당한다고 강하게 반발하였다. 이에 대해 문재인 정부는 삼권분립을 들어 대법원 판결을 존중하겠다는 입장을 취함으로써 한일 외교분쟁으로 발전하였다. 또한 박근혜 정부 시절 어렵게 2015년 한일 합의로 봉합되었던 일본군위안부문제도 한국 정부가 동 합의를 검증하는 외교부작업반을 설치하고 보고서를 발간하면서 합의가 피해자중심주의를 구현하지 못 했다는 점을 비판하였다. 이에 따라 합의의 핵심인 일본정부가 예산으로 제공한 기금으로 설립된 화해치유재단이 2018년 11월 해산됨으로써, 합의가 공식적으로 파기되지는 않았지만 사실상 기능하지 않는 무력화 단계에 있다. 특히 2021년 1월 서울중앙지방법원이 일본정부의 국가면제를 부인하면서, 일본군위안부 피해자에 대한 일본정부의 배상책임을 인정함으로써 새 단계에 진입하였다. 일본정부는 이 판결에 대해 국제법위반임을 주장하고 있다.

이와 같이 강제동원문제와 일본군위안부문제에 관한 한국 법원의 판결이 한일 간의 기존 합의와 충돌하면서, 한국 법원의 사법적 적극주의(judicial activism)가 외교의 공간을 제약하는 결과를 가져오고 있다. 타협이 가능한 외교와 타협이 어려운 법률 간의 충돌은 문제해결을 어렵게 한다. 그리고 가해자인 일본이 피해자인 한국을 공박하는, 과거에는 볼 수 없었던 과거사에 관한 한일 입장의 역전 현상도 가져왔다. 한국이 과거사문제에 있어서 일본에 견지하여왔던 도덕적 우위가 사라진 셈이다. 이에 따른 반사적 결과로서 과거사문제에서 한국이 가장 중시해야 할 역사를 교훈으로 삼기 위한 역사 연구·교육이라는 차원에서는 전혀 진전 없이 오히려 퇴행하는 사태가 전개되고 있다. 일본 정부가 최근 교과서에서 과거사에 관한 기술을 후퇴시키는 조치를 취하고 있는 것은 1980년대 교과서 파동 당시 일본이 약속한 근린조항을 위반하는 매우 우려스런 상황인데도 이에 대한 제동이 걸리지 않고 있다.

2019년 5월 한국 정부가 외교적 타협안을 일본 정부에 제시하였지만 별다른 진전 없이 한일관계는 더욱 험악한 국면을 맞게 된다. 7월 일본 정부가 한국을 전략물자 통관 우대국가명단(white list)에서 제외하고 반도체 소재 3개 품목에 대한 통관절차를 강화하는 무역규제 조치를 발표하였다. 이에 대해 한국 정부는 한일 군사비밀보호협정(GSOMIA)을 실효시키는 대응조치로 맞섰다. 과거사문제로 인한 외교마찰이 종래 정치적으로 관계가 나빠져도 경제영역에는 영향을 미치지 않도록 하는 암묵의 정경분리 원칙을 무너뜨렸고, 어려운 여건 속에서 착실히 발전해오던 안보협력 영역에도 부정적 효과를 미치게 되었다. 이러한 일련의 사태들은 한일관계 악화가 전방위적으로 확대되고 있음을 말해주는 것이었다.

이에 따라 한일 양국 간에는 상호경원 현상이 강해졌다. 일본은 한국을 무시하고 한국은 일본을 경시하고 있다. 일본은 일미동맹의 강화에 주력하고 일중관계는 관리하면서, 일본의 외교 레이더 상에서 한일관계는 실종상태에 있다. 한국은 외교정책의 중심을 북한과 중국에 두면서 일본에는 국내정치적 관점에서 접근하고 있다. 특히 한일 양국 모두 자국 내의 반일·혐한 여론을 국내정치적으로 활용하면서 여론을 순화하기는커녕 증폭시키고 있다. 한국에서는 2019년 7월 여당 싱크탱크인 민주연구원이 일본에 단호하게 대응하는 것이 2020년 총선에 유리할 것이란 보고서를 발간한 사례가 있고, 일본에서도 자민당이 무당파 흡수에 혐한 여론을 활용하는 것으로 알려졌다.

이와 같은 상호경원 현상은 상호 이해·신뢰의 상실로 이어져 양국 여론의 반일·혐한을 심화시켜 악순환의 구조로 고착시키게 된다. 이는 지금의 관계악화 상태를 개선하고 중장기적으로 건전하고 안정된 관계를 구축하기 위한 기본 토대를 허물게 된다. 양국이 민주주의 국가라는 점에서 여론을 반영하게 되며, 특히 세계적 현상인 인기영합주의의 흐름이 이런 성향을 더욱 부추기게 된다.

일본의 통상규제와 한국의 GSOMIA 종결 조치로 높아졌던 한일 간의 파고는 양국의 동맹국인 미국의 적극적 개입으로 통상규제조치에 관한 협의 개시와 GSOMIA 종결 정지로 일단 진정이 되었다. 2019년 10월 이낙연 총리의 일본 천황즉위식 참가와 12월 중국에서의 한일정상회담으로 회복의 기회를 찾았으나 코로나19와 2020년 4월 한국 총선으로 별 진전을 이루지 못 하였다. 2020년 9월 아베 총리가 건강으로 퇴진하고 후임으로 스가 정부가 출범하면서, 한국에서 11월 박지원 국정원장과 김진표 한일의련 회장이 일본을 방문하여 관계개선을 모색하였으나 일본이 과거사 현안관련 원 트랙 접근을 고수하면서 별다른 변화가 없었다. 이런 문재인 정부가 적극적 대일접근으로 방침을 변경한 것은 2022년 7월 동경 하계올림픽에서 평창 동계올림픽 때와 같이 남북접촉을 통해 한반도평화프로세스를 재가동하고, 곧 출범할 바이든 정부의 한일관계 개선 압력에 사전 대응하기 위한 포석으로 본다. 이어서 2022년 초 문재인 대통령도 연두 기자회견에서 현금화에 부정적 의견을 표명하고 일본군위안부 합의의 효력을 재확인하는 등 일본에 대해 적극적 자세를 보였다.

우여곡절 끝에 개최된 동경 올림픽에 문재인 대통령이 방일하는 문제가 합의 직전까지 갔지만, 정상회담의 성과 전망이 불투명하고 주한 일본대사관 차석의 부적절한 발언으로 국내여론이 반발하면서 결국 무산되었다. 임기가 얼마 남지 않은 문 대통령에게는 재임 중 마지막 기회였지만 국내정치적 고려가 우선하면서 실기하였다. 이미 치열한 경쟁에 들어간 2022년 3월 대통령 선거로 인해 과거사 현안의 해결에 필요한 정치적 결단이 이루어질 가능성은 희박해졌다. 외교적 타협에는 절충이 불가피한데 진보정권의 지지 기반의 반발이 있을 수 있기 때문에 피하려 할 것이기 때문이다. 동시에 일본에서도 9월 초 스가 요시히데 총리가 지지율 하락으로 자민당 총재 출마를 포기함으로써 기시다 후미오 총리가 후임으로 선출되었고, 10월 말 중의원 선거에서 절대안정 의석을 확보하였다. 그러나 2022년 7월 참의원 선거가 있고 기시다 총리가 아베, 아소, 다케시다 파벌의 지지로 선출되어 원로들의 입김이 작용하며 외교·방위 대신이 유임되었기 때문에, 독자적 색깔을 내기까지는 시간이 걸릴 것이다. 결국 양국에서 새 정부가 출범하고 안정되는 2022년 중반에 가서야 한일관계를 리셋하기 위한 본격적인 노력이 시작될 수 있을 것이다. 이런 맥락에서 2022년 상반기까지 양국이 시급히 해야 할 일은 더 이상 관계를 악화시킬 소지를 없애고 본격적 회복 궤도에 들어가기 위한 환경을 조성하는데 힘쓰는 것이다.

Ⅱ. 한일 상호인식의 현주소

위에서 살펴 본바와 같이 한일관계는 장기복합골절 상태의 악화로 잃어버린 10년을 경험하면서 여전히 어두운 터널 안에 있다. 따라서 한일 국민간의 상호인식도 1965년 국교정상화 이후 최악의 수준이다. 한일 양국은 1965년 14년 간 7회에 걸친 굴곡진 국교정상화 교섭을 거쳐 일본의 제2차 세계대전 패전으로 식민통치가 종식된 지 20년 만에 어렵사리 수교가 이루어졌다. 2차 세계대전 후 탈식민화로 많은 국가들이 독립하였지만 이렇게 정상화가 오래 걸린 것은 한국이 거의 유일한 예외라 할 수 있다. 한국은 헌법 전문에 '3·1운동으로 건립된 대한민국임시정부의 법통 계승'을 명기하여 일제 식민통치의 불법성을 분명히 할 만큼 국가승계 자체를 부인하는 매우 드문 사례에 해당한다. 그만큼 한일관계는 매우 복잡하고 어려운 인접국관계임을 단적으로 보여주는 것이다.

한일 국교정상화 교섭 당시 한국 국민의 반대로 1964년 6.3 사태가 발생하자 박정희 정부는 계엄령을 선포하고 정부 주도로 교섭을 타결하였다. 이 때문에 국교수립 후 초기 한일관계는 정부주도로 이루어졌고 민간은 경제계를 제외하고는 별로 역할을 하지 못 하였다. 이러한 정부주도가 국민참여로 바뀌는 계기는 1988년 서울올림픽과 1990년대 초 한국에서 민주화와 함께 일반 국민의 해외여행이 자유화되면서다. 서울올림픽은 한국의 경제성장과 민주화로 바뀐 한국 이미지를 일본사회에 투사하면서 일본인의 한국 인식 변화에 크게 기여하였다. 그리고 1990년대 초 냉전이 종식되고 일본에서 1955년 자민당 우월정당체제가 무너져 연립정권이 탄생하고 일본사회에서 자유주의가 힘을 받으면서 과거사에 대한 반성·사죄도 이루어져 한국내 대일여론에도 긍정적 변화가 생겼다. 이렇듯이 수교이후 40여 년 간 양국관계는 35년 식민통치의 앙금과 후유증을 서서히 극복하면서 발전되었다.

이런 개선 기조에 더욱 힘을 불어넣은 중요한 계기가 1998년 김대중 대통령과 오부치 게이조 총리가 정치적 결단으로 체결한 한일 파트너십 선언과 행동계획이다. 선언은 1995년 무라야마 담화의 내용을 그대로 담아 일방적 선언이 아닌 한일 합의로 발전시켰으며, 한국의 일본대중문화개방을 비롯한 다양한 협력사업이 행동계획에 담겼다. 이는 1997년 아시아 금융위기 때 일본의 협력 거부와 일본의 일방적 한일어업협정 파기로 악화되었던 양국관계의 경색된 분위기를 완전히 반전시켰고 2000년대 한류와 일류를 통한 문화교류를 꽃피우는 토대를 만들었다. 진정한 의미에서 한일 민간교류 시대의 개화라고 할 수 있다. 2000년대는 한일 양국의 문화교류가 본격 궤도에 오른 시기이기도 하다. 특히 2002년 월드컵 한일 공동개최는 양국 국민들 간 마음의 교류를 촉진하는데 커다란 효과가 있었다. 한국드라마 겨울연가를 필두로 영화, 드라마, K-pop, 뮤지컬, 소설 등 다양한 장르에서 한류(韓流)붐이 일어났고 이미 한국사회에서 뿌리를 내린 일류(日流)와 함께 진정한 의미에서 문화교류가 성행하였다. 또한 양국 상호방문도 저운임항공사(LCC)의 등장, 김포-하네다·오사카·나고야 직항개설 등으로 편하게 일일생활권이 실현되면서 관광을 중심으로 착실히 발전하였다. 1965년 수교 당시 연 1만 명에 불과하였던 상호방문객이 1985년 93만 명, 1990년 243만 명, 2000년 371만 명, 2005년 432만 명, 2010년 545만 명, 2016년 738만 명, 2017년 945만 명, 2018년 1042만 명으로 매우 빠른 속도로 증가해 왔다. 최근 코로나19로 출입국이 차단되면서 교류는 거의 단절 상태지만 여행이 자유로워지면 바로 회복될 것이다.

그리하여 2010년대 초반이 되면 한일관계는 진정한 의미에서 민간교류가 정착되었다. 특히 2011년 일본에서 3.11 동일본대지진이 발생하였을 때 한국이 대만 다음으로 많은 기부금을 모금하여 지원하였고 다양한 민간지원이 자발적으로 이루어짐으로써, 일본인들의 마음을 움직여 일본에서의 한국에 대한 이미지가 크게 좋아졌다. 양국 무역도 2011년과 2012년에 1000억 불을 넘어서고, 대일 무역적자도 100억 불 넘게 개선되어 200억불대로 떨어졌다. 2012년 일본의 對韓 투자가 전년보다 2배 증가한 45.4억불에 달하여 사상 최고의 실적을 올렸고, 2009~2011년 3년간 한일 공동에 의한 제3국 진출이 인프라, 플랜트, 자원개발을 중심으로 약 1.7조 엔에 달하여 경제교류도 큰 진전을 보였다. 따라서 이런 한일관계의 개선이 지속되었더라면 한일관계는 양국 시민사회의 네트워킹이 본격화되어 보다 안정된 관계로 발전해갈 여지가 컸다.

그러나 이러한 한일관계에서의 훈풍은 2011년 8월 헌법재판소의 일본군위안부 문제에 관한 한국정부에 대한 부작위 위헌 판결과 2012년 5월 대법원 민사1부의 강제동원 피해자에 대한 일본기업의 배상 판결로 과거사문제가 다시 현안으로 급부상하는 가운데, 2012년 8월 이명박 대통령의 독도방문과 일본 천황의 한국방문 시 사죄 요구 발언으로 급격히 냉각되었다. 이렇게 시작한 한일관계의 악화는 양국관계를 둘러싼 복합적 대내외환경으로 인해 개선되지 않은 채 내리막길을 걸어 한일관계의 잃어버린 10년을 초래하였다.

이와 같이 한일관계의 부침은 한일 양국의 상호인식에 결정적 영향을 미친다. 물론 한일양국의 양호한 상호인식은 한일관계의 기저를 지탱하는 중요한 자산이다. 무너진 상호인식을 착실히 개선해 나가야하겠지만 관계 자체가 나빠지면 한계가 있기 마련이다. 그런 점에서 한일관계의 현상과 상호인식은 서로 긴밀하게 영향을 미치고 있으며 악순환 구조에 빠지면 선순환 구조로 전환하기가 무척 어려운 것이 현실이다. 종래 위기가 있을 때마다 단기간 내에 수습이 되어 이런 사태를 막았었는데, 이번 위기는 갈수록 악화하는 구조적 함정에 빠져 헤어 나오지 못하는 상황이다.

한일관계의 장기악화 과정에서 상호인식의 변화 추이를 살펴보는 일은 악화한 상호인식을 변화시키기 위한 작업에 중요한 의미가 있다. 양국이 민주주의 국가로서 여론의 동향이 정책에 상당한 영향을 주기 때문이다. 2013년부터 한일 양국의 여론을 매년 정기적으로 추적해온 한국 동아시아연구원과 일본 겐론NPO의 조사 결과를 토대로 양국관계가 악화한 이후의 상호인식 변화 추이를 살펴보기로 한다.

우선 양국에서 한일관계의 현상에 대한 평가를 살펴보자. 〈표 2〉에서 보는 것처럼, 나쁘다는 평가가 한국이 81.0%로 일본 52.7%보다 훨씬 높아 한국인이 일본인보다 한일관계 악화상태를 더 심각하게 보고 있다. 이는 일본의 경우 보통이라고 평가하거나 모르겠다는 답변이 더 많기 때문으로 일본인이 한국인보다 한일관계에 관심이 덜 한 측면도 작용한 것이라 판단된다. 그리고 한국에서는 부정적 평가가 전년에 비해 10% 정도 낮아진 반면에 일

〈표 2〉 귀하께서는 현재 한국과 일본의 관계가 어떠하다고 생각하십니까? (단수응답)

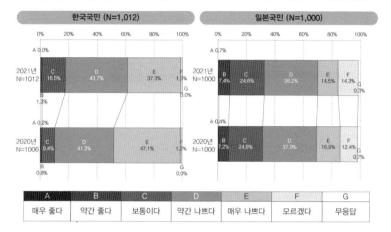

한국국민 (N=1,012)

0% 20% 40% 60% 80% 100%

2021년 N=1012: A 0.0%, B 1.3%, C 16.5%, D 43.7%, E 37.3%, F 1.3%, G 0.0%

2020년 N=1006: A 0.2%, B 0.8%, C 9.4%, D 41.3%, E 47.1%, F 1.2%, G 0.0%

일본국민 (N=1,000)

0% 20% 40% 60% 80% 100%

2021년 N=1000: A 0.7%, B 7.4%, C 24.6%, D 38.2%, E 14.5%, F 14.3%, G 0.3%

2020년 N=1000: A 0.4%, B 7.2%, C 24.6%, D 37.9%, E 16.8%, F 12.4%, G 0.7%

A	B	C	D	E	F	G
매우 좋다	약간 좋다	보통이다	약간 나쁘다	매우 나쁘다	모르겠다	무응답

본은 거의 변함이 없다. 재미있는 현상은 상대국과의 향후 관계 설정과 관련, 미래지향적으로 극복하거나 대립을 피해야 한다는 의견은 한국이 74.6%로 일본 54.8%보다 훨씬 높으며, 상대방이 입장을 바꾸지 않거나 미래지향적 입장전환이 곤란하므로 거리를 두어야 한다는 의견은 한국이 22.5%, 일본이 21.5%로 비슷하게 나타났다.

한편 양국 간 호감도의 변화 추이는 〈표 3〉에서 보는 바와 같다. 한국의 일본 호감도는 관계악화이후에도 꾸준히 증가했다가 일본의 對韓 통상규제 조치로 한국 내에서 ‘No Japan’ 캠페인과 일본제품 불매운동 등 일본 규탄이 심했던 2019년에 급격히 떨어진다. 반면에 일본의 한국 호감도는 2014년 아베 정부의 일본군위안부 문제관련 고노담화의 검증과 2019년 강제동원문제를 둘러싼 갈등으로 가장 낮았고, 대체로 25% 부근에서 움직여 변동성이 적은 편이었다.

〈표 3〉 상대국에 대한 인상

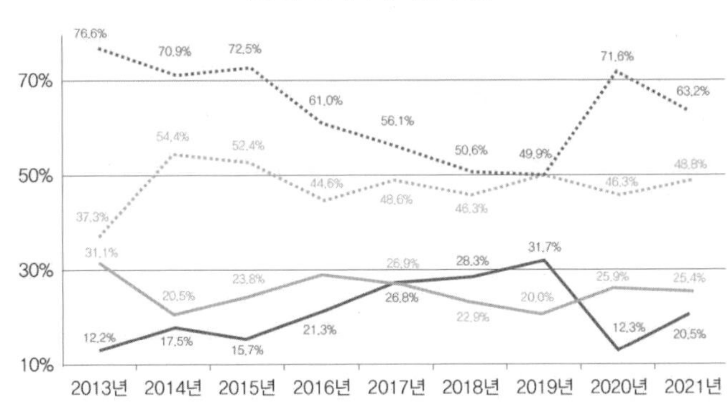

······ 한국 여론: 좋지 않은 인상 ······ 일본 여론: 좋지 않은 인상 —— 한국 여론: 좋은 인상 —— 일본 여론: 좋은 인상

비슷한 맥락에서 한일 양국민이 상대방을 우호국이라고 생각하는 비중은 한국인 5.4%, 일본인 8.7%였고, 우호국이었지만 그렇지 않다는 의견은 한국인 19.9%, 일본인 19.3%로 양국 모두 비슷하게 매우 낮은 상태다. 다만 우호국이라 생각한 적이 없다는 의견은 한국인 54.9%, 일본인 21.6%로 한국인의 대일 감정이 훨씬 좋지 않은 정황이 드러난다. 한국에서 강제동원, 일본군위안부, 독도문제 등으로 인한 과거사 응어리가 별로 해소되지 않았음을 보여주는 것으로 해석된다.

한일관계 악화의 원인 가운데 중요한 원인은 양국 관계가 장기간 악화하면서 감정적 대응이 늘어나고 상대방의 중요성을 제대로 평가하지 않는 점이다. 실제로 양국 여론은 어떨까. 〈표 4〉에 따르면 한국인의 일본 중요성 평가는 다소 기복이 있지만 지난 9년간 80%대 부근에 머물러 있는 반면, 일본인의 한국 중요성 평가는 2013년부터 꾸준히 하락하여 27%가 감소한 결과 46.6%에 그치고 있다. 한국인의 경우 일본에 호감은 적지만 중요한 나라라는 인식이 강한 반면, 일본인은 對韓 호감도도 낮고 한국의 중요성에 대한 평가도 낮다는 점에서, 일본 내에서 한국에 대한 인식이 크게 악화하였음을 보여준다.

〈표 4〉 한일관계의 중요성

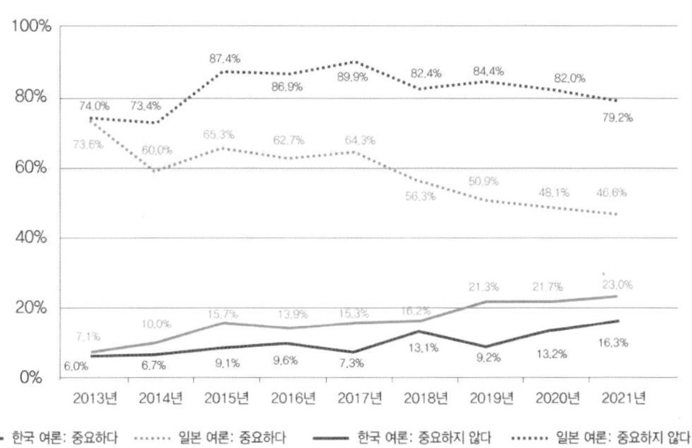

일본을 중시하는 한국인들은 그 이유로서 중요한 경제협력 상대 79.7%, 역사적·지리적·문화적으로 가까운 이웃 62.4%, 미중갈등 상황에서의 협력 21.0%, 미국동맹국으로 공통의 안보이익 17.5%, 가치의 공유 15.0% 등을 꼽았다. 반면에 일본인은 역사적·지리적·문화적으로 가까운 이웃 73.4%, 중요한 경제협력 상대 35.6%, 미국 동맹국들로 공통의 안보이익 29.4%, 공동의 가치 공유 17.6%, 미중갈등 상황에서의 협력 17.4%, 대중 포위망 7.5%의 순이었다. 한일 모두 이웃나라로서의 유대를 중시하지만, 경제협력 상대로는 일본보다 한국이 더 비중을 두며, 안보 면에서는 일본이 한국보다 중시하고 있다. 중요한 의미를 갖는 민주주의와 시장경제의 가치공유에 대해서는 양국 모두 평가가 낮다는 점에서 개선이 필요한 부분이다.

한일관계가 회복되어야 할 필요성에 대한 한일 양국국민의 인식은 어떠할까? 회복 노력이 필요하다는 의견이 한국 71.1%, 일본 46.7%로 한국이 크게 높았다. 필요가 없다는 의견은 한국 23.0%, 일본 21.4%로 엇비슷하였다. 일본에서는 모르겠다는 의견이 31.6%로 다른 항목과 마찬가지로 무관심층이 1/3에 달하였다. 관계 회복을 위해 해결해야 할 사항으로는 한국의 경우 역사문제 76.7%, 독도문제 66.7%, 역사 인식과 교육 52.0%, 정부 간

소통과 신뢰구축 26.6%, 반일·반한 보도·발언의 자제 20.7%, 경제협력 11.3%, 민간교류 11.3%의 순이었다. 일본의 경우 역사문제 65.7%, 독도문제 42.8%, 역사 인식과 교육 40.5%, 민간교류 24.4%, 정부 간 소통과 신뢰구축 22.5%, 반일·반한 보도·발언의 자제 17.6%, 북핵 협력 16.3%, 경제협력 7.3%의 순이었다. 한일 모두 역사화해의 중요성에 공감하고 있다는 점에서, 과거사 현안의 조속한 해결이 관계회복에 중요하다는 점을 말해주고 있다.

한편 한일 정부의 대일 정책과 대한 정책에 대한 평가는 어떨까? 한국 정부의 대일정책에 관하여 한국인은 평가 30.2%, 중립 32.3%, 비판 34.5%이고, 일본인은 평가 3.6%, 중립 13.2%, 비판 60.5%로 대일정책에 관한 한국인의 비판이 1/3에 달한다. 한국인의 대일정책 평가 이유로는 일본 수출규제에 대한 강한 대응 48.7%, 역사문제에 대한 단호한 태도 33.0%, 일본 정부에 대한 신뢰 부족 13.7%을 들었다. 반면에 비판 이유로는 일본 정부에 강한 대응의 부족 38.4%, 대일정책의 국내정치적 이용 19.5%, 감정적 대응 16.6%, 미중갈등 상황에서 한일관계를 과도하게 악화 16.0%, 한미일 안보협력의 작동 저해 7.2%를 들고 있다. 결국 평가하는 여론은 대일 강경자세, 비판하는 여론은 대일관계 악화로 인한 국익 손실의 관점에서 출발함을 알 수 있다. 이에 반하여 일본 정부의 대한 정책에 관하여는 한국인은 평가 5.2%, 중립 24.3%, 비판 67.6%이고, 일본인은 평가 19.9%, 중립 27.5%, 비판 27.3%로 일본 정부의 대한 정책에 관한 일본인의 지지도 그다지 높지 않다.

그러나 한일관계의 향후 전망에 대해서는 낙관적 견해가 한국 18.4%, 일본 17.2%에 그치고, 현상유지가 한국 54.0%, 일본 35.6%이며, 비관적 견해가 한국 21.8%, 일본 25.3%로 엇비슷하였다. 전체적으로 한국인보다는 일본인이 좀 더 비관적이라 할 수 있다. 이와 관련 일본에서 기시다 정부가 들어서고 한국에서 2022년 대선으로 새 행정부가 들어서면 한일관계가 어떻게 바뀔까에 대한 반응을 살펴보면, 한국의 새 정부에 대한 기대는 한국인의 경우 개선 22.4%, 현상유지 48.3%, 악화 4.2%, 일본인의 경우 개선 4.6%, 현상유지 46.1%, 악화 4.9%로 양국 모두 비관적인 가운데 일본보다 한국에서 기대가 더 높다. 한편 금년 10월 말 중의원 선거 후 한일관계 변화 전망에 관해서는 한국인의 경우 개선 18.1%, 현상유지 52.3%, 악화 4.8%, 일본인의 경우 개선 1.6%, 현상유지 59.7%, 악화 2.5%로 모두 비관적이지만 한국에서 개선 기대가 더 높다.

전체적으로 볼 때 한국보다 일본에서 상대국에 대한 인식과 감정이 악화하였고, 중요도 면에서도 일본에서 한국 중요도가 크게 하락하였다. 상호관심도 면에서도 질문 항목별로 차이가 있지만 '모르겠다', '관심이 없다'라는 응답이 평균 25% 정도 된다는 점에서 일본이 한국보다 무관심층이 많다. 그리고 관계회복에 대한 기대도 양국 모두 낮아 여론이 양국 정치권에 개선을 압박하는 효과도 기대하기 어려운 상황이다. 또한 한국의 경우 대일 감정은 나쁘지만, 대일관계를 개선해야 한다는 의견이 강한 반면에, 일본에서는 대한 감정은 개선되고 있지만, 관계 개선에 대한 기대는 낮은 상황이다.

Ⅲ. 상호인식 갭의 배경

위에서 살펴본 바와 같이 한일 간에는 상호인식의 갭이 상당히 크다는 점을 확인할 수 있다. 이를 줄이는 방안을 찾기 위해서는 먼저 왜 그런 갭이 발생하는 배경을 분석해 볼 필요가 있다.

첫째, '잃어버린 10년' 간 한일관계 악화의 근본 원인인 과거사 문제에 관한 양측의 인식 괴리가 가장 큰 영향을 미치고 있다. 이러한 사실은 동아시아연구원-겐론NPO 여론조사에서도 확인된다. 한일관계를 중시하지 않은 이유로서 한국인은 역사문제를 62.4%, 일본인은 과거사 합의위반으로 인한 신뢰 상실을 67.0%로 각각 꼽아 가장 비율이 높았다. 한국인은 일본의 아베 정부 이후 현저해진 역사수정주의에 대한 염증이 작용하고, 일본인은 2018년 대법원 판결과 2015년 한일 일본군위안부 합의의 무력화에 대한 반발이 작용하였다. 한국 여론은 강제동원에 관한 대법원의 배상 판결이 식민통치의 불법행위에 대한 정당한 판단이며, 한일 일본군위안부 합의는 피해자중심주의에 따른 피해자의 입장을 반영하지 않았으므로 문제의 최종적 해결을 가져오지 않았다는 의견이다. 이에 반하여 일본 여론은 대법원 판결이 한일 간의 청구권을 해결한 1965년 협정에 반하며, 2015년 한일 합의는 일본군위안부 문제를 최종적·불가역적으로 해결하였다고 본다. 그리하여 일본 여론은 한국이 약속, 국제법을 위반하고 있다는 생각이 강하며, 일본 내에서 혐한론을 부추기는 강한 동력이 되고 있다. 권위주의 시대를 겪으면서 정의를 동반하지 않는 법은 지키지 않아도 된다는 한국의 법문화와 근대화 이래 법의 내용과 관계없이 법은 지켜야 한다는 법의 규범력을 중시하는 일본의 법문화가 서로 충돌하는 측면도 있다.

둘째, 관계악화가 오래 지속되면서 양국국민이 한일관계의 중요성을 제대로 인식하지 못하게 된 것도 중요한 배경이다. 동아시아연구원-겐론NPO 여론조사에 따르면 한일관계를 중시하지 않는 이유와 관련, 한국에서 든 이유 가운데 일본의 국제적 위상 하락 32.1%, 무역 상대로서의 중요성 상실 23.6%, 대북·대중 정책상 차이 20.0% 등이 이에 해당한다. 또한 일본에서도 한국의 친북·친중 성향 29.6%, 무역 상대로서의 중요성 저하 13.5% 등은 한국의 중요성에 대한 제대로 된 인식이 부족함을 의미한다. 특히 한일관계가 최근 들어 상호 감정적 대응이 잦아지면서 한일 모두 객관적 판단에 의한 냉철한 평가를 못 하고 있다. 한국의 북한과 중국 중시에 따른 일본 경시, 일본의 미국 중시와 대중 관계 관리에 따른 한국 무시가 서로 겹치면서 상호경원 현상을 야기하고 있다. 가치를 공유하는 한일 양국은 동아시아 평화와 번영의 중심국가로서 중국의 부상으로 흔들리는 지역질서를 미국과 함께 안정된 지역질서로 이끌어가야 한다는 시대적 과제에 눈감고 있는 것이다.

셋째, 한일 간 상호인식 갭의 배경에는 상호이해 부족이 자리 잡고 있다. 동아시아연구원-겐론NPO 여론조사에 따른 상대방의 정체성에 관한 양국국민의 인식을 살펴보면 상당히 현실과 괴리된 점을 발견할 수 있다. 한국인은 일본을 군국주의 50.6%, 자본주의 40.8%, 패권주의 36.3%, 대국주의 31.7%, 국가주의 35.3%, 민족주의 30.0%, 민주주의 21.8%, 자유주의 15.9%, 사회주의 8.0%, 평화주의 4.6%, 국제협조주의 4.0%의 순으로 보고 있다. 일본인은 한국을 민족주의 49.9%, 국가주의 37.9%, 민주주의 32.8%, 자본주의 30.5%, 군국주의 25.7%, 자유주의 9.5%, 사회주의 8.1%, 패권주의 8.0%, 국제협조주의 4.2%, 대국주의 3.6%의 순으로 보고 있다.

이러한 결과는 한일 모두 아시아에서 단 2개국밖에 없는 OECD회원국으로서 자유민주주의와 시장경제를 중심 가치로 삼는 국가들인데, 상대방 국민으로부터 충분한 평가받지 못하는 상황을 얘기해주고 있다. 제대로 상대방을 인식하였다면 민주주의, 자유주의, 자본주의, 평화주의, 국제협조주의에 관한 비율이 훨씬 높아야 한다. 한일 양국에서 상대방을 군국주의로 인식하는 비율이 높고, 국가주의와 패권주의로 보는 비율도 꽤 높다는 사실은 '전전 일본'과 '민주화 이전 한국'에 관한 이미지가 여전히 자리 잡고 있음을 의미한다. 과거사로 인한 부정적 인식이 색안경·프리즘·망원경과 같은 역할을 하면서 현실을 상당히 왜곡·굴절·확대하는데 기인한다. 특히 SNS의 발달로 검증되지 않은 정보가 실시간으로 유통되면서 현실과 괴리된 정보가 인식을 지배하여 일단 정착되면 쉽게 고치기 어려운 점도 불리하게 작용한다.

넷째, 한일 간의 국력 격차가 크게 줄어든 데 따른 마찰의 측면도 있다. 일본은 수교 이래 늘 한국에 대한 우위를 유지해 왔다. 그러나 일본이 1990년대 초 버블의 붕괴 이래 '잃어버린 20년'을 경험하면서 정치·경제·사회적으로 침체를 겪는 동안 한국은 발전을 계속하여 한일 격차가 많이 축소하였다. 1인당 개인소득 면에서 1965년 수교 당시 일본이 한국의 약 9배에 달하였으나, 구매력평가 기준으로 볼 때 1인당 소득은 2018년 한국이 4만 3,001달러로 일본의 4만 2,725달러를 추월하였다. 삼성, 현대, LG, SK 등 대기업들이 세계무대에서 반도체, 자동차, 배터리, 조선, 가전, 휴대폰 등에서 크게 활약하고, BTS, 기생충, 오징어 게임 등 한국문화가 세계적 인기를 누리고 있다. 한편 코로나19 팬데믹 시대에 디지털화가 중요한데 한국이 일본보다 정보화 측면에서 앞서고 있는 점도 영향을 미치고 있다. 지난 반세기 동안 일본 우위에서 한일 경쟁의 시대로 바뀐 것이다. 이렇듯이 동태적 개념인 소득의 관점에서 보면 한일 격차가 크게 축소되었지만, 정태적 개념인 국부의 관점에서 보면 한일 간에는 여전히 실질적 격차가 존재한다. 일본은 아시아에서 근대화를 가장 일찍 시작했고 제2차 세계대전 패전이후에도 42년간 세계 2위의 경제대국으로 국부를 축적했으며 해외순자산 3조 달러를 가지고 있다. 따라서 동태적으로는 격차가 많이 축소되었지만, 여전히 정태적 관점에서는 상당한 격차가 존재하는 것이 현실이다.

그러나 한일 국민 간에는 이에 관한 인식의 차이가 크다. 동아시아연구원-겐론NPO 여론조사결과에 따르면, 한국 여론은 '한일이 대등한 관계다' 44.0%, '그런 방향이다' 44.2%, '먼 훗날의 이야기다' 6.4%인 반면, 일본 여론은 '한일이 대등한 관계다' 15.7%, '그런 방향이다' 26.5%, '먼 훗날의 이야기다' 14.2%, '모르겠다' 43.6%로 상당한 인식의 격차가 있다. 한국인들은 한일격차가 줄었다는 의식이 강한 반면, 일본인들은 여전히 '과거의 한국 이미지'를 간직하고 있다고 할 수 있다. 따라서 한일 양국은 이러한 상호 국력차이의 변화추이에 잘 적응해야 하며, 국력 차이의 축소가 한일관계에 긍정적 영향을 미치도록 노력해야 할 것이다.

다섯째, 한일 간에 상대방 지도자에 대한 부정적 인식이 매우 높고, 정치지도자와 국민을 구별하지 않고 보는 경향이 있다. 한국이나 일본이나 문재인 대통령과 아베 신조·스가 요시히데 총리에 대한 호감도가 매우 낮은 반면, 좋지 않은 인상을 가지고 있는 여론은 상당히 높다. 동아시아연구원-겐론NPO 여론조사에서 한국국민은 아베 총리의 경우 좋은 인상 1.1%, 나쁜 인상 90.0%였으나, 스가 총리의 경우 3.1%, 56.1%로 조금 개선되었지만 전체적으로 좋지 않은 상황이다. 일본국민도 문대통령에 대해 좋은 인상 2.2%, 나쁜 인상 37.6%로 역시 좋지 않다. 한일 모두 외교부·외무성보다는 대통령실·총리관저가 외교정책을 주도하고 있다는 점에서, 상대방 지도자에 대한 국민들의 낮은 호감도는 상호인식의 갭을 초래하는 원인으로 작용한다.

여섯째, 상호 대화와 소통이 줄어든 것도 상호인식의 갭에 크게 영향을 미치고 있다. 지난 7년 간 양국 정부 간의 대화와 소통은 제한적·형식적이었다. 〈표 5〉와 같이 정상급 교류에서 상대국 방문으로는 아베 총리의 평창 올림픽 참가가 유일한 사례이며 나머지 10회도 다자회의 계기에 개최되었을 뿐이다. 정상방문과 정상회담의 중요성을 감안하면 매우 비정상적인 소통이다. 유럽 국가들처럼 관계가 나쁠수록 만나서 문제를 풀려는 노력 대신

〈표 5〉〔외교〕 국장급 이상 정부간 교류 (2015.01.01.~ 2021.05.20.)

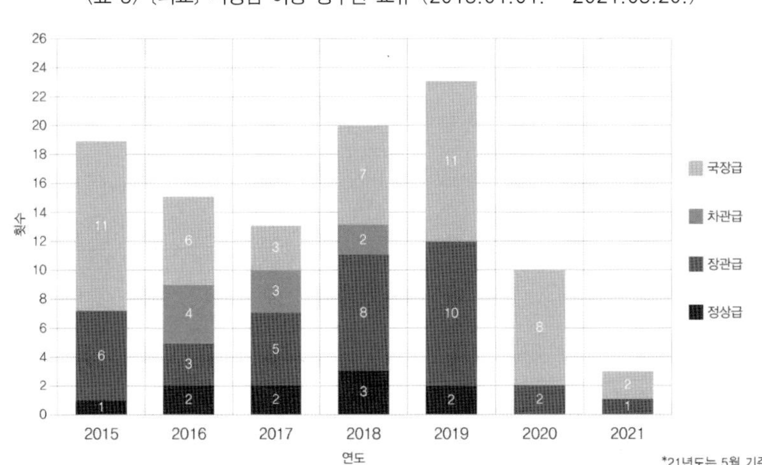

에 오히려 대화와 소통을 회피하는 동아시아 문화의 특성이 나타난다. 특히 관계가 악화된 상태에서 문제를 풀기 위한 협의는 장차관급의 고위급 회담이 의미가 있는데, 대부분이 제3국에서 개최되는 국제회의에서 이루어지는 점도 아쉬운 부분이다. 특히 정기 차관급 전략대화가 중단되어 전략 소통이 어려운 점도 문제다.

민간교류는 관계악화에도 불구하고 꾸준히 유지되어 왔지만, 2019년 일본의 통상규제조치로 인한 반일여론이 비등하여 방일 한국인이 급격히 줄고 2020년부터는 코로나19로 인해 교류 자체가 정지되면서 아주 제한적 범위 내에서 방문이 이루어지고 있다. 민간교류의 중요성을 감안할 때 양국 모두 백신 접종률이 높다는 점에서 조기에 교류를 회복시키는 조치를 취할 필요가 있다.

민간교류는 관계악화에도 불구하고 꾸준히 유지되어 왔지만, 2019년 일본의 통상규제조치로 인한 반일여론이 비등하여 방일 한국인이 급격히 줄고 2020년부터는 코로나19로 인해 교류 자체가 정지되면서 아주 제한적 범위 내에서 방문이 이루어지고 있다. 민간교류의 중요성을 감안할 때 양국 모두 백신 접종률이 높다는 점에서 조기에 교류를 회복시키는 조치를 취할 필요가 있다.

Ⅳ. 치유 방안

한일 국민 간의 상호인식의 갭은 지난 10년간 크게 벌어졌고 이를 메우는 지름길과 만병통치약은 없다. 상호인식을 개선하기는 어렵지만 악화시키는 데는 별로 시간이 걸리지 않는다. 그만큼 지난 10년간 크게 잃어버린 상호 호감과 신뢰를 되돌리기에는 많은 시간과 노력이 필요하다. 복합대전환기는 가치를 공유하는 한일 양국의 협조를 강하게 요구하는데 이를 추동

할 상호이해와 신뢰 자산은 바닥인 상태다.

따라서 상호인식 악화를 치유할 방안은 기본적으로 악화를 가져온 배경에 맞게 대응책을 강구하여야 할 것이다. 이런 맥락에서 한일 양국 국민들이 상대방에 대해 좋은 인상을 가지는 이유와 나쁜 인상을 가지는 이유를 분석해 볼 필요가 있다. 동아시아연구원-겐론NPO 여론조사를 토대로 좋은 인상을 가지는 이유를 살펴보자. 한국인이 꼽은 일본에 관한 좋은 인상의 이유로는 친절하고 성실한 국민성 52.2%, 선진국 44.0%, 일본제품의 품질 23.7%, 일본의 식문화·쇼핑 23.7%, 일본 대중문화 17.4%, 자유민주주의 국가 12.1%, 일본 전통문화 8.2%, 일본인과의 교류 4.3% 등이었고, 일본인이 꼽은 한국에 관한 좋은 인상의 이유로는 한국 대중문화 53.9%, 한국 식문화·쇼핑 49.2%, 한국인과의 교류 16.5%, 자유민주주의 국가 16.1%, 한국제품의 매력 15.0%, 한국 전통문화 11.8%, 한국 국민성 9.1%, 선진국 7.9% 등이었다. 여기에서 드러나는 중요한 사실은 인적 교류와 문화교류가 상당히 기여하고 있다는 사실이다.

한편 나쁜 인상의 이유로는 한국인의 경우 역사반성 부족 66.7%, 독도문제 52.3%, 겉과 속이 다른 일본 국민성 22.8%, 일본군위안부 문제 19.5%, 지도자 발언·행동 16.9%, 혐한감정 6.4%, 재일한국인 차별 5.2%, 군사대국화 5.0%, 수출규제 4.2% 순이었고, 일본인의 경우 역사문제 비판 44.9%, 한국정부 행동에 위화감 34.8%, 독도문제 30.7%, 한국인의 격렬한 언행과 행동 20.5%, 한국인의 애국적 행동·사고 이해 곤란 20.3%, 일본군위안부 문제 13.9%, 한국 민주주의에 위화감 12.3%, 강제동원문제 11.5% 순이었다. 역시 과거사문제가 압도적 비중을 점하고 있고, 양측의 사회문화적 차이와 오해도 일정 부분 기여하고 있다.

따라서 상호인식의 갭을 메우는 작업은 최악의 상태인 한일관계를 빨리 제 궤도로 돌려놓는데서 출발해야 한다. 현재의 악순환 구조로부터 벗어나지 않는 한 상호인식은 더욱 나빠지게 될 것이기 때문이다. 현재 한일관계를 가장 어렵게 하고 있는 것은 강제동원 문제와 일본군위안부 문제의 2대 과거사 현안이다. 일본군위안부의 경우 한국 정부도 2015년 합의 효력을 부인하지 않고 있기 때문에 합의를 보완하는 방향으로 해결을 모색하면 좋은 결과를 얻을 수 있을 것이다. 강제동원문제는 2018년 대법원 판결과 1965년 한일청구권협정 간의 외교적 절충을 필요로 하고 관련당사자들의 상이한 입장을 조율해야 하는 만큼 한국 정부의 적극적 행동이 없이는 해결이 매우 어렵다. 그리고 이미 대법원 판결에 따라 압류된 피고 일본기업의 한국 내 자산의 현금화가 9월 대전지방법원의 매각명령으로 최종단계에 돌입했기 때문에 이를 막기 위한 현실적 방안을 강구하는 것이 긴급한 과제다. 일본 정부가 2019년부터 현금화가 이루어질 경우 보복조치를 취하겠다는 의사를 밝혀왔으며 현실화되면 한국도 대응조치에 나서 양국관계는 건잡을 수 없는 내리막길을 걸을 위험이 크다. 강제동원 해법을 강구할 시간적 여유를 확보하기 위해서 반드시 피해야 한다.

따라서 한일 양국 정부는 한국의 제3자 대위변제에 의한 현금화 방지와 GSOMIA 정상화, 일본의 통상규제 해제를 일괄 타결하는 방안을 모색해야 한다. 한국 정부는 강제동원문제와 일본군위안부문제의 외교적 해결을 위한 기초 작업을 진행하여 2022년 리셋이 본격화될 때 신속히 움직일 수 있는 여건을 만들어야 한다. 강제동원문제는 지지층이 이 문제에 큰 관심을 가지고 있는 진보정권에서 해결의 실마리를 풀기 쉽다는 점에서, 문재인 정부가 시간이 얼마 남아있지 않지만 최소한 필요한 정지작업이라도 해 놓는 것이 바람직하다. 이러한 과거사현안 동결을 위한 일시적 잠정조치(modus vivendi)를 통해 협력 모드의 재가동을 위한 동력을 창출하는 것이 얽히고 설킨 현재의 실타래를 푸는 첫걸음이 될 수 있다.

둘째, 일본 정부도 대국적 견지에서 일본 기업자산 현금화의 위험이 사라지게 되면 곧바로 협력이 가능한 분야부터 협력하는 투 트랙 접근으로 응답함으로써 악순환의 구조를 깨는데 힘을 보태야 한다. 지금까지의 원 트략 접근방법에 대한 집착을 버리고 협력이 가능한 사안은 협력을 추진함으로써 한국 측의 관계회복을 위한 분위기 조성에 협조해야 한다. 양국 정부는 가장 당면한 큰 과제인 코로나19 진압에 긴밀한 협력이 필요하며 기후위기, 에너지 전환, 스태그플레이션 대처 등 협력을 통한 상호이익 창출에 힘써야 한다. 양국 정부는 기업과 민간에 관계개선을 위한 청신호를 발신함으로써 한일관계에 관한 억제된 사회분위기를 바꾸는 역할에 앞장서야 한다. 현안을 풀어가는 데 있어 현안 자체의 해결 노력도 중요하지만 협력의 구체적 성과를 통해 해결을 위한 동력을 만듦으로써 문제해결에 중요한 정치적 결단이나 외교적 타협의 공간을 넓히는 역발상이 필요하다.

셋째, 한일 불신의 가장 큰 원인인 역사화해의 부진을 해소하기 위한 상호 노력을 재개하여야 한다. 역사화해는 외교현안의 해결이 우선하겠지만 더욱 중요한 것은 가해자의 진솔한 사과와 반성, 피해자의 관용이 쌍방향으로 작동하여야 한다. 역사가 중요한 이유는 E.H.Carr가 말한 바와 같이 과거와 현재의 끊임없는 대화를 통해 미래에 투영하는데 있다. 올바른 역사인식을 통해 불행했던 과거를 장래에 되풀이 하지 않겠다는 역사적 교훈을 얻는데 있는 것이다. 따라서 한일 양국은 미래 세대에게 올바른 역사교육을 통해 건전한 미래를 가꾸는 올바른 지표를 제공하여야 한다. 이를 위해 공동의 역사 연구와 역사교과서·보조교재 발간 작업을 인내심을 가지고 추구해야 한다. 독일과 폴란드가 오랜 시간에 걸쳐 공동 역사교과서를 만든 사례를 참조할 필요가 있다. 또한 2기로 끝난 채 중단상태에 있는 역사공동연구도 재개하여야 한다.

넷째, 코로나19로 단절된 인적 교류를 조기에 재개하는 수순을 밟아야 한다. 백신 접종률이 높아짐에 따라 양국 모두 '위드 코로나'로 방역태세가 전환될 예정이므로 백신 접종자에 대하여 여행제한을 해제하는 조치를 취할 필요가 있다. 여론 조사에서도 확인되는 바와 같이 상대방 국가를 방문하거나 문화를 좋아하는 경우 호감도가 높아지는 경향이 있다. 문화교류도 한류와 일류를 중심으로 여행이 재개되면 제 궤도에 오를 것으로 예상된다. 특히 한일관계의 장래를 담당할 청소년세대의 교류를 활성화하기 위한 제도적 뒷받침을 강구하여야 한다. 관계악화 이전에 활발하였던 수학여행과 학교 간 자매결연의 확대, 워킹홀리데이비자 확대, 한일판 캠퍼스아시아 실시, 공동 학위·학점제 운영 등을 강구해야 한다. 그리고 지방교류도 조기에 활성화하여야 한다. 관계악화 전 활발했던 지방교류는 지방화 시대에 양국의 실천과 지혜를 공유함으로써 서로 많은 도움을 줄 수 있고 양국의 상호인식 제고에도 도움을 줄 것이다.

다섯째, 서로 상대방의 중요성에 관한 재인식 작업을 서둘러야 한다. 관계악화로 감정적 대응이 증가하면서 상호 중요성에 대한 인식이 거의 실종상태에 있다. 한일 양국은 가치를 공유하고 있고 동아시아의 평화와 안보에 핵심국가이며 세계공급망으로 긴밀히 연결되어 있다. 복합대전환기를 헤쳐나가는데 있어서 양국의 협력이야 말로 필수라 해도 과언이 아니다. 현재의 난관을 조기에 극복하고 상생과 공영의 초석을 놓기 위해서는 양국 국민과 사회 그리고 정치권이 상대방의 중요성을 제대로 인식하도록 해야 한다. 이를 위해서 양국은 공공외교에서의 상호협력을 통해 본연의 모습을 찾는 노력을 아끼지 말아야 한다. 양국 모두 동맹국인 워싱턴에서 상대방에 대한 소모적 공공외교에 들이는 노력과 자원의 일부만이라도 상대국에 직접 투입하여도 훨씬 나은 성과를 올릴 수 있다.

여섯째, 한일 간 정부 소통채널을 활짝 열어야 한다. 지금은 관계악화로 문제해결을 위한 소통만 겨우 이루어지고 있는 상태다. 고위급 대화는 물론 다양한 차원에서 관계악화 이전에 가동되던 대화통로를 복원해야 한다. 인접국관계의 선진화는 문제가 생겼을 때 더욱 소통을 통해 문제를 해결하려는 문화가 정착될 때 가능하다. 가장 시급한 것은 정상 간 셔틀 대화의 조기 부활이다. 정상소통은 그 파급효과의 크기에 비추어 여러 어려움이 있겠지만, 어려운 문제일수록 정치적 결단으로 풀어내야 한다는 점에서 역발상으로 접근해야 한다. 불독 화해를 이끈 드골 대통령과 아데나워 총리 사이에도 다양한 어려움이 있었지만 정치력을 발휘해서 돌파하였다. 한일 간에도 제2의 김대중-오부치 게이조가 나와 현재의 난국을 타개해야 한다. 또한 복합대전환기의 전략적 유동성에 비추어 고위급 전략대화의 활성화도 절실하다.

한일관계는 지난 10년간 구조적 조정을 겪고 있다. 과거사 현안이 촉발한 것도 있지만 그 배경에는 한일 정체성의 충돌과 동아시아의 전략 환경 변화라는 구조적 요인이 자리 잡고 있다. 한국은 박근혜 대통령 탄핵의 과정을 거치며 좌파 민족주의가 대두하였으며 일본은 잃어버린 20년을 겪으면서 '강한 일본'을 지향하는 우파민족주의가 똬리를 트면서 한일 간 과거사 현안이 불씨가 되어 관계악화를 부채질하였다. 거기에다 한일 간의 경제적 격차가 줄어들고 한국의 경제·문화적 약진으로 한일관계가 일본 우위에서 대등한 관계로 전환하는 '패러다임 전환(paradigm shift)'의 과정에 들어섰다. 중국의 부상에 따른 미중대립의 심화는 양국이 위치한 동아시아를 불확실한 혼돈의 세계로 몰아가고 있다. 한일 양국은 지난 잃어버린 10년이 이러한 '구조적 조정의 성장통'으로 끝나 다시 예전의 관계를 복원할 것인지 아니면 '소원한 인접국관계'라는 새로운 常態(new normal)로 굳어져 냉랭한 관계가 될 것인지 기로에 놓여 있다. 양국 지도자, 정부 그리고 국민은 복합대전환의 시대에 상생과 공존을 위하여 가슴이 아닌 머리로 냉철하게 현재의 난국을 극복하고 안정되고 건전한 한일관계의 미래를 열어가야 할 것이다.

제 1 Session

고대 한국인의 일본, 일본인의 인식

고대 삼국의 일본 인식

노중국 | 계명대학교 명예교수

Ⅰ. 들어가며

한 나라의 다른 나라에 대한 인식은 대외관계 속에서 형성된다. 대외관계의 기본 목적은 자국의 실리추구와 세력 균형을 통한 자국의 안전 도모이다. 그래서 종래의 적대적이었던 관계를 우호 관계로 바꾸기도 하고, 이제까지의 선린 관계를 버리기도 한다. 이러한 화친과 대립의 과정에서 상대국에 대한 인식이 형성된다. 삼국의 일본에 대한 인식도 이러한 과정에서 형성되었다. 이렇게 형성된 인식은 삼국과 일본과의 관계에 일정한 영향을 미쳤지만

한번 형성된 인식은 고정불변이 아니라 상황의 변화에 따라 변화기도 하였다. 삼국의 일본에 대한 인식의 형성과 그 변화를 추구해 볼 수 있는 자료는 매우 적거나 윤색이 심하다. 우리나라 자료인 『삼국사기』와 『삼국유사』에는 일본과의 관계를 보여주는 자료는 신라본기에는 어느 정도 나올 뿐이고 백제본기에는 약간 있고, 고구려본기에는 하나도 없다. 남아 있는 기사들의 대다수는 사신 파견이나 침략 관련 내용이다. 반면에 720년에 편찬된 『일본서기』에는 삼국과 관련한 많은 기사가 나오지만 기본적으로 삼국을 번국(蕃國) 즉 조공국(朝貢國)으로 보는 입장에서 서술되었기 때문에 가필과 윤색이 많이 행해졌다. 이러한 자료의 한계성이 삼국의 일본에 대한 인식 파악을 어렵게 한다.

본고에서는 먼저 상대국에 대한 인식 형성에 영향을 주는 요소가 무엇인지를 살펴본 후 다음으로 삼국의 일본에 대한 인식이 고구려, 백제, 신라 별로 어떠하였으며 그러한 인식이 나오게 된 배경이 무엇인지를 정리하려고 한다. 마무리하면서 삼국 가운데 백제의 일본에 대한 인식이 오늘날 한일간의 갈등을 해결하는데 어떠한 교훈을 줄 수 있는지에 대해 간략히 언급해두기로 한다.

Ⅱ. 일본에 대한 인식 형성의 배경 요소

1. 화호와 침략

나라와 나라 사이의 관계의 핵심은 화호이냐 갈등이냐 이다. 화호가 돈독해지면 양국의 우호관계는 상승기류를 타게 된다. 갈등이 깊어지면 전쟁으로 번진다. 화호와 갈등이 되풀이 되는 속에서 상대국에 대한 인식이 형성된다. 한국고대사회에서 삼국과 일본과의 화호와 갈등은 나라마다 달랐다. 나라마다 다른 양상은 『삼국사기』에 보이는 침략, 화호나 교빙,[1] 왕실간의 결혼 등과 같은 기사의 회수에서 대략적으로 살펴볼 수 있다. 이러한 횟수는 경향성을 보여줄 뿐이지 별도의 의미는 부여할 수 없음은 물론이다.

신라의 경우 관계 되는 기사의 회수는 통일 이전과 통일 이후로 나누어 보는 것이 타당하다. 통일 이전에는 총 45회의 기사가 나온다. 이 가운데 일본이 침략한 기사는 29회이고 화호와 교빙을 한 기사는 7회 정도이다. 나머지는 청혼 거절과 그에 따른 절교 기사가 각각 1회, 인질을 보냈다가 되돌아오게 한 기사가 1회, 신라가 일본을 공격하려고 계획한 기사가 2회, 일

1) 화호, 결호, 강화와 갈등 등 외교 용어에 대해서는 노중국, 2012, 『백제의 대외 교섭과 교류』, 지식산업사, 41~49쪽 참조.

본의 침략 소문이 돈 기사가 1회, 일본의 공격에 대비한 축성 기사가 1회, 왜인이 신라로 오거나 신라에 와서 벼슬을 한 기사가 2회 나온다. 일본의 신라 침략 기사가 압도적이다. 이는 삼국대 신라의 일본에 대한 인식이 어떠하였는지를 짐작하게 한다.

통일 이후에는 모두 10회의 기사가 나온다. 이 가운데 교빙과 결호한 기사는 9회, 일본의 침략에 대비한 신라의 축성 기사는 1회, 일본의 공격 기사 1회, 신라가 일본의 사신을 받아들이지 않은 기사가 2회이다. 결호 기사 9회 가운데 애장왕(800~809) 이전은 2회이고 나머지 7회는 애장왕 이후의 일이었다. 이는 애장왕 이전 신라와 일본 사이에 긴장이 풀리지 않았음을 보여준다.

백제본기에는 총 9회의 기사가 나온다. 이 가운데 화호와 사신 왕래 기사가 7회이고 2회의 기사는 일본이 군사적으로 백제를 지원한 기사이다. 두 나라 사이에 군사적 충돌 기사는 하나도 없고 그 대신 백제에 대한 일본의 군사 지원 기사가 돋보인다. 한편 고구려본기에는 왜와 관련한 기사는 하나도 없다. 기사의 누락일 수도 있지만 현재 『삼국사기』 고구려본기의 기사 상황은 이러하다.

『삼국사기』 신라본기, 백제본기, 고구려본기에서 일본과 관계되는 기사의 횟수의 차이는 삼국이 왜에 대해 갖는 인식의 차이를 보여준다. 이를 정리하면 다음과 같다. 고구려의 경우 일본이 고구려에서 차지하는 비중이 그다지 크지 않았음을 보여준다. 백제의 경우 일본과 우호적인 관계를 지속적으로 유지하였다. 신라의 경우 간헐적으로 우호관계를 가졌지만 전반적으로는 전쟁과 갈등의 연속이었다.

한편 『일본서기』에는 삼국이 각각 빈번하게 사신을 파견한 것, 삼국 사람들이 일본에 들어가 활동한 것, 삼국과 일본이 군사적으로 충동한 것, 일본이 군사적으로 백제나 신라를 지원한 것, 삼국 문화의 일본 전수 등 많은 기사들이 나온다. 『삼국사기』에 왜와의 관련 기사가 매우 적다는 것과 대조적이다. 그런데 『일본서기』에 의하면 왜의 군사 지원은 일정한 경향성을 보인다. 왜는 백제가 고구려와 대결하거나 신라와 대결할 때는 백제에 군사지원을 하였다. 신라가 고구려와 손잡고 백제를 공격할 때는 도리어 신라를 공격하였다.2) 왜의 이런 군사지원 양상은 『삼국사기』가 보여주는 양상과 대략 부합한다.

이러한 양상은 한반도에서 전개된 삼국 관계에 비롯되었다. 삼국시대에 한반도에서의 세력관계는 고구려와 백제의 대립이 중심축을 이루고 여기에 신라가 상황에 따라 고구려 편에 들거나 백제와 손을 잡기도 하는 양상이었다. 이 관계에 대응하여 일본은 백제를 지원하는 입장을 취하였다. 이것이 삼국의 대일본인식을 다르게 하였다. 이는 일본에 파견된 사신들이 띤 관등 가운데 백제 사신의 관등이 가장 높았다는 사실에서 방증이 되리라 본다. 사신의 지위의 고하는 상대국을 어떻게 인식하느냐에 연동되어 있기 때문이다.

2. 천하관

천하관(天下觀)은 독자적인 세계관을 말하는 것으로서 자국을 중심에 두고 세계를 인식하는 것이다. 이러한 천하관은 중앙집권국가 체제를 갖추면서 형성된다. 한국고대사회에서 삼국의 천하관 성립 시기를 살펴볼 수 있게 하는 지표의 하나가 '대왕(大王)' 칭호와 '폐하(陛下)' 칭호의 사용이다.

대왕 칭호는 고구려의 경우 〈광개토대왕비〉의 '광개토대왕'이나 '태왕릉'이 새겨진 〈태왕릉전명문〉 전돌에서 확인된다. 백제의 경우 아신왕(392~405)

2) 554년 관산성 대회전에 왜가 군대를 파견해 백제를 지원해 준 것이(『일본서기』 권 19 흠명기 15년조의 "夏五月丙戌朔戊子 內臣率舟師詣于百濟 冬十二月 百濟遣下部杆率汶斯干奴上表曰…臣等共議 遣有至臣等仰乞軍士 征伐斯羅 而天皇遣有至臣 帥軍以六月至來 臣等深用歡喜…") 그 예가 된다.

과[3] 성왕(523~544)이 '대왕'으로 불린 것,[4] 부여 구아리에서 출토된 〈일근명(一斤銘)〉 거푸집 뒤에 새겨진 '대왕천(大王天)' 명문, 〈사리봉영기〉의 '대왕폐하(大王陛下)' 등이 그 예가 된다. 신라의 경우 〈천전리서석 을묘명〉에 성법흥대왕이, 〈천전리서석 추명〉에 무즉지태왕이, 〈마운령비〉와 〈황초령비〉 등에 진흥대왕이 나온다. 일본의 경우 도하산고분(稻荷山古墳)에서 출토된 철검의 명문에 '획가다치로대왕(獲加多齒鹵大王)'이 나온다.

대왕 칭호의 사용이 가지는 의미를 파악하는 데 단서가 되는 것이 중국 16국시대의 '천왕(天王)' 칭호이다. 3세기 말 이후 만리장성 북쪽에서 생활하던 유목족들 즉 흉노(匈奴), 갈(羯), 선비(鮮卑), 저(氐), 강(羌)족들은 장성을 넘어와 마침내 16국을 세웠다. 이리하여 16국시대가 전개되었다. 16국의 최고지배자들은 종래의 선우(單于) 칭호 대신 천왕 칭호를 사용하였다.[5]

천왕 칭호를 사용한 이유에 대해 대진(大秦)의 시조인 강족 출신[羌人] 요익중(姚弋仲)은 "자로고 융적이 천자가 된 적이 없다"[6]고 하였다. 즉 천자는 중국 왕조에서만 칭할 수 있는 것으로 보았기 때문에 감히 천자를 칭하지 않았다는 것이다.

그렇지만 16국은 중국 천자의 지배를 받는 제후국이 아니라 독립적인 국이었다. 16국의 지배자들은 그 위상이 천자보다는 아래지만 천자의 제후보다는 상위라는 인식을 가지고 있었다. 그래서 천왕을 칭하여 제후왕과는 다름을 표시하였다. 이를 원용하면 삼국의 왕도 중국 천자보다는 낮지만 제후왕 보다는 격이 높다는 의미에서 대왕을 칭한 것으로 보인다.[7]

---

3) 『삼국사기』 권제25 백제본기 전지왕 즉위년조.
4) 『일본서기』 권19 흠명기 2년조, 5년조.
5) 『진서』 권112 재기 제12 苻健, 苻堅; 권122 재기 제22 呂光; 권130 재기 제30 赫連勃勃; 권124 재기 제24 慕容雲; 권125 재기 제25 馮跋 참조.
6) 『진서』 권116 재기 제16 姚弋仲의 "今石氏已滅 中原無主 自古以來 未有戎狄作天子者" 참조.
7) 노중국, 2018, 『백제정치사』, 일조각, 530~532쪽.

중국에서 최고지배자에 대한 칭호로는 천자와 황제가 있다. 천자는 중국의 상고시대부터 사용되어 온 것인데 천명을 받아 천하를 지배하는 군주라는 의미이다. 황제는 진시황이 중국을 통일한 후 칭한 위호(位號)인제 진이 망한 이후에도 계속 사용되었다. 폐하는 황제국에서 황제, 황후, 태황제, 황태후, 태황태후에 대해 사용하는 존칭이다.

삼국시대에 문헌에서 폐하라는 칭호가 나오는 것은 『삼국유사』 만파식적(萬波息笛) 조에 신라 신문왕을 폐하로 부른 사례가 있다.[8] 금석문상에서는 익산 미륵사지에서 출토된 〈사리봉영기〉에 나오는 "대왕폐하"가 있다. 금석문에서 폐하라는 존호가 보이는 것은 삼국 가운데 현재까지는 백제가 유일하다. 고구려의 경우 폐하 용어의 사용은 보이지 않는다.

이 가운데서 주목되는 것이 '대왕폐하'이다. 대왕폐하 '대왕'과 '폐하'의 합칭어로서 '대왕'이면서 '폐하'라는 뜻이다. 그러나 두 칭호는 격이 달라 함께 사용할 수 없다. 그럼에도 〈사리봉영기〉에는 두 칭호가 함께 사용되고 있다. 이는 무왕이 중국 왕조와의 관계에서는 대왕을 칭하였지만 국내에서는 황제를 칭하여 왕실을 신성화하였을 보여준다. 이를 '외왕내제(外王內帝)'라고 한다.[9] 〈무령왕릉묘지석〉에 백제 무령왕을 사마'왕'이라 하면서 왕의 죽음을 천자의 죽음에 사용하는 '붕(崩)' 자를 사용한 것과 〈마운령진흥왕순수비, 이하 마운령비〉에서 진흥대왕이 대왕을 칭하면서 동시에 '짐'이라고 한 것도 외왕내제의 표방이라고 할 수 있다.

외왕내제를 표방하게 되면서 주변국을 보는 인식에도 변화가 생겼다. 자국을 높이고 주변국을 낮추어 보는 것이다. 그래서 고구려는 〈광개토대왕비〉에서 '백잔(百殘, 백제)와 신라는 예로부터 고구려의 속민이어서 쭉 조공을 해왔다'고 하였고 '동부여는 예로부터 추모왕의 속민이었는데 중간에

8) 『삼국유사』 권2 기이 제2 만파식적조의 "日官金春質占之曰…二聖同德 欲出守城之寶 若陛下行幸海邊 必得無價大寶 王喜…" 참조.

9) 노중국, 2018, 『백제정치사』, 일조각, 532~536쪽.

조공을 하지 않아 왕이 친히 토벌하였다'고 하였다. 신라는 〈마운령비〉에서 '이웃 나라들이 신의를 맹세하고 화해를 바라는 사신들이 오고갔다'고 하였다.

외왕내제 표방은 건축물의 조영에도 영향을 미쳤다. 그 예로 9층탑의 조영을 들 수 있다. 동양사회에서 '9'라는 숫자는 천하를 의미한다. 그래서 북위 효명제는 낙양으로 천도 후 518년에 북위 최대의 황실사찰인 영녕사를 다시 조영하면서 장엄한 9층목탑을 만들어[10] 황제의 위상을 드높이는 상징물로 내세웠다. 이에 자극받아 남조 양무제도 527년에 건강성에 동태사를 조영하고 9층목탑을 만들었다.[11] 이를 본받아 백제 무왕은 익산 미륵사에 9층탑을 세웠고, 백제로부터 자극을 받은 신라 선덕여왕도 황룡사에 구층탑을 세워 그 위상을 높이려 하였다.

3. 인적 교류

주변국에 대한 인식은 인적 교류와 오간 사람들의 정치적 위상에 따라 다르게 형성될 수 있다. 삼국의 일본에 대한 인식의 형성도 이러한 범주에서 크게 벗어나지 않는다. 『삼국사기』에는 신라인으로 일본에 간 사람은 사신 외에 실성왕 대에 인질로 파견된 나물왕의 아들 미사흔(미해), 신라 하대에 일본 간 김유신의 고손인 김암(金巖),[12] 원효의 후손이지만 이름을 알 수 없는 설판관(薛判官)[13] 등이 인다. 일본인으로 신라에 와서 벼슬을 한

10) 『위서』 권6 현조기 제6의 "顯祖卽位…是後七年而帝踐祚號天安元年…明年 盡有淮北之地 其歲 高祖誕載 於時起永寧寺 構七級佛圖 高三百餘尺…爲天下第一" 및 《위서》 권13 황후열전 제1의 "宣武靈皇后胡氏…自稱曰朕…尋幸永寧寺 親建刹於九級之基" 참조.

11) 『歷代三寶記』 권11(『大正新脩大藏經』 49, 45쪽 上)의 "普通八年 造同泰寺成 樓閣殿臺房廊綺飾陵雲九級壯麗魏永寧…" 참조.

12) 『삼국사기』 권제43 열전제3 김유신 하 김암전의 "大曆十四年己未 受命聘日本國 其國王知其賢 欲勒留之 會大唐使臣高鶴林來 相見甚懽 倭人認巖爲大國所知 故不敢留乃還" 참조.

인물로는 혁거세왕대에 대보의 직에 오른 호공(瓠公)을[14] 들 수 있다. 백제인으로 일본에 간 사람은 사신을 제외하면 아신왕 6년(397)에 일본에 인질로 파견된 태자 전지와[15] 의자왕 대에 왜에 간 부여풍 뿐이다. 일본인으로 백제에 온 사람은 사신 외에는 보이지 않는다. 고구려의 경우 왜에 간 사람과 일본에서 온 사람에 대한 기사는 하나도 없다.

그러나 『일본서기』와 《신찬성씨록》에는 고구려, 백제, 신라, 가야에서 왜로 건너간 사람들이 상당히 많이 나온다. 일본학계에서는 이들을 '도래인(渡來人)'으로 부르고 있다. 이 용어는 일본열도의 입장에서 보면 '바다를 건너온 사람'이라는 의미가 되므로 타당하다. 그러나 한반도에서 건너간 사람이라는 것에 방점을 두면 '도왜인(渡倭人)'으로 부르는 것이[16] 좋을 것이다. 이는 당으로 유학을 간 신라인들을 도당유학생(渡唐留學生)이라 부른 것과 궤도를 같이 한다.

한반도에서 일본 열도로 건너간 인물들의 전체적인 상황을 살펴볼 수 있게 하는 자료가 《신찬성씨록》이다. 《신찬성씨록》은 환무(桓武) 연력 18년(799)에 시작하여 차아(嵯峨) 홍인 6년(815)에 완성된 일본 씨성에 대한 계보서이다. 이 계보서는 왕경과 기내(畿內) 지역에 거주하는 1,182씨가 수록되어 있다. 이 가운데 천황가와 연결되는 황별(皇別) 씨성은 335씨, 일본 신화 속에 등장하는 신들에서 출자(出自)했다고 하는 신별(神別) 씨성은 404

---

13) 『삼국사기』 권제46 열전제6 설총전의 "世傳日本國眞人 贈新羅使薛判官詩序云『嘗覽元曉居士所著 金剛三昧論 深恨不見其人 聞新羅國使薛 卽是居士之抱孫 雖不見其祖 而喜遇其孫 乃作詩贈之』其詩至今存焉 但不知其子孫名字耳" 参조.

14) 『삼국사기』 권제1 신라본기 혁거세왕 38년조의 "春二月 遣瓠公聘於馬韓 馬韓王讓瓠公曰 辰·卞二韓 爲我屬國…瓠公者 未詳其族姓 本倭人 初以瓠繫腰 渡海而來 故稱瓠公"; 탈해이사금 2년조의 "春正月 拜瓠公爲大輔" 참조.

15) 『삼국사기』 권제25 백제본기 아신왕 6년조의 "夏五月 王與倭國結好 以太子腆支爲質" 참조.

16) 김기섭, 2005, 「5세기 무렵 백제 도왜인의 활동과 문화 전파」, 한일관계사연구논집 편찬위원회, 『왜 5왕 문제와 한일관계』 (한일관계사연구논집 2), 경인문화사.

씨, 중국이나 한반도에서 왜로 건너간 도왜인(渡倭人: 외국계) 계통인 번별(蕃別)의 씨성은 326씨, 그리고 조상이 확실하지 않다고 판단된 미정잡성(未定雜姓) 씨성이 117씨였다.[17]

외국계 326씨성 가운데 한반도계는 163씨성이다. 이 가운데 백제계가 104씨성으로 전체의 65%를 차지하고, 고구려계는 41씨성으로 25%이고, 나머지 신라계와 임나계(가야계)는 10% 정도이다. 이 가운데 씨성의 조상으로 나오는 왕은 백제계는 도모왕, 무령왕, 의자왕, 초고왕, 귀수왕 등 29씨성이다. 고구려계는 추모왕, 호태왕 등 5씨이고, 가야(임나)는 하라하실왕 등 4씨성에 불과하다.[18]

도왜인들이 한반도에서 일본열도로 건너간 시기나 건너가게 된 배경 등은 가지각색이지만 이들은 왜에 거주하면서 유학, 시문 등을 비롯하여 불교, 의술, 역법, 군사, 예능, 건축 등 다방면에서 활동하여 두각을 드러내었다. 그래서 이들 가운데 능력을 발휘한 자들은 왜 조정의 관료로 등용되기도 하였다.[19] 일본으로 건너간 인물들 가운데 백제계 인물들이 다방면에서 다양하게 활동하였음이 확인된다. 이러한 사실은 삼국 가운데 백제가 정치적·군사적으로 뿐만 아니라 문화적으로도 긴밀하게 일본과 교섭과 교류를 하였음을 보여준다.

17) 연민수 외 역주, 2020, 「해제」『신찬성씨록』 상 동북아역사 자료총서 57.
18) 연민수 외 역주, 2020, 「해제」『신찬성씨록』 상 동북아역사 자료총서 57.
19) 『일본서기』 권27 천지기 天皇기 10년조의 “正月 是月 以大錦下授佐平餘自信沙宅紹明(法官大輔) 以小錦下授鬼室集斯(學職頭) 以大山下授達率谷那晋首(閑兵法)木素貴子(閑兵法)憶禮福留(閑兵法)答㶱春初(閑兵法)㶱日比子贊波羅金羅金須(解藥)鬼室集信(解藥) 以上小山上授達率德頂上(解藥)吉大尙(解藥)許率母(明五經)角福牟(閑於陰陽) 以小山下授餘達率等五十餘人也” 참조.

Ⅲ. 고구려, 백제, 신라의 일본에 대한 인식

1. 고구려의 일본에 대한 인식

1) 〈광개토대왕비〉와 『송서』 왜전이 보여주는 고구려의 일본에 대한 인식

광개토대왕은 왕호 그대로 영토를 크게 넓힌 왕이다. 그는 '평안호태왕(平安好太王)'이란 칭호에서 보듯이 국가를 안정시켜 평안의 시대를 이룩한 왕이었다. 이 과정에서 고구려의 천하관이 성립하였다. 태왕(대왕) 칭호와 황제만이 사용할 수 있는 연호의 사용이 이를 보여준다. 광개토대왕의 영락(永樂) 연호는 삼국의 연호 가운데 최초이다.

광개토대왕의 훈적(勳績, 업적)을 보여주는 것이 414년(장수왕 2)에 세워진 〈광개토대왕비〉이다. 이 비에는 광개토대왕이 즉위 후 이룩한 정복적 팽창을 통한 영토 확장의 훈적이 연대 순으로 새겨져 있다. 영락 5년(395)에는 패려(稗麗)를 정복하였다. 영락 6년(396)에는 백제를 공격하였다. 영락 9년(399)과 10년(400)에는 신라를 공격한 가야·왜군을 격파하였다. 영락 14년(404)에는 대방계(帶方界)를 침입한 왜군을 격파였다. 영락 17년(407)에는 전연의 군대(?)를 격파하였다. 영락 20년(410)에는 동부여를 격파하였다.

이 비에서 고구려의 일본에 대한 인식을 보여주는 것이 신묘년(광개토왕 즉위년: 391)조, 기해년(광개토대왕 9:399)조와 경자년(광개토대왕 10:400)조 그리고 갑진년(광개토대왕 14:404)이다. 신묘년조는 바로 뒤에 나오는 병신년(광개토왕 6:396)조에 연결되는 것으로서 광개토대왕이 396년에 백제를 공격한 이유를 설명하였다. 그래서 신묘년조는 병신년조의 전치문(前置文)이라고 한다.[20] 기해년(399)조와 경자년(400)조는 연결되어 있다. 기해년에 백제와 화통한 왜가 신라를 공격하였고, 위기에 처한 신라가 광개토

---

20) 浜田耕策.

대왕에게 구원을 요청하자 광개토대왕은 경자년에 보기 5만의 구원군을 보내 왜군을 물리쳤다는 것이다. 갑진년조는 왜가 단독으로 고구려의 대방계를 공격하였다가 크게 격파된 것을 기록하였다.

〈광개토대왕비〉에서 주목되는 것은 백잔(百殘, 백제)과 신라를 모두 고구려의 속민(屬民), 조공국으로 표현하고, 고구려가 속민인 백제를 치게 된 배후로 일본을 지목하였다는 사실이다. 즉 일본으로 말미암아 고구려와 백제의 주국(主國)-속국(屬國) 관계가 깨어진 것으로 보고 백제에 대한 공격의 정당성을 일본에서 찾았던 것이다. 그래서 〈광개토대왕비〉는 왜를 정복의 대상, 격퇴의 대상으로 인식하였던 것이다.

고구려의 이러한 인식은 『송서』 왜전에 왜왕 무(武)가 478년(송 昇明 2)에 송에 올린 표문(表文)에서도 확인할 수 있다. 이 표문에 의하면 왜는 강적 고구려가 무도하게 왜를 삼키려고 변예(邊隷, 백제)를 초략하여 죽이기를 그치지 않아 제때에 사신을 송에 보낼 수 없었다고 하였다.[21] 왜를 삼키려고 한다는 표현은 고구려가 왜를 정벌해야 할 대상으로 본 것을 의미한다. 이는 『일본서기』에 고구려를 일본의 조공국으로 표현한 것과는 결을 달리하는 것이다.

2) 『일본서기』에 보이는 고구려의 일본에 대한 인식

고구려가 일본을 어떻게 인식하였느냐는 『일본서기』에 수록된 기사에서도 찾아볼 수 있다. 그 사례로는 세 가지를 들 수 있다. 첫째, 『일본서기』 민달기 원년(572)조에 나오는 두 개의 표문 사건이다. 표문의 하나는 문장이 너무 어려워 일본 조정의 신하들이 아무도 이 표문을 읽지 못했는데 선사조(船史祖) 왕진이(王辰爾)만 읽어 냈다는 것이다.[22] 다른 한 표문은 까

21) 권97 열전제57 이만 왜전의 "興死 弟武立 自稱使持節、都督倭百濟新羅任那加羅秦韓慕韓七國諸軍事安東大將軍倭國王 順帝昇明二年 遣使上表曰 封國偏遠 作藩於外… 道逕百濟 裝治船舫 而句驪無道 圖欲見呑 掠抄邊隸 虔劉不已…" 참조.

마귀 깃털에 쓰여 있어 아무도 읽을 수 없었는데 역시 왕진이가 김을 쏘여 글자를 비단에 찍어내어 읽었다는 것이다.[23] 이는 당나라 태종이 신라에 어려운 표문을 보내 신라 신하들을 당황하도록 한 것과[24] 유사하다.

외교문서는 예를 갖추는 것이 일반적이다. 그러나 고구려의 표문이 읽기 어려운 문장으로 쓰였다는 것과 까마귀 깃털에 글을 썼다는 것은 상례에 어긋난다. 고구려의 일본에 대한 이러한 행위는 당태종의 신라에 대한 행위와 아주 유사하다. 당 태종의 행위는 신라를 문화적으로 낮추어 보는 인식에서 나온 것이다. 이로 미루어 고구려의 두 개의 표문 역시 일본을 문화적으로 낮추어 보는 인식을 보여준다고 할 수 있다.

둘째, 『일본서기』 인덕기 12년(324)조에 고구려가 아주 단단하게 만든 철순(鐵盾, 철 방패)과 철적(鐵的, 철 과녁)을 보낸 사실이다. 일본 조정의 신하들은 활을 쏘았지만 아무도 뚫지 못했는데 적신조(的臣祖) 순인숙네(盾人宿禰)가 쏘아 관통하였다는 것이다.[25] 순인숙네가 방패를 뚫자 고구려 사신은 뛰어난 활솜씨에 예를 표했다고 한다. 그러나 고구려가 매우 단단한

---

22) 『일본서기』 권20 민달기 원년조의 "五月壬寅朔 天皇問皇子與大臣曰 高麗使人今何在 大臣奉對曰 在於相樂舘…令送京師 丙辰 天皇執高麗表疏授於大臣 召聚諸史令讀解之 是時諸史於三日內 皆不能讀 爰有船史祖王辰爾 能奉讀釋 由是天皇與大臣俱爲讚美曰 勤乎辰爾 懿哉辰爾 汝若不愛於學 誰能讀解 宜從今始近侍殿中 旣而詔東西諸史曰 汝等所習之業 何故不就 汝等雖衆 不及辰爾.

23) 『일본서기』 권20 민달기 원년조의 "五月壬寅朔 天皇問皇子與大臣曰 高麗使人今何在…又高麗上表疏書于烏羽 字隨羽黑旣無識者 辰爾乃蒸羽於飯氣 以帛印羽 悉寫其字朝庭悉之異" 참조.

24) 『삼국사기』 권제46 열전제6 강수전의 "及太宗大王卽位 唐使者至 傳詔書 其中有難讀處 王召問之 在王前 一見說釋無疑滯 王驚喜 恨相見之晩 問其姓名 對曰 臣本任那加良人 名牛頭 王曰 見卿頭骨 可稱强首先生 使製廻謝唐皇帝詔書表 文工而意盡 王益奇之 不稱名 言任生而已" 참조.

25) 『일본서기』 권11 인덕기 12년(324)조의 "秋七月辛未朔癸酉 高麗國貢鐵盾鐵的 八月庚子朔己酉 饗高麗客於朝 是日集群臣及百寮 令射高麗所獻之鐵盾的 諸人不得射通的唯的臣祖盾人宿禰 射鐵的而通焉 時高麗客等見之 畏其射之勝巧 共起以拜朝" 참조.

철순과 철적을 보낸 이면에는 자신에게 뛰어난 무기가 있음을 과시하면서 동시에 왜국의 기를 꺾어두려는 의도가 깔려 있다고 하겠다. 이는 고구려가 수양제가 거느린 30만 대군의 공격을 물리친 것을 자랑한 것에[26] 의해 방증이 되리라 본다.

셋째, 『일본서기』 응신기에 나오는 고구려가 왜에 보낸 상표문이다. 여기에는 "고려왕이 일본국에 교하노라"는 문구가 들어있다. 이를 본 태자 토도치랑자(菟道稚郎子)는 표문의 무례함에 노하여 고구려 사신을 책망하고 그 표문을 찢어버렸다고 한다.[27] '교(敎)'는 상위자가 하위자에게 내리는 문서의 일종이다. 고구려왕이 왜왕에게 '교하노라'고 한 것은 고구려의 왜에 대한 우월 의식에서 나온 것이다. 이 역시 『일본서기』가 고구려를 왜의 조공국으로 표현한 것과는 결을 달리하는 것이다.

2. 백제의 일본에 대한 인식

1) 문화강국임을 자랑한 백제

백제는 일찍부터 중국 왕조와의 교섭과 교류를 통해 새로운 선진 문화를 받아들여 문화 수준을 높였다. 이렇게 수준 높은 문화를 토대로 백제는 일본에 대해 문화강국, 문화대국을 자처하였다. 그 시작이 근초고왕대였다. 『일본서기』 신공기 46년(수정 연대 366, 백제 근초고왕 21)조에 의하면 백제는 일본 사신 사마숙네(斯摩宿禰)의 종자(從者, 傔人)인 이파이(爾波移)를 우대하면서 오색채견 각 1필과 각궁전(角弓箭) 그리고 철정(鐵鋌) 40매를 주

26) 『일본서기』 권22 추고기 26년조의 "秋八月癸酉朔 高麗遣使貢方物 因以言 隋煬帝興卅萬衆攻我 返之爲我所破 故貢獻俘虜貞公普通二人及鼓吹弩抛石之類十物并土物駱駝一疋" 참조.

27) 『일본서기』 권10 응신기 28년조의 "秋九月 高麗王遣使朝貢 因以上表 其表曰 高麗王敎日本國也 時太子菟道稚郎子讀其表 怒之責高麗之使 以表狀無禮 則破其表" 참조.

고 또 보물 창고[寶藏]를 열어 진이한 것을 보여주었다. 그리고 일본 사신에게 '우리나라에는 이런 진보가 많이 있다'고 자랑하였다.[28] 이는 백제 문화의 우수함을 일본에 보여준 것이다. 백제 문화의 우월함은 신라 사신이 일본에 가져간 물건은 천한 물건(賤物)이고, 백제 사신이 가져간 물건은 진이한 물건으로 표현된 것에서도[29] 확인된다.

백제의 우수한 문물을 본 일본은 백제로부터 선진문화를 받아들였다. 그래서 백제의 박사 왕인(王仁)은 왜에 『천자문』과 『논어』를 전해주었다.[30] 칠지도와 칠자경(七子鏡)에서 보듯이 도가사상도 전해졌다. 승려 관륵(觀勒)은 천문지리와 둔갑방술의 책을 전해주었다.[31] 아직기(阿直岐)는 말을 사육하는 기술을 가르쳐 주었다.[32] 봉의공(縫衣工)인 진모진(眞毛津)은 재봉 기술을 전해주었다. 주군(酒君)은 매 사냥 기술을,[33] 수수허리(須

---

28) 『일본서기』 권9 신공기 46년(二四六) 조의 "春三月乙亥朔 遣斯摩宿禰于卓淳國…爰斯摩宿禰即以傔人爾波移與卓淳人過古二人 遣于百濟國慰勞其王 時百濟肖古王 深之歡喜 而厚遇焉 仍以五色綵絹各一疋 及角弓箭幷鐵鋌四十枚 幣爾波移 便復開寶藏 以示諸珍異曰 吾國多有是珍寶 欲貢貴國 不知道路 有志無從 然猶今付使者 尋貢獻耳 於是爾波移奉事而還 告志摩宿禰 便自卓淳還之也" 참조.

29) 『일본서기』 권9 신공기 47년조의 "夏四月 百濟王使久氐彌州流莫古 令朝貢 時新羅國調使與久氐共詣…仍檢校二國之貢物 於是 新羅貢物者珍異甚多 百濟貢物者少賤不良 便問久氐等曰 百濟貢物不及新羅 奈之何 對曰 臣等失道至沙比新羅 則新羅人捕臣等禁囹圄…則奪我貢物 因以爲己國之貢物 以新羅賤物 相易爲臣國之貢物 謂臣等曰若誤此辭者 及于還日當殺汝等…" 참조.

30) 『고사기』 중권 응신기.

31) 『일본서기』 권22 추고기 10년조의 "冬十月 百濟僧觀勒來之 仍貢曆本及天文地理書幷遁甲方術之書也 是時選書生三四人 以俾學習於觀勒矣 陽胡史祖玉陳習曆法 大友村主高聰學天文遁甲 山背臣日立學方術 皆學以成業" 참조.

32) 『일본서기』 권10 應神기 15년조의 "秋八月壬戌朔丁卯 百濟王遣阿直岐 貢良馬二匹 即養於輕坂上廐 因以阿直岐令掌飼 故號其養馬之處曰廐坂也" 참조.

33) 『日本書紀』 권11 인덕기 43년조의 "秋九月庚子朔 依網屯倉阿弭古捕異鳥獻於天皇曰…天皇召酒君示鳥曰 是何鳥矣 酒君對言 此鳥之類 多在百濟 得馴而能從人 亦捷飛之掠諸鳥 百濟俗號此鳥曰俱知(是今時鷹也) 乃授酒君令養馴 未幾時而得馴 酒君則以韋緡著其足 以小鈴著其尾 居腕上獻于天皇 是日幸百舌鳥野而遊獵 時雌雉多起 乃放

須許利)는 술을 빚는 기술을 전수해 주었다. 와(瓦)박사와 노반(鑪盤)박사는[34] 사찰 조영 기술을 전수해 주었다. 의박사와 채약사 등은 선진 의약기술을 전수해 주었다. 성왕은 왜에 불교를 전해주고,[35] 불사리와 장육불을 보내고, 계율을 전해주었다. 백제 멸망 이후 왜로 망명한 백제인에 의해 축자성(筑紫城), 대야성(大野城), 연성(椽城) 등이 축조되었다.

이와 동시에 백제는 필요할 때 왜에 군사적 지원을 요청하였고 왜는 이에 응했다. 그리하여 왜는 〈광개토대왕비〉에 보듯이 399~400년에 백제를 도와 신라를 공격하였다. 이 전쟁은 고구려가 보기 5만을 보내 신라를 구원하는 바람에 실패하고 말았다. 554년 백제 성왕이 신라로부터 한강유역을 되찾기 위해 군대를 일으켜 신라를 공격할 때도 왜는 역시 군대를 파견하였다. 663년 9월 백제가 망한 후 곧바로 일어난 부흥백제국이 나당연합군과 백강구에서 해전을 벌일 때 왜는 2만 7천 명의 군대를 파견하였다.[36] 이 해전에서 왜는 1천척의 배가 불타는 패배를 입고 말았다.

2) 칠지도 명문이 보여주는 백제의 일본에 대한 인식

칠지도는 백제가 동진 태화 4년(369)에 만들어 371년에 왜에 준 칼이다. 칠지도는 현재 일본 나라현 천리시의 석상(石上)신궁에 보존되어 있다. 『일본서기』에 의하면 이 칼은 곡나(谷那) 철산에서 생산된 철로 만들었다고 한다.[37] 칠지도는 사서에 나오는 기록을 그대로 입증해 주는 실물 자료로서

鷹令捕 忽獲數十雉 是月 甫定鷹甘部 故時人號其養鷹之處 曰鷹甘邑也" 참조.

34) 『일본서기』 권21 숭준기 원년 "是歲 百濟國遣使幷僧惠總…幷獻佛舍利 寺工太良未太文賈古子 鑪盤博士將德白昧淳 瓦博士麻奈文奴陽貴文陵貴文昔麻帝彌 畫工白加…" 참조.

35) 『일본서기』 권19 흠명기 13년조의 "冬十月 百濟聖明王(更名聖王)遣西部姬氏達率怒唎斯致契等 獻釋迦佛金銅像一軀 幡蓋若干經論若干卷" 참조.

36) 『일본서기』 권27 천지기 2년조의 "三月 遣前將軍上毛野君稚子 間人連大蓋 中將軍巨勢神前臣譯語 三輪君根麻呂 後將軍阿倍引田臣比邏夫 大宅臣鎌柄 率二萬七千人 打新羅" 참조.

매우 드문 사례이다.

이 칼의 전장은 약 75cm, 칼 몸은 65cm, 자루 부분은 약 10cm이다. 도신의 전면과 후면에는 금상감 명문이 새겨져 있다. 글자 수는 60여 자이다. 명문은 다음과 같다.

> 전면: 泰(和)四年五月十六一丙午正陽 造百練鐵七支刀 生辟百兵 宜供供侯王 △△△△作(태화 4년 5월 16일 병오일 한낮에 백번 단련한 철로 칠지도를 만들었다. 모든 병난을 물리칠 수 있다. 마땅히 후왕에게 준다. △△△△가 만들었다.)
>
> 후면: 先世以來 未有此刀 百濟王世子奇生聖音 故爲倭王旨造 傳示後世(선세이래 이런 칼은 없었다. 백제왕세자인 기가 성음을 내었다. 그 때문에 왜왕인 지를 위해 만들었다. 후세에 전하여 보이도록 하라)

그런데 『일본서기』에는 신공기 52년(251, 수정 연대 371)에 백제가 칠지도 1개와 칠자경(七子鏡) 1면과 그리고 여러 가지 귀중한 보배를 왜왕에게 봉헌하였다고 하였다. 이 칼에 대해 문헌 기록과 칠지도 명문의 '공(供)'을 '드린다' 또는 '바친다'고 해석하여 백제가 왜왕에게 헌상한 것으로 파악하는 견해가[38] 일찍부터 있어 왔다.

그러나 칠지도 명문에 의하면 이 칼을 만들도록 한 사람은 백제왕세자 기(奇)였다. '기(奇)'는 근초고왕의 아들 근구수의 이름으로 '귀수(貴須)' 또는 '구수(仇首)'의 '귀(貴)'·'구(仇)'의 다른 표기이다. '왜왕 지(旨)'의 '지(旨)'는 '왜왕'의 뜻으로 보는 견해도 있지만 왜왕의 이름으로 보는 것이 타당하다. 이렇게 보면 이 칼은 백제왕세자 '기'가 성음(聖音)을 내어 왜왕인

---

37) 『일본서기』 권9 신공기 52년조의 "秋九月丁卯朔丙子 久氐等從千熊長彥詣之 則獻七枝刀一口 七子鏡一面及種種重寶 仍啓曰 臣國以西有水 源出自谷那鐵山 其邈七日行之不及 當飮是水 便取是山鐵 以永奉聖朝" 참조.

38) 福山敏男, 1951, 「石上神宮七支刀」, 『美術研究』 158輯; 榧本杜人, 1952, 「石上神宮七支刀其銘文」 『朝鮮學報』 3輯, 朝鮮學會.

'지(旨)'를 위해 만든 것으로 볼 수 있다.[39] 이 칼은 백번을 담금질하여 만든 것으로서 온갖 병난[百兵]을 물리칠 수 있는 신비한 힘을 가진 영물(靈物)이었다.

이 명문에서 백제의 일본에 대한 인식을 잘 보여주는 것이 왜왕을 '후왕(侯王)'으로 표현한 것이다. 후왕은 제후왕을 의미한다. 이 칼을 만들어 왜왕에게 주도록 한 주체는 왕세자였으므로 백제 왕세자와 왜왕은 동급이었다. 그렇다면 백제왕은 왜왕보다 한 단계 높은 존재가 된다. 따라서 본 명문의 후왕은 백제가 왜왕을 제후왕으로 인식하였음을 보여준다. 그래서 명문에 '후세에 전하여 보여라(傳示後世)'라는 표현이 나오게 된 것이다. 실제 왜는 이 칼을 잘 보존하여 오늘날에까지 이르게 되었다. 이는 『일본서기』에 백제를 왜의 조공국으로 표현한 것과는 결을 달리하는 것이다.

3) 왕족 외교와 왕실간의 결혼

백제의 대왜 외교의 특징의 하나는 고위 귀족을 사신으로 파견할 뿐만 아니라 필요에 따라 왕족들도 파견한 사실이다. 왕족 파견의 대표적인 사례로는 『일본서기』 응신기의 주군(酒君), 웅략기의 곤지군(昆支君, 軍君), 무령왕 대의 마나군(麻那君)과 특별히 골족(骨族)임이 강조된 사아군(斯我君) 그리고 법사군(法師君) 등을 들 수 있다.[40] 이 왕족들 가운데는 곤지처럼 귀국한 경우도 있지만 일본에 머물러 정착한 경우도 있었다.

왕족의 왜국 체제는 왜 왕실과 백제와의 관계를 돈독하게 하는 계기가 되었다. 그래서 백제 왕실과 왜 왕실 사이에 결혼이 이루어지기도 하였다. 첫째, 전지왕의 왕비 팔수(八須)부인이다. 『삼국사기』에 의하면 전지왕은 태자 시절인 아신왕 6년(397)에 왜에 파견되었다가 405년에 부왕이 죽자 귀

39) 노중국, 『백제사회사상사』, 지식산업사, 236쪽.

40) 『일본서기』 권16 무렬기 7년조의 "夏四月 百濟王遣期我君進調 別表曰 前進調使麻那者 非百濟國主之骨族也 故謹遣斯我奉事於朝 遂有子 曰法師君 是倭君之先也" 참조.

국하여 왕위에 올랐다. 그런데 전지왕이 왜에서 귀국해 즉위한 해(405)에 팔수부인(八須夫人)이 구이신왕을 낳았다.[41] 이로 미루어 전지왕은 왜에 있을 때 팔수부인과 결혼하였음을 알 수 있다. 이 시기 일본에 있는 백제계 가문으로서 태자 전지와 결혼할 수 있는 가문은 아직 없었다, 따라서 팔수부인은 왜 왕실의 왕녀였을 가능성이 가장 크다.[42] 이는 백제왕과 왜 왕녀가 결혼한 최초의 사례이다.

둘째, 부흥운동기의 부여풍왕(扶餘豊王)이다. 부여풍은 백제의 마지막 왕인 의자왕의 아들이다. 백제가 멸망하기 이전인 653년 8월 경에 부여풍은 왜에 파견되어 있었다. 백제 멸망 후 복신과 도침은 부흥군을 일으켜 임존성에서 당군의 공격을 물리친 후 주류성(전북 부안의 위금암산성)으로 중심지를 옮겼다.[43] 그리고 복신과 도침은 661년 9월 왜로부터 부여풍을 모셔와 왕으로 옹립하였다.[44] 이로써 백제국이 부활하였다. 이를 부흥백제국이라 할 수 있다.[45] 부여풍이 귀국하기 전에 왜는 다신장부의 딸을 처로 삼게 하였다.[46]

셋째, 백제 멸망 이후 무령왕의 후손인 신립(新笠)의 광인(光仁)천황과의 결혼이다. 신립의 성은 화씨(和氏)이다. 화신립(和新笠: ?~789)은 화을계(和乙繼)의 딸인데 광인(光仁: 770~781)천황의 비가 되어 아들 환무(桓武: 782~806)천황을 낳았다. 그 선조는 "무령왕의 아들 순타 태자다"였다.[47] 일

41) 『삼국사기』 권제25 백제본기 전지왕 즉위년조의 "妃八須夫人 生子久尒辛" 참조.

42) 김기섭, 2005, 「5세기 무렵 백제 도왜인의 활동과 문화 전파」, 한일관계사연구논집 편찬위원회, 『왜 5왕 문제와 한일관계』(한일관계사연구논집 2), 경인문화사.

43) 전영래, 1996, 『백촌강에서 대야성까지: 백제최후결전장의 연구』, 신아출판사, 121쪽.

44) 『일본서기』 권26 제명기 6년조의 "冬十月百濟佐平鬼室福信遣佐平貴智等…又乞師請救 幷乞王子餘豊璋曰…方今謹願 迎百濟國遣侍天朝王子豊璋 將爲國主云云" 및 제명기 7년조의 "九月… 於是 豊璋入國之時 福信迎來 稽首奉國朝政 皆悉委焉" 참조.

45) 노중국, 2003, 『백제부흥운동사』, 일조각, 116~122쪽.

46) 『일본서기』 권27 천지기 즉위전기 제명기 7년조의 "九月 皇太子御長津宮 以織冠授於百濟王子豊璋 復以多臣蔣敷之妹妻之焉" 참조.

47) 『속일본기』 권37 연력 9년조의 "正月壬午 葬於大枝山陵 皇太后姓和氏 諱新笠 贈正

본에 파견된 순타태자는 513년에 일본에서 죽었다.[48] 그의 후손이 일본에서 번성하였고 마침내 신립이 왕후가 된 것이다. 도왜계 씨족 가운데 왕실과 결혼한 것은 신립이 최초이다. 신립의 소생인 환무천황이 즉위함으로써 화조신은 도왜계 씨족 가운데 최고 위치를 차지하였다.[49]

3. 신라의 일본에 대한 인식

1) 박제상이 보여주는 신라의 왜에 대한 인식

『삼국사기』 박제상전과 『삼국유사』 나물왕 김제상조에는 박제상이 왜에 인질로 가있는 미사흔을 구출해 온 사건이 나온다. 박제상(朴堤上)은 삽량주간(歃良州干)의[50] 벼슬에 있었다. 이 보다 앞서 실성왕은 원년(402)에 왜왕이 나물왕의 아들 미사흔(未斯欣, 未海)을 볼모로 삼기를 청하자 미사흔을 왜에 보냈고, 11년(412)에 고구려가 미사흔의 형 복호(卜好, 寶海)를 볼모로 삼고자 하자 역시 그를 보냈다. 복호와 미사흔은 눌지왕(417~458)의 동생들이었다. 이들은 고구려와 왜에 인질로 잡혀 돌아올 수 없었다.

눌지왕은 두 아우들이 돌아올 수 있기를 간절히 바랬다. 왕의 소원을 이루는 어려운 책무를 박제상이 맡았다. 그는 먼저 사신의 예로써 고구려에 들어가 "신이 듣건대 이웃 나라와 교제하는 도는 성실과 신의뿐이라고 합니다. 만일 볼모를 서로 보낸다면 오패(五覇)에도 미치지 못하는 것이니 참

一位乙繼之女也 母贈正一位大枝朝臣眞妹 后先軀自百濟武寧王之子純陀太子 皇后容德淑茂…今上卽位 尊爲皇太夫人 九季追上尊號 曰皇太后 其百濟遠祖都慕王者 河伯之女感日精而所生 皇太后卽其後也 因以奉諡焉" 참조.

48) 『일본서기』 권17 계체기 7년조의 "秋八月癸未朔戊申 百濟太子淳陀薨" 참조.

49) 김은숙, 2008, 「일본 율령국가의 백제 왕씨」, 『백제의유민사』 백제문화사대계 연구총서 7, 충청남도역사문화연구원.

50) 삽량주간의 실체에 대해서는 서의식, 1993, 「신라 상고기의 '간'의 편제와 분화」, 『역사교육』 53집, 역사교육학회.

으로 말세의 일입니다"[51]라고 하면서 고구려왕을 설득하여 복호를 귀환시켰다.

복호를 귀환시킨 박제상은 미사흔을 구출하러 일본으로 들어갔다. 죽기를 각오한 박제상은 왜국으로 들어갈 때 마치 신라를 배반하여 온 자와 같이 하였다. 그러나 일본왕은 처음에는 박제상을 의심하였으나 신라왕이 미사흔과 박제상의 가족을 옥에 가두었다는 소식을 듣고 박제상을 받아들였다. 이에 박제상은 꾀를 써서 미사흔을 먼저 신라로 보낸 후 자신은 왜에 그대로 남았다. 미사흔이 일본을 탈출하였다는 사실을 안 일본왕은 박제상을 괘씸히 여겨 고문을 하면서 '왜왕의 신하'라고 말하면 살려 주겠다고 하였지만 박제상은 끝까지 지조를 굽히지 않아 마침내 불태워 죽이는 죽임을 당하였다.

박제상이 미사흔을 구출하기 위해 일본으로 떠나기 전에 왕에게 다음과 같이 말하였다.

> 고구려는 큰 나라요, 왕 역시 어진 임금이므로 신이 한 마디의 말로 깨우치게 할 수 있었지만, 왜인의 경우는 말로써 달랠 수는 없으니 마땅히 거짓 꾀를 써서 왕자를 돌아오게 하겠습니다.[52]

박제상의 이 말에서 일본에 대한 신라의 인식을 살펴볼 수 있다. 신라는 왜를 사리로써 설득할 수 있는 나라가 아니라 속임수를 써야 하는 나라로 인식하고 있었던 것이다. 이는 고구려를 '성실과 신의'의 나라이며 대국이라고 인식한 것과 대비된다.

---

51) 『삼국사기』 권제45 열전제5 박제상전의 "遂以聘禮入高句麗 語王曰 臣聞交鄰國之道 誠信而已 若交質子 則不及五霸 誠末世之事也…" 참조.

52) 『삼국사기』 권제45 열전제5 박제상전의 "堤上報曰 臣雖奴才 旣以身許國 終不辱命 然高句麗大國 王亦賢君 是故 臣得以一言悟之 若倭人不可以口舌諭 當以詐謀 可使王子歸來…" 참조.

2) 문무왕 유조와 관문성 축조가 보여주는 신라의 일본에 대한 인식

신라 문무왕은 삼국통일을 완수한 왕이다. 문무왕은 671년 죽기에 앞서 유조(遺詔)로 "동해 가운데의 큰 바위에 장사지내라"고 하였다. 이 바위가 경주 감포 앞바다에 있는 대왕암(大王岩)이다. 『삼국유사』 문무왕 법민조에 의하면 왕은 평상시에 지의(智義)법사에게 말하기를 "짐은 죽은 후 호국대룡이 되어 불법을 받들고 나라를 지키겠다"고 하였다. 지의법사가 "용은 축생보(畜生報)인데 어쩜입니까" 하고 물으니 왕은 "나는 세간의 영화를 싫어한지 오래되었으므로 비록 축생이 되더라도 짐의 생각에 합당하다"고 하였다.[53]

한편 『삼국유사』 만파식적조에는 〈사중기〉를 인용하여 "문무왕이 왜병을 진압하고자 감은사를 세우려 하였지만 마치지 못하고 돌아가셨는데 바다의 룡이 되었다"고 하였다.[54] 이에 의하면 감은사 창건은 문무왕이 시작하였지만 완공은 아들 신문왕 대에 이루어졌다.

감은사 창건의 목적은 왜병을 진압하는 것이었다. 그렇다면 문무왕이 호국 대룡이 되겠다고 한 것도 일본으로부터 신라를 지키기 위함이었다고 할 수 있다. 삼국통일을 완수한 문무왕이 왜의 침입으로부터 신라를 지키겠다고 서원한 것은 통일 이후 신라의 최대 근심이 왜였음을 보여준다.

일본에 대한 이러한 경계심은 성덕왕 대에로 이어졌다. 성덕왕 대는 통일신라의 전성기였지만 국방은 소홀히 할 수 없었다. 이와 관련하여 주목되는 것이 성덕왕이 21년(722)에 일본이 왕도로 쳐들어오는 것을 사전에 차단하기 위해 모벌군성(毛伐郡城)을 쌓았다는[55] 사실이다. 이 성이 오늘날 사

---

53) 『삼국유사』 권2 기이제2 문호왕법민조의 "大王御國二十一年 以永隆二年辛巳崩 遺詔葬於東海中大巖上 王平時常謂智義法師曰 朕身後願爲護國大龍 崇奉佛法 守護邦家 法師曰 龍爲畜報何 王曰 我厭世間榮華久矣 若麤報爲畜 則雅合朕懷矣" 참조.

54) 『삼국유사』 권2 기이제2 만파식적조의 "第三十一 神文大王 諱政明 金氏 開耀元年辛巳七月七日卽位 爲聖考文武大王 創感恩寺於東海邊寺中記云 文武王欲鎭倭兵 故始創此寺 未畢而崩 爲海龍" 참조.

적 제48호 지정되어 있는 경주 관문성(關門城)이다. 관문성은 둘레가 6,792보 5척이나 되는 대규모 성인데 축성에 동원된 인력은 39,262명이었다. 축성 책임자는 각각 원진(元眞)이었다.[56)]

그런데 이 시기 신라가 당나라의 공격에 대비하여 축성하였다는 기사나 발해의 공격에 대비해 축성하였다는 기사는 없다. 유독 일본의 침입에 대비하여 거대한 관문성을 쌓았던 것이다. 이는 통일 이후 중대에 와서도 신라의 최대 외환(外患)은 일본이었음을 보여주는 준다. 그렇다면 관문성 축조는 문무왕의 감은사 창건이나 호국대룡이 되겠다고 서원한 것과 궤도를 같이 하는 것이라고 하겠다.

이에 대응해 일본은 성덕왕 30년(731)에 병선 300척을 동원해 신라를 공격하였지만 격퇴되었다.[57)] 이리하여 신라와 일본과의 관계는 매우 악화되었다. 그래서 경덕왕은 원년(742)에 왜의 사신을 받아들이지 않았고, 12년(753)에는 오만무례하게 군 일본 사신으로 하여금 왕을 인견하지 못하게 하고 돌려보냈다.[58)] 원성왕은 2년(786)과 3년(787)에 사신을 보내 황금 50냥과 1천 냥을 주면서 신라가 국보로 여기고 있는 만파식적을 달라는 요청을 거절하였다.[59)] 나라를 지켜주는 보배를 달라는 요청 자체가 신라에게는 무

---

55) 『삼국사기』 권제8 신라본기 성덕왕 21년조의 "春正月 中侍文林卒 伊湌宣宗爲中侍 二月 京都地震 秋八月 始給百姓丁田 冬十月 遣大奈麻金仁壹入唐賀正 幷獻方物 築毛伐郡城 以遮日本賊路" 참조.

56) 『삼국유사』 권제2 기이제2 孝成王조의 "開元十年壬戌十月 始築關門於毛火郡 今毛火村 屬慶州東南境 乃防日本塞垣也 周廻六千七百九十二步五尺 役徒三萬九千二百六十二人 掌員元眞角干" 참조.

57) 『삼국사기』 권제8 신라본기 성덕왕 30년조의 "夏四月 日本國兵船三百艘 越海襲我東邊 王命將出兵 大破之" 참조.

58) 『삼국사기』 권제8 신라본기 경덕왕 원년조의 "冬十月 日本國使至 不納"; 12년조의 "秋八月 日本國使至 慢而無禮 王不見之 乃廻" 참조.

59) 『삼국유사』 권제2 기이제2 원성대왕조의 "王之考大角干孝讓 傳祖宗萬波息笛 乃傳於王 王得之 故厚荷天恩 其德遠輝 貞元二年丙寅十月十一日 日本王文慶(按日本帝紀第五十五主文德王 疑是也 餘無文慶 或本云 是王太子 擧兵欲伐新羅 聞新羅有萬波息

례하게 보였을 뿐만 아니라 그 내면에는 신라를 공격하려는 의도가 있었음을 간파하였기 때문이었다.

Ⅳ. 마무리하며

역사를 연구하는 목적의 하나는 역사 속에서 교훈을 찾아 현재를 진단하고 미래를 설계하는 것이다. 따라서 고대 삼국의 일본에 대한 인식의 문제가 오늘날 우리에게 어떤 교훈을 주는가를 생각해 보는 것도 필요하다. 현재 한국과 일본과의 관계는 냉탕적인 분위기가 강하게 지속되고 있다. 이러한 현재의 상황을 타개하기 위해 고대의 역사적 경험에서 교훈을 찾는다면 백제와 일본의 관계가 하나의 사례가 될 수 있을 것 같다.

삼국 가운데 백제는 일본에 대해 가장 우호적인 인식을 가지고 있었다. 여기에는 한반도 내에서 삼국 사이의 세력균형이라는 역학(力學) 관계가 작용하였다. 백제는 남진의 압력을 가해오는 고구려와 힘을 균형을 이루어 자국의 안전을 도모해야 했다. 그러기 위해서는 바다 건너 일본의 군사적 지원도 필요하였다. 한편 이 시기 일본은 선진 문화를 받아들여 자신의 문화 수준을 높이는 것이 필요하였다.

백제는 일찍이 중국의 남북조와의 교섭과 교류를 통해 높은 수준의 문화를 이룩하였다. 백제는 이 선진문화를 일본에 전해주었다. 그 범위는 학술, 제도, 종교, 기술, 생활문화에 이르기까지 다양하였다. 그래서 일본열도에서는 이른바 '백제류(百濟流)'의 열풍이 일어나기도 하였다. 이리하여 일본은 백제가 필요할 때 군사 지원을 요청하면 그 요청에 응해 군사 지원을 하였

笛退兵 以金五十兩 遣使請其笛 王謂使曰 朕聞上世眞平王代有之耳 今不知所在 明年七月七日 更遣使 以金一千兩請之 曰 寡人願得見神物 而還之矣 王易辭以前對 以銀三千兩賜其使 還金而不受 八月 使還 藏其笛於內黃殿" 참조.

다. 문화 외교와 군사 지원 외교가 맞아떨어진 것이다. 여기에서 오늘날 한·일 간의 갈등을 해소하는 교훈을 얻을 수 있지 않을까 한다.

〈토론문〉

「고대 삼국의 일본 인식」의 토론문

세키네 히데유키(關根英行) | 가천대학교 교수

노중국 교수님의 발표는, 국가관의 인식. 곧 '한 나라의 다른 나라에 대한 인식은 대외관계 속에서 형성된다'는 전제하에 '화호와 침략', '천하관', '인적 교류'라는 인식 형성의 배경으로 들어 『삼국사기』, 『삼국유사』, 중국사서, 광개토대왕비, 칠지도에 나타난 삼국의 일본에 대한 인식을 밝히는 내용이었습니다. 그 과정에서 가필과 윤색이 가해진 『일본서기』의 기술의 모순 때문에 진실 파악이 쉽지 않음을 지적하셨습니다.

논문의 구체적 내용은 다음과 같습니다. 고구려는 왜를 정복이나 격퇴의 대상으로 인식했지만 『일본서기』는 고구려를 왜의 조공국이라고 표현했습니다. 백제는 왜를 자신의 고급문화를 전수받는 나라, 군사적 동맹관계를 맺은 나라, 왕족을 파견하거나 왕실 간 혼인을 하는 나라로서 우호적으로 인식하고 있었습니다. 그런데 『일본서기』는, 칠지도 문명에서 왜왕을 백제의 제후왕(諸侯王)으로 인식하고 있는데도, 백제를 왜의 조공국으로 표현하였습니다. 신라는 왜를 경계해야 할 최대의 적으로 인식하고 있었습니다.

결론적으로 노 교수님께서는 고대 삼국의 일본 인식에서 얻을 수 있는 교훈은, '문화외교'와 '군사지원외교'로 우호적인 관계를 구축했던 백제와 일본 간의 관계를 재평가하고 현재의 한일관계를 타개하는 모범으로 삼을 것을 제안하셨습니다.

‘고대 삼국의 일본 인식’이라는 제목에 걸맞게 중요한 사항을 요령 있게 망라하셨고 출처의 원문으로 밝히셨기 때문에 고대한일관계사에 관심이 있는 분에게는 매우 도움이 될 논문이라고 생각합니다. 특히 결론 부분에서 백제와 왜의 관계로부터 받는 교훈으로 ‘군사지원외교’를 언급한 부분이 인상적이었습니다. 백제와 왜의 문화외교를 모범으로 삼으라고 하는 메시지는 누구나 말할 수 있지만 군사적 동맹까지 언급하는 것은 아무나 할 수 있는 것이 아닙니다. 노 교수님의 용기에 경의를 표합니다.

이 논문의 주제는 어디까지나 ‘고대 삼국의 일본 인식’을 밝히는 것입니다. 그러나 또 하나의 주제는 『일본서기』의 왜곡된 기술로 인한 진실 규명의 어려움을 논하는 것입니다. 오늘날 『일본서기』 기술 속에 의심스러운 점이 있다는 사실은 모두가 인정하지만 그에 대한 온도 차이로 인해 좀처럼 합의점에 이르지 못하는 것이 현실입니다.

저는 고대 한일관계의 왜곡에 대해 생각할 때 두 가지 관점을 염두에 두야 한다고 생각합니다. 첫째는 분석 대상인 문헌이 편찬된 당시의 인식을 파악하는 것입니다. 예컨대 『일본서기』에는 8세기 일본의 인식이 반영되었고, 『삼국사기』·『삼국유사』에는 12~13세기 고려의 인식이 반영되어 있습니다. 이러한 문헌에 나타난 인식이 삼국시대 당시의 인식과 같지 않음을 다시 한번 확인할 필요가 있습니다.

둘째는, 그러한 문헌을 토대로 ‘고대 한일관계사의 지식체계’를 구축한 근대 일본의 인식을 파악하는 것입니다. 기독교에는 성서라는 경전이 존재하지만 해석에 따라 3만 개 이상의 교파로 나뉘어 있습니다. 이와 마찬가지로 구로이타 가쓰미[黑板勝美, 1874~1946]를 비롯한 근대 사학자들은 고전이나 사서를 메이지[明治]·다이쇼[大正]의 보수적인 사조에 따라 해석하고 그것을 공식적인 지식으로 고착시켰습니다. 여러 논자가 지적하듯이 일본 고대사 연구에 왜곡된 면이 있다면 그것은 8세기와 19~20세기, 이 두 시기에 왜곡된 인식의 세례를 받은 결과라고 생각됩니다.

노 교수님께서는 전자의 관점에 입각하여 한국이나 중국의 사서에 나타난 내용이 "『일본서기』가 표현한 것과는 다르다"라고 거듭 지적하셨습니다. 이 사실은 8세기 일본에 삼국 인식을 왜곡하는 대외관계가 존재했음을 말해 줍니다. 그러나 『삼국사기』·『삼국유사』·『일본서기』를 제대로 해독하기 위해서는 그 가이드라인 역할을 해 온 '고대 한일관계사의 지식체계'를 만든 근대 사학자의 인식을 밝히는 작업도 병행되어야 한다고 생각됩니다.

노 교수님께서 인식 형성의 배경 중 하나로 '인적 교류'를 들으시면서 '도왜인(渡倭人)'이라고 하는 흥미로운 용어를 사용하신 점이 인상적이었습니다. 왜냐하면 본 토론자도, 왜가 성립되기 전인 야요이시대[弥生時代]의 이주민까지 포함한 용어로서 '한반도 도래인'를 사용하여 근현대 일본 연구자의 인식의 문제점을 고찰했기 때문입니다(『일본인의 형성과 한반도 도래인』).

일본의 인류학에서는 도래인의 이주 규모에 대해 야요이시대(삼한시대에 해당)의 규슈보다 고분시대(삼국시대에 해당)의 긴키지방[近畿地方]에 도래인이 많이 이주해 왔다는 학설(1930년대, 1960년대, 1980년대)이 제창되어 왔습니다. 그러나 고고학자와 문헌사학자는 그때마다 이러한 견해를 부정하거나 외면했습니다. 특히 고분시대의 도래인은 '문화전파', '문화교류', '교역'의 매개자로서만 연구되고 도래 규모를 규명하는 것은 일종의 금기였습니다. 이 사실은 일본 학계에는 '도왜인'의 대규모 이주를 밝히는 것이 불편한 진실이었음을 의미합니다.

비슷한 사례를 들면, 일본의 대표적인 일본 사학자들[60]은 『일본서기』 응신기(應神紀)에 기술되어 있는 백제인의 집단 도래에 관한 기사[61]에 대해

60) 쓰다 소키치[津田左右吉, 1873~1961], 사카모토 다로[坂本太郎, 1901~1987], 미시나 아키히데[三品彰英, 1902~1971], 도마 세이타[藤間生大, 1913~2018], 이에나가 사부로[家永三郎, 1913~2002], 이노우에 미쓰사다[井上光貞, 1917~1983], 오노 스스무[大野晋, 1919~2008], 나오키 고지로[直木孝次郎, 1919~2019], 히라노 구니오[平野邦雄, 1923~2014], 우에다 마사아키[上田正昭, 1927~2016], 야마오 유키히사[山尾幸久, 1935~], 기토 기요아키[鬼頭清明, 1939~2001] 등.

다음과 같이 해석해 왔습니다. ① 고대 한국에서 일본에 항복한 포로, ② 일본의 한 씨족의 조상, ③ 나라 없는 진한(신라) 유민, ④ 한 중국인(하타씨[秦氏])의 조상, ⑤ 일본에 귀화한 낙랑·대방의 식민지 인민, ⑥ 일본이 조선을 경영한 결과 일본에 귀화한 조선사람, ⑦ 유라쿠 천황[雄略天皇] 시대의 설화를 오진 천황 시대로 소급한 것, ⑧ 이주민 기사는 모두 조작된 이야기(최재석, 『고대한일관계와 일본서기』)입니다. 이러한 석연치 않은 해석으로 일본 학계는 도래인의 대규모 도래를 부정하는 데 안간힘을 써 왔음을 알 수 있습니다. 이러한 왜곡된 인식의 발단은 8세기가 아닌 근대의 인식에서 비롯된 것으로 생각됩니다.

마지막으로 토론자는 노 교수님께 세 가지 질문을 드리고자 합니다. 첫째, 노 교수님께서 "한 나라의 다른 나라에 대한 인식은 대외관계 속에서 형성된다"라고 하셨는데 8세기의 『일본서기』에 영향을 미친 신라-왜 관계에 대한 부연 설명을 부탁합니다. 애장왕(800~809) 이전에는 신라-일본의 대외관계가 풀리지 않았던 것으로 미루어보아 『일본서기』의 편찬(720년) 때도 마찬가지였을 것으로 생각됩니다.

둘째, 『일본서기』의 편자는 백제가 고급문화의 스승, 군사동맹국, 혼인관계를 맺은 국가인 것까지는 인정했음에도 불구하고 백제를 조공국으로 간주하지 않을 수 없었던 이유는 무엇이라고 생각하시는지요?

셋째, 고려왕조와 헤이씨 정권[平氏政權](1160~1185) 및 가마쿠라 막부[鎌倉幕府](1185~1333) 사이에는 어떤 대외관계가 있었으며 어떤 대일 인식이 형성되었다고 생각하시는지요? "한 나라의 다른 나라에 대한 인식은 대외관계 속에서 형성된다."라고 하신 명제가 보편적인 것이라면 12~13세기 고려에서 편찬된 『삼국사기』·『삼국유사』에도 적용되어야 한다고 생각합니다.

---

61) 응신천황(應神天皇) 14년 조에는 하타씨[秦氏]의 선조 유즈키노키미[弓月君]가 백제 120현(縣)의 백성을 이끌고 야마토로 왔다는 기사와 동 20년 조에는 아야씨[漢氏]가 백제 17현의 백성을 이끌고 왔다는 기사가 있다.

南北國의 일본, 일본인 인식

임상선 | 동북아시아역사재단 명예연구위원

Ⅰ. 머리말

남북국시기 동아시아에서 발해, 신라, 일본은 8세기 초반 대립의 시기가 지나고, 8세기 중반 이후 마지막까지는 교류의 시기라고 할 수 있다.

발해와 신라의 일본과의 관계를 살펴보면 교류와 거절의 형식이 있고, 그 속에 적대감과 친근감이 공존한다. 각국은 기본적으로 자신의 입장에서 상대국을 바라보고, 자신의 질서속에 들어오기를 원하였지만, 이것은 상대적인 것이었다. 국가간의 교류는 나름의 공적인 형식과 규칙에 의하여 이루어졌으며, 시기에 따라 혹은 사건에 따라 적대와 친근이 교차했다.

남북국과 일본의 관계에 대한 학계의 연구는 일본이 바라본 발해와 신라에 대한 입장에서 많이 이루어졌다. 남북국과 일본의 관계에 대한 사료의 절대 다수가 일본측 자료라는 배경 하에서 일본사 입장에서 발해와 신라를 살펴본 경우가 많았다. 이러한 학계의 연구 분위기 속에서 발해와 신라 입장에서 일본 관계나 인식을 논한 사례가 적었던 것은 어쩔 수 없는 현실이었다.

양국 관계 사료 중에서 신라와 발해가 일본과 일본인을 어떻게 인식하였는지를 살필 수 있을 정도의 직접적인 자료는 부족하다. 양국 관계 사료를 신라와 발해 입장에서 해석하는 노력이 필요하다. 발해나 신라가 일본에 사신을 파견하였을 경우의 방문한 목적 등을 눈여겨 보면, 발해나 신라의 일본과 일본인에 대한 인식을 엿볼 수 있다.

일본측 사료에는 발해나 신라가 일본을 방문한 목적이 소개되어 있는데, 그 목적이 일본측의 요구에 의한 것도 있지만, 발해나 신라의 필요 혹은 발해나 신라가 일본의 의도를 고려하여 방문하는 경우가 있다. 이러한 양상을 밝히는 작업은 발해와 신라의 일본 교류에서 중요시하는 요소를 찾는 길이기도 하다.

본고는 이러한 측면에서 발해와 신라의 일본과, 일본인에 대한 인식을 몇 가지 유형으로 나누어 정리해 보고자 한다.

Ⅱ. 발해의 일본, 일본인 인식

발해와 일본은 국교 개시 이래 지속적으로 상호 친선 교류 관계를 유지했다. 발해는 일본을 34차례 방문하였고 일본 또한 발해를 13차례 방문했다. 같은 시기 신라와 발해간에 이루어진 교류는 말할 것도 없고, 신라와 일본간의 교류와 비교해 보더라도 양국간의 교류가 매우 빈번하였던 것을 알 수 있다.

1. 발해가 일본을 최초로 방문한 이유

발해는 건국 후 30여 년이 지난 727년 무왕 때 처음으로 일본을 방문했다.

> (神龜 4년 12월) 丙申 사신을 보내어 高齊德 등에게 의복과 冠, 신발을 내렸다. 渤海郡이란 옛날의 고려국이다. 淡海朝廷(天智天皇) 7년(668) 겨울 10월에 唐의 장군 李勣이 高麗를 정벌하여 멸망시켜 그 후로 朝貢이 오랫동안 끊어졌다. 이에 渤海郡王이 寧遠將軍 高仁義 등 24인을 보내어 朝聘하게 했는데, 蝦夷의 경계에 도착하여 仁義 이하 16인은 모두 살해되고 首

領 齊德 등 8인은 겨우 죽음을 면하여 온 것이다.[1)]

(신귀 5년, 춘정월) 甲寅 천황이 中宮에 나아갔는데 高齊德 등이 왕의 教書와 方物을 바쳤다. 그 교서에 "武藝가 아뢥니다. 山河가 다른 곳이고 국토가 같지 않지만 어렴풋이 風教道德을 듣고 우러르는 마음이 더할 뿐입니다. 공손히 생각하건대 대왕은 天帝의 명을 받아 일본의 기틀을 연 이후 대대로 明君의 자리를 이어 자손이 번성하였습니다. 武藝는 황송스럽게도 大國을 맡아 외람되게 여러 蕃을 함부로 총괄하며, 高麗의 옛 땅을 회복하고 扶餘의 習俗을 가지고 있습니다. 그러나 다만 너무 멀어 길이 막히고 바다 또한 아득히 멀어서 소식이 통하지 않고 길흉을 물음이 끊어졌습니다. 어진 이와 가까이하며 우호를 맺고 옛날의 예에 맞추어 사신을 보내어 이웃을 찾는 것이 오늘에야 비롯하게 되었습니다. 삼가 寧遠將軍 郎將 高仁義, 游將軍 果毅都尉 德周, 別將 舍航 등 24인을 보내어 狀을 가지고 가도록 하였고 아울러 담비가죽 300張을 보내어 바칩니다. 토산물이 비록 천하지만 조그마한 물건이라도 드리는 정성을 나타내고자 하는데, 가죽과 비단이 진귀하지는 않아 도리어 손으로 입을 막고 꾸짖는 데에 부끄러울 따름입니다. 이치를 주장함에는 한계가 있으나 마음을 여는 데는 끝이 없을 것입니다. 때때로 아름다운 소리를 이어받아 길이 이웃과의 우호를 돈독히 하고자 합니다"라 하였다. 이에 高齊德 등 8인에게 모두 正6位上을 주고 해당하는 빛깔의 옷을 내렸다. 5位 이상과 高齊德 등에게 잔치를 베풀고 활쏘기 대회와 雅樂寮의 음악을 내렸으며 잔치가 끝나자 祿을 주었는데 차등이 있었다.[2)]

---

1) 丙申。遣使賜高齊德等衣服冠履。渤海郡者舊高麗國也。淡海朝廷七年冬十月。唐將李勣伐滅高麗。其後朝貢久絶矣。至是渤海郡王遣寧遠將軍高仁義等廿四人朝聘。而着蝦夷境。仁義以下十六人並被殺害。首領齊德等八人僅免死而來(《續日本紀》 卷第10, 神龜 4년 12월).

2) 庚子。天皇御大極殿。王臣百寮及渤海使等朝賀。… 甲寅。天皇御中宮。高齊德等上其王書幷方物。其詞曰。武藝啓。山河異域。國土不同。延聽風猷。但增傾仰。伏惟大王。天朝受命。日本開基。奕葉重光。本枝百世。武藝忝當列國。濫惣諸蕃。復高麗之舊居。有扶餘之遺俗。但以天崖路阻。海漢悠悠。音耗未通。吉凶絶問。親仁結援。庶叶前經。通使聘隣。始乎今日。謹遣寧遠將軍郎將高仁義。游將軍果毅都尉德周。別將舍航等廿四人。齎狀。幷附貂皮三百張奉送。土宜雖賤。用表獻芹之誠。皮幣非珍。還慚掩口之誚。主理有限。披瞻未期。時嗣音徽。永敦隣好。於是高齊德等八人並授正六位上。賜當色服。仍宴五位已上及

『續日本紀』에 의하면, 신귀 4년(727) 9월 庚寅에 渤海郡王, 즉 발해 무왕이 보낸 사신 首領 高齊德 등 8인이 出羽國에 도착하여, 이때 비로서 발해와 발해 사신의 상황을 알게 되었다. 발해(渤海郡)는 멸망 이후 오랫동안 조공이 끊어졌던 옛 高麗國이고, 이번 사신단은 渤海郡王이 寧遠將軍 高仁義 등 24인을 보내어 朝聘하게 했는데, 蝦夷의 경계에 도착하여 仁義 이하 16인은 모두 살해되고 首領 齊德 등 8인만이 겨우 죽음을 면하여 입경하게 되었다.

최초의 발해 사신 방문을 지난날의 고구려와 같이 일본에 조공해 온 뜻으로 해석하는 경향이 있다. 무왕이 일본에 사신을 파견한 정황을 이해하기 위해서는 무엇보다 國書가 1차 자료이므로, 국서에 그러한 내용이 있는지를 파악하는 것이 중요하다. 그러나 국서에는 발해가 일본에 조공을 하러 왔다는 구절을 찾아보기 어렵다. 발해 武王은 자신이 高麗의 옛 땅을 회복하고 扶餘의 習俗을 가지고 있다고 천명하고, 일본에 사신을 파견한 목적이 소식을 통하고 우호를 맺기 위해서라고 밝히고 있을 뿐이다. 발해가 사신을 파견하여 친선 교류를 희망한 대상이 일본만 아니라 주변의 돌궐이나 신라도 포함되기 때문에, 발해의 일본에 대한 교류 희망은 신생 국가가 취하는 일반적인 행위의 하나라고 할 수 있다.

2. 발해가 생각한 일본이 필요로 하는 정보

발해는 정해진 방문의 경우나 기한이 되지 않은 때의 방문 목적에 일본과 관련된 인물, 소식, 정보, 문물을 전하기도 했다. 발해는 이러한 것이 일본이 필요로 한다고 여긴 것으로 생각된다.

일본이 가장 큰 관심을 보인 것은 당나라 소식이었다.

高齊德等。賜大射及雅樂寮之樂。宴訖賜祿有差。(《續日本紀》卷第10, 神龜 5년 春正月)

(天平寶字 2년 12월) 戊申 遣渤海使 小野朝臣田守 등이 唐國의 소식을 아뢰기를 "天寶 14년 乙未歲(755) 11월 9일에 御史大夫 겸 范陽節度使 安祿山이 모반하여 군대를 동원하여 반란을 일으켜 大燕聖武皇帝라고 자칭하였습니다. 范陽을 靈武郡이라 고쳐 부르고 그 집을 潛龍宮으로 삼고 年號를 聖武라 하였습니다. 그 아들 安卿緖를 知范陽郡事로 남겨 두고, 스스로 精兵 20여 萬騎를 거느리고 남쪽으로 출발하였습니다. 12월에 곧바로 洛陽에 들어가 百官을 임명해 두었습니다. 天子는 安西節度使 哥舒翰을 보내어 30만의 무리로 潼津關을 지키게 하고, 大將軍 封常淸으로 하여금 15만의 무리를 이끌고 따로 洛陽을 포위하게 하였습니다. 天寶 15년 祿山이 將軍 孫孝哲 등을 보내어 2萬騎를 거느리고 潼津關을 공격하게 하였습니다. 哥舒翰은 潼津의 언덕을 무너뜨려서 黃河에 떨어뜨려 그 통로를 막고 돌아왔습니다. 孝哲은 산을 뚫어서 길을 열어 병사들을 이끌고 들어와 新豊에 이르렀습니다. 6월 6일 天子는 劒南으로 달아났습니다. 7월 甲子에 皇太子 璵가 靈武郡都督府에서 황제에 즉위하여 至德 元年이라 改元하고, 己卯에 天子가 益州에 이르렀습니다. 平盧留後事 徐歸道가 果毅都尉 行柳城縣兼 府經略判官 張元澗을 보내어 渤海에 聘問하고 군대를 요청하여 '금년 10월 祿山을 치는데 왕은 騎兵 4만을 징발하여 와서 역적을 토벌하는 것을 도와주십시요'라 하였습니다. 발해는 다른 마음이 있을까 의심하여 머물러 두고 돌려보내지 않았습니다. 12월 丙午에 徐歸道가 과연 劉正臣을 北平에서 죽이고 몰래 祿山과 통하였습니다. 幽州節度使 史思明이 天子를 치려고 모의하였는데 安東都護 王玄志가 그 모의를 알고 精兵 6千여 人을 거느리고 柳城을 쳐부수고 徐歸道를 목베어 죽였습니다. 스스로 權知平盧節度라 칭하고 나아가서 北平을 진압하였습니다. 至德 3년(758) 4월 王玄志가 將軍 王進義를 보내어 渤海에 聘問하고 國家의 일을 말하기를 '天子는 西京으로 돌아갔습니다. 太上天皇을 蜀으로 맞아들여 別宮에 머무르고 있습니다. 賊徒를 완전히 멸하려고 下臣을 보내어 命을 알리도록 하였습니다'라 하였습니다. 발해왕은 그 일을 믿기 어렵다고 여겨 進義를 머물게 하고 사신을 보내어 자세히 물었습니다. 간 사람이 아직 이르지 않아 일을 알 수 없었는데 唐나라 왕이 渤海國王에게 勅書 1권을 내렸고 또 덧붙여서 狀을 올렸습니다"라 하였다. 이에 大宰府에 칙을 내려 "安祿山은 미친 오랑캐로 교활한 놈이다. 하늘을 어기고 역모를 일으켰으니 일이 반드시 不利하게 될 것이다.

아마도 서쪽으로 도모할 수 없어서 도리어 다시 海東을 칠 것이다. 옛사람이 이르기를 벌과 전갈도 오히려 毒이 있는데 하물며 인간이랴고 했다. 그 府의 將帥 船王과 大貳 吉備朝臣眞備는 모두 碩學으로 이름이 當代에 드러났다. 짐의 마음에 뽑혀서 重任을 맡긴다. 마땅히 이러한 상황을 알아서 미리 기이한 모책을 세우라. 비록 설사 오지 않더라도 미리 대비하여 후회가 없도록 하라. 도모하는 바의 좋은 책략과 대비하는 잡다한 일들은 하나하나 갖추어서 보고하도록 하라"고 하였다.[3)]

天平寶字 2년(758) 9월 발해 사신 輔國大將軍 兼 將軍 行木底州刺史 兼 兵署少正 開國公 揚承慶 이하 23인이 일본의 견발해사 小野朝臣田守 등과 함께 일본에 도착했다. 양승경 등은 입경하여 이듬해 정월 초하루 신년 조회에 참석했다.[4)]

天平寶字 2년 12월, 遣渤海使 小野朝臣田守 등이 보고한 당나라 소식은

3) 戊申 遣渤海使小野朝臣田守等奏唐國消息曰 天寶十四載歲次乙未十一月九日 御史大夫兼范陽節度使安祿山反 擧兵作亂 自稱大燕聖武皇帝 改范陽作靈武郡 其宅爲潛龍宮 年號聖武 留其子安鄕緖 知范陽郡事 自將精兵卄餘万騎 啓行南往 十二月 直入洛陽 署置百官 天子遣安西節度使哥舒翰 將卅萬衆 守潼津關 使大將軍封常清 將十五萬衆 別圍洛陽 天寶十五載 祿山遣將軍孫孝哲等 帥二萬騎攻潼津關 哥舒翰壞潼津岸 以墜黃河絶其通路而還 孝哲鑿山開路 引兵入至于新豊 六月六日 天子遜于劒南 七月甲子 皇太子璵卽皇帝位于靈武郡都督府 改元爲至德元載 己卯 天子至于益州 平盧留後事徐歸道遣果毅都尉行柳城縣兼四府經略判官張元澗 來聘渤海 且徵兵馬曰 今載十月 當擊祿山王須發騎四萬 來援平賊 渤海疑其有異心 且留未歸 十二月丙午 徐歸道果鴆劉正臣于北平 潛通祿山 幽州節度使史思明謀擊天子 安東都護王玄志仍知其謀 帥精兵六千餘人 打破柳城斬徐歸道 自稱權知平盧節度 進鎭北平 至德三載四月 王玄志遣將軍王進義 來聘渤海 且通國故曰 天子歸于西京 迎太上天皇于蜀 居于別宮 彌滅賊徒 故遣下臣來告命矣 渤海王爲其事難信 且留進義遣使詳問 行人未至 事未「至」可知 其唐王賜渤海國王勅書一卷 亦副狀進 於是 勅大宰府曰 安祿山者 是狂胡狡竪也 違天起逆 事必不利 疑是不能計西 還更掠於海東 古人曰 蜂蠆猶毒 何況人乎 其府帥船王 及大貳吉備朝臣眞備 俱是碩學 名顯當代 簡在朕心 委以重任 宜知此狀 預設奇謀 縱使不來 儲備無悔 其所謀上策 及應備雜事 一一具錄報來. 『續日本紀』 권21, 天平寶字 2년 12월.

4) 『속일본기』 권21, 天平寶字 2년 9월; 『속일본기』 권21, 天平寶字 2년 12월; 『續日本紀』 권21, 天平寶字 3년 춘정월.

일본에 매우 중요한 사실이었고, 이러한 당나라와 발해의 정세는 일본에게 큰 관심사였다. 小野朝臣田守가 보고한 내용은 天寶 14년(755) 11월 9일 御史大夫 겸 范陽節度使 安祿山이 모반과 당나라 천자의 움직임이었다. 안록산의 난 와중에 발해의 상황도 보고했다. 견발해사로부터 당나라와 발해의 긴박한 정세를 청취한 일본은 安祿山의 난이 일본에 미칠 것을 염려하여 대비책 마련에 들어갔다.[5] 天平寶字 3년(759) 3월 大宰府에서 말하는 우환에 대비할 만한 배가 없고, 대재부 방어가 불안한 점 등은 안록산의 난이 영향이 미칠 경우와 관련된 것이었다.

안록산의 난으로부터 시작된 당나라의 혼란된 소식은 762년까지도 일본의 주목 대상이었다. 天平寶字 6년(762) 10월 발해의 사신 紫綬大夫行政堂左允 開國男 王新福 이하 23人이 일본에 도착, 이듬해 춘정월 초하루 신년조회에 참석하고, 方物을 바쳤다.[6] 이때 고려 대사 왕신복이 당나라의 소식을 전했다. 당나라 太上皇(玄宗)과 少帝(肅宗)가 모두 죽고 廣平王(代宗)이 섭정하고 백성은 곤궁한데, 史朝義는 聖武皇帝라 칭하며 성품이 인자하고 자애로워 뛰어난 사람들이 많고 군대가 매우 강하다. 당나라가 蘇州만을 보유하고 있어서 朝聘의 길이 어렵다고 이야기했다. 일본은 唐에서의 난으로 사신이 통하기 어렵다고 보고 당나라인 沈惟岳 등은 잘 보살펴 주도록 조치했다.[7]

발해는 견당사와 관련된 정보도 일본이 관심을 갖는 것으로 보고, 방문 목적으로 활용했다. 발해의 두 번째 일본 방문 목적의 하나가 바로 일본의 견당사신 동행이었다. 천평 11년(739)의 발해의 일본 방문은 일본의 견당사신으로 풍랑으로 떠돌던 朝臣廣業 등의 귀국 동행이 목적이었다. 大使 胥要德 등 40인 탄 발해의 배 한 척이 파도에 부딪혀 뒤집어지며 죽었다고

---

5) 『續日本紀』 권22, 天平寶字 3년 3월.
6) 『續日本紀』 권24, 天平寶字 6년 겨울 10월; 『續日本紀』 권24, 天平寶字 7년 춘정월.
7) 『續日本紀』 권24, 天平寶字 7년 춘정월 庚申.

하니, 발해의 배는 40명 정도 탔던 것 같다.[8)]

일본 조정은 759년 2월에도 발해 사신 揚承慶 등의 귀국 편에 그들의 견당 大使 藤原朝臣河清을 맞아들이기 위해 高元度 등을 딸려 보내며,[9)] 발해측의 협조를 요청했다.[10)] 발해에서 당나라로 가서 前年에 入唐한 大使 藤原朝臣河清을 맞아들이는 데에 도움을 청하였다. 그래서 발해는 같은 해 10월, 고원도 등 11인을 당나라에 보내 등원하청을 맞이하여 발해로 와, 함께 일본으로 귀국할 수 있도록 했다.

발해는 이번 일을 통하여 일본이 견당사 등의 안위와 귀국, 그리고 당나라의 소식 등에 관심이 크다는 것을 다시 한번 알게 되었다. 이후 발해는 일본의 견당사나 재당 일본인의 귀국이나 동향을 전한다는 이유로 일본을 방문하기도 했다.

3. 일본에 대한 친근감과 적대감의 표현

발해와 일본은 국가간의 공식적인 외교뿐 아니라 일반인간의 친밀한 교류도 있었다. 842년 발해왕 大彛震이 政堂省 左允 賀福延을 통하여 일본에 보낸 글에 일본 승려 영선에 대한 소식과 발해 승려 정소에 대한 이야기가 기록되어 있다.

> 彛震의 祖父 생전에 高承祖를 뽑아 찾아 뵈었을 때 천황이 당나라 오대산에 머무르고 있는 승려 靈仙에게 황금 100량을 보내주기를 주문하여 承祖에게 부쳤는데, 承祖가 받아서 가지고 우리나라에 도착한 날에 천황이 금을 부친 뜻을 모두 말하였습니다. 祖父王께서 공경히 천황의 뜻을 받들어 당에 가는 賀正使에게 다시 부쳐 靈仙이 있는 곳을 찾아가 그 金을 가지고

8) 『續日本紀』 권제13, 天平 11년 11월.
9) 『續日本紀』 권제22, 天平寶字 3년 2월.
10) 『續日本紀』 권제22, 天平寶字 3년.

> 서 보내주게 하였습니다. 사신이 금을 부쳤는지 어떤 지의 소식을 기다렸으나 길이 바다로 막혀 있어 기한이 지나도 돌아오지 않았습니다. 다음해 당에 조공하러 간 사신이 되돌아 온 날에야 바야흐로 전년의 사신 등이 바닷길로 되돌아오다가 塗里浦에 이르렀다가 세찬 바람이 갑자기 불어 모두 바다에 빠졌음을 알았습니다. 그리고 오대산에 가서 靈仙을 찾아 금을 보내려고 했을 때 靈仙은 이미 죽었기 때문에 선해 줄 수가 없었고 금도 함께 바다에 빠졌음을 상세히 알게 되었습니다. 이 일로써 그 후에 文矩가 찾아뵙고 아뢰는 말씀 중에 그 사유를 자세히 진술하여 천황에게 알려드리기를 바랬는데, 文矩는 마침내 찾아 뵙지 못하고 啓를 가지고 되돌아왔습니다. 그래서 지금 다시 금을 잃어버린 사유를 적습니다. 그러므로 賀福延을 보내어 간절한 뜻을 전해 아뢰니 엎드려 바라건대 몸소 알고 계십시오.[11)]

하복연 일행은 彝震의 祖父, 즉 宣王 때에 일본을 방문한 발해 사신 高承祖에게 천황이 당나라 오대산에 머무르고 있는 승려 靈仙에게 황금 100량을 보내주기를 요청한 것에 대한 그 후의 경과를 전했다.

선왕은 고승조가 가져온 황금을 당에 가는 賀正使에게 靈仙을 찾아가 金을 전하라고 했으나, 사신단은 귀국하지 않았다. 그 다음의 사신이 돌아와 보고하기를, 전임 하정사 일행은 오대산에 가서 靈仙을 찾았으나 그가 이미 죽었기 때문에 전해 줄 수가 없었고 발해로 돌아오는 중에 사신단이 塗里浦에서 금과 함께 모두 바다에 빠져 죽었다는 것을 알게 되었다. 이러한 소식이 하복연이 전한 국서의 내용이다.

그런데 일본 승려 영선에게 황금을 전한 사람은 다름 아닌 발해인 승려

---

11) 彝震祖父王在日, 差高承祖入覲之時, 天皇注送在唐住五臺山僧靈仙黃金百兩, 寄附承祖. 承祖領將, 到國之日, 具陳天皇附金之旨. 祖父王欽承睿意, 轉附朝唐賀正之使, 令尋靈仙所在將送其金, 待使復佇付金否. 而隔海程途, 過期不返. 後年朝唐使人卻迴之日, 方知前年使等從海卻歸, 到塗里浦, 疾風暴起, 皆悉陷沒, 亦悉往五臺覓靈仙. 送金之時, 靈仙遷化, 不得付與, 其金同陷沒. 以此其後文矩入覲, 啓中縷陳事由, 冀達天皇. 文矩不遂覲禮, 將啓卻歸. 今再述失金事由, 故遣賀福延輸申誠志. 伏望體悉. 『續日本後紀』 권11, 承和 9년(842) 3월 丙申.

貞素(774~828)였다. 『입당구법순례행기』 개성 5년(840) 7월 3일자에는 영선이 거주하다 죽은 오대산 七佛教誡院의 벽에 있는 발해 승려 정소가 영선의 죽음을 애도하는 서와 시가 필사되어 있다.

> (전략) 영선대사는 나의 스승 應公의 사부로, 불법의 묘미를 먼저 깨달아 중생에게 나타내보였다. 長慶 2년(822)에 오대산에 입실하여 매번 육신을 不淨한 것이라 꺼려하고 마음으로는 흰 원숭이의 울음소리를 듣지 않았다. 장경 5년(825)에 일본 대왕이 멀리서 백금을 하사하여 멀리 장안에 이르렀다. 소자는 금과 서신을 전해 받아 鐵懃蘭若까지 가지고 가서 전달했다. 영선대사는 금을 받고서 1만 개의 사리, 새로 번역한 경전 2부, 造勅 5통 등을 가지고 와 소자에게 맡기며 "청하건대 일본에 가서 나라의 은혜에 감사하는 마음을 답하라. "고 하였다. 소자는 곧 승낙하였다. 한번 승낙한 말이니 어찌 만 리의 거친 파도인들 두려워하겠는가? 마침내 모든 인연의 도움을 모아 원대한 목적을 기약할 수 있었다. 돌아오는 날에 임박하여 또 금 100냥을 부쳤다. 太和 2년(828) 4월 7일에 靈境寺에 돌아와 영선대사를 찾았으나 세상을 떠난 지 오래되었다. 나는 피눈물을 흘리고 비통함이 산이 무너지는 듯했다. 문득 네 번이나 큰 바다를 건넌 것은 마치 죽음으로 돌아가는 것으로 보았고, 연이어 다섯 번이나 여행을 함께 한 것은 밥 먹는 시간처럼 짧게 여겨진다. 이러한 인연은 곧 스승인 응공과의 오랜 교분의 소치였기 때문이다. 나는 처음의 약속을 믿어 끝내 응답하였다. (하략)[12]

위의 내용에 의하면, 발해 승려 정소는 應公의 제자이고, 영선은 응공의 사부 관계였다. 정소는 장경 5년(825)에 일본 대왕이 보낸 백금과 서신을

12) 此仙大師是我應公之師父也, 妙理先契示于元元. 長慶二年入室五臺每以身猒青瘀之器, 不將心聽白猿之啼. 長慶五年日夲大王遠賜百金達至長安. 小子轉領金書送到鐵懃仙大師領金訖. 將一万粒舍利新經兩部·造勅五通朩囑附小子, "請到日夲答謝國恩." 小子便許. 一諾之言豈憚万里重波滘. 遂鍾无外緣期乎遠大. 臨迴之日又附百金. 以大和二年四月七日却到靈境寺求訪仙大師亡來日久. 位我之血崩我之痛. 便泛四重溟渤, 視死若帰, 連五同行李如食之頃者. 則應公之原交所致焉. 吾信始而復終. 圓仁, 『入唐求法巡禮行記』 권제3, 開成 5년(840) 7월 3일.

장안에서 받아 鐵懃蘭若까지 가지고 가서 영선에게 전달했다. 영선이 금을 받고서 1만 개의 사리, 새로 번역한 경전 2부, 造勅 5통 등을 일본에 전해 줄 것을 바람에 따라, 일본을 방문해 임무를 완수했다. 그런데 돌아가는 길에 일본 대왕이 부탁한 금 100냥을 영선에게 전하기 위해 太和 2년(828) 4월 7일에 靈境寺에 왔으나 영선은 이미 세상을 떠난 지 오래되었던 것이다.

발해인 중에는 일본인과 결혼한 경우도 있다.

> (天平寶字 7년 동10월) 乙亥 左兵衛 正7位下 板振鎌束이 渤海로부터 돌아왔는데 사람을 바다에 던졌으므로 옥에 갇혔다. 8년의 난으로 옥에 죄수들이 가득차게 되자 그 거주를 近江으로 옮겼다. 처음에 王信福이 본국으로 돌아가는데 타고 갈 배가 낡고 약하여, 送使인 判官 平群蟲麻呂 등이 그 불완전함을 걱정해서 官에 아뢰고 머무르기를 청했다. 이에 史生 이상이 모두 가기를 멈추었다. 배를 수리하고 鎌束을 곧 船師로 삼아 新福 등을 보내려고 떠나보냈다. 일을 마치고 돌아오는 날에 우리 學生 高內弓과 그 妻 高氏 및 아들 廣成, 갓난아이 한 사람과 乳母 한 사람, 그리고 入唐學問僧인 戒融과 優婆塞 한 사람이 渤海를 거쳐 함께 본국으로 돌아오는데, 바다 가운데에서 폭풍을 만나 방향을 잃었다. 키잡이와 水手는 바다에 빠져 죽었다. 이 때 鎌束이 의논하여 "異方의 부녀자들이 지금 배 위에 있다. 또한 저 優婆塞는 다른 사람들과 달리 한 끼에 몇 알의 곡식만 먹는데 며칠이 지나도록 허기를 느끼지 않는다. 폭 풍의 재앙은 틀림없이 이로 말미암을 것이다"라 말하고, 곧 水手로 하여금 內宮의 妻와 갓난아이·乳母·優婆塞 네 사람을 잡아다가 바다에 던지게 하였다. 그러나 바람의 기세는 오히려 더 강해져 십여 일을 표류하다가 隱岐國에 도착하였다.[13]

---

13) 乙亥 左兵衛正七位下板振鎌束至自渤海 以擲人於海 勘當下獄 八年之亂 獄囚充滿 因其居住移於近江 初王新福之歸本蕃也 駕船爛脆 送使判官平群蟲麻呂等慮其不完 申官求留 於是 史生已上皆停其行 以修理船 使鎌束便爲船師 送新福等發遣 事畢歸日 我學生高內弓 其妻高氏 及男廣成 綠兒一人 乳母一人 并入唐學問僧戒融 優婆塞一人 轉自渤海相隨歸朝 海中遭風所向迷方 柂師水手爲波所沒 于時鎌束議曰 異方婦女今在船上 又此優婆塞異於衆人 一食數粒 經日不飢 風漂之災未必不由此也 乃使水手撮內弓妻并綠兒乳母優婆塞四人 擧而擲海 風勢猶猛 漂流十餘日 着隱岐國.『續日本紀』 권제24,

天平寶字 7년(763) 10월 일본의 正7位下 板振鎌束이 발해에서 돌아와 옥에 갇혔다. 그는 발해에서 귀국하던 중 바다에서 풍랑이 거세자 배안에 異方의 부녀자들이 있기 때문이라며 일본의 學生 高內弓의 妻 高氏와 갓난아이, 乳母를 바다에 던져 죽게 했다. 고내궁은 아마도 발해어나 혹은 발해 음악을 배우러 간 일본인으로서 발해에서 발해 여인과 결혼하고 아이까지 낳은 것이다. 발해 사람들과 일본인의 결혼이 이루어진 것은 발해 사람들이 일본인에 대해 별다른 거부감이 없었기 때문에 가능했을 것이다.

발해는 일본에 보낸 글에서 渤海와 日本은 오래 동안 좋은 이웃이고, 兄弟같다고 표현하기도 했다. 寶龜 4년(773) 6월 丙辰 일본에 도착한 渤海國使 烏須弗은 '渤海와 日本은 오랜 동안 사이좋은 이웃으로 왕래하고 朝聘하며 형과 아우같이 지냈다.'고 하였다.[14] 오수불은 日本의 사신 內雄 등이 渤海國에 머물러 音聲을 배우고 본국으로 돌아갔는데 이제 10년이 지나도록 안부를 알리지 않아, 大使 壹萬福 등을 뽑아 日本國으로 보내어 의논하게 했는데 4년이 지나도록 본국으로 돌아오지 않으므로 소식을 들으러 왔다고 했다. 그러나 烏須弗은 올린 表函이 例에 어긋나고 무례하다며 입경하지 못하고 돌아가지 않을 수 없었다.[15]

발해인이 일본의 교화를 사모하여 내조한 기록이 있다.

> (天平 18년 746) 이 해 渤海人과 鐵利 총 1,100여 人이 교화를 사모하여 來朝했다. 出羽國에 安置하여 옷과 양식을 주어 돌려보냈다.[16]

天平 18년(746) 이해, 발해인과 발해의 지배를 받던 철리인 1,100여 인이

天平寶字 7년 동10월.

14) 『續日本紀』 권제32, 寶龜 4년 6월.

15) 『續日本紀』 권제32, 寶龜 4년 6월 戊辰.

16) 是年 渤海人及鐵利摠一千一百餘人慕化來朝 安置出羽國 給衣糧放還. 『續日本紀』 권제16, 天平 18년.

'교화를 사모하여 來朝'했으나, 이것은 표면적인 이유일 것이다. 이들은 발해의 공식 사절이 아니고, 1천여 명이 넘는 대규모 인원이었다. 발해와 철리부의 관계에서 모종의 알력이 발생하고, 그 어려움을 타개하기 위해 동해를 건넌 듯하다. 발해의 철리부 지배가 강화된 것과 연관이 있을 것이다.

보귀 10년(779)에도 발해 및 철리인 359인이 교화를 사보하여 입조했다.

> (寶龜 10년 9월) 庚辰 勅을 내려, "渤海 및 鐵利의 359人이 교화를 사모하여 入朝해서 出羽國에 있으니 例에 따라 물건을 공급하라. 다만 온 사신은 미천하여 손님으로 모시기에는 족하지 않으므로, 이제 사자를 보내어 잔치를 베풀고 그 길로 돌려보내고자 한다. 그들이 타고 온 배가 만약 파손되었으면 또한 마땅히 수리하여 본국으로 돌려보내는 날을 지체하지 말도록 하라"고 하였다.[17)]

일본측은 교화를 사모하여 入朝했으나 온 사신이 미천하여 '賓'으로 삼기에 부족하므로, 관리를 보내어 잔치를 베풀고 그 길로 돌려보내도록 했다. 檢校渤海人使는 渤海의 사신은 押領 高洋粥이고, 그가 올린 表가 무례하니 마땅히 올리지 못하게 하였고, 간사한 말로 편의를 구한다고 했다. 결국 배 9척을 내려주어 본국으로 돌아가게 했다.[18)]

또한 발해인과 철리인이 渤海의 通事인 從5位下 高說昌은 멀리서 험한 파도를 건너 수차례나 入朝하였는데 鐵利의 官人이 說昌의 윗자리에 앉기를 다투며 항상 오만하여 남을 업신여기는 기운이 있으니 太政官이 처분해 주길 청하기도 했다.[19)] 발해 및 철리인은 359명이라는 숫자로 미루어 단순한 표착은 아니고 의도된 방문으로 보인다. '慕化入朝'는 표면적인 이유이

17) 庚辰 勅 渤海及鐵利三百五十九人 慕化入朝 在出羽國 宜依例供給之 但來使輕微 不足爲賓 今欲遣使給饗自彼放還 其駕來船 若有損壞 亦宜修造 歸蕃之日 勿令留滯.『續日本紀』권제35, 寶龜 10년 9월.

18)『續日本紀』권제35, 寶龜 10년 12월.

19)『續日本紀』권제35, 寶龜 10년 11월.

고, 아마도 상업 교류가 목적이었을 것이다.[20]

Ⅲ. 신라의 일본, 일본인 인식

신라 사람들은 "북쪽에는 말갈이 있고 남쪽에는 왜인이 있고 서쪽에는 백제가 있으니 이것들이 나라에 해악이다."라며,[21] 일본에 부정적인 인식을 가지고 있었다.

1. 신라의 일본에 대한 우월 의식

신라는 기본적으로 일본을 경계하였지만, 상대적으로 우월 의식을 가지고 있었던 것 같다.

> (天平 7년) 2월 癸卯 신라의 사신 金相貞 등이 서울에 들어왔다. 癸丑 中納言 正3位 多治比眞人縣守를 兵部曹司에 보내어 신라 사신이 入朝한 이유를 물었다. 그런데 신라국이 갑자기 본래의 이름을 바꿔 王城國이라 하였으므로 이 때문에 그 사신을 되돌려 보냈다.[22]

735년 2월 신라 사신 金相貞 등이 일본을 방문했다. 사신을 보내 방문한 이유를 물었는데 신라국이 갑자기 본래의 이름을 '王城國'으로 바꾸었기 때문에 사신을 돌려보냈다.

---

20) 하마다 고사쿠(濱田耕策) 지음, 신영희 옮김, 『발해국 흥망사』, 동북아역사재단, 2008, 117쪽.

21) 『三國遺事』 권제1, 紀異제1, 靺鞨·渤海.

22) 二月癸夘。新羅使金相貞等入京。癸丑。遣中納言正三位多治比眞人縣守於兵部曹司。問新羅使入朝之旨。而新羅國輒改本號曰王城國。因茲返却其使。『續日本紀』 권제12, 天平 7년.

일본은 다음해인 736년 阿倍朝臣繼麻呂를 遣新羅大使로 삼아 신라에 파견했고, 그는 737년 귀국해 "新羅國이 常禮를 잃고 사신의 뜻을 받아들이지 않았습니다"라고 아뢰었다. 신하들은 사신을 파견하여 그 까닭을 묻거나 군대를 보내어 정벌해야 한다고 주장했다.[23)]

신라는 이때 종전과는 달리 일본 사신을 대우한 것 같다. 신라국이 잃은 '상례'와 받아들이지 않은 사신의 뜻이 무엇인지를 밝히지 않았지만, 일본을 종래와 다르게 낮추거나 아니면 신라 자신을 높였기 때문에 '신라의 무례한 상황'이라고 한 것이 아닐까 싶다.

신라의 일본에 대한 대우 혹은 인식의 변화 원인이 무엇인지는 불분명하다. 이보다 2년 전인 천평 7년에 신라국이 갑자기 본래의 이름을 '王城國'으로 바꾸었던 것과 연관시켜 본다면 이때 신라가 이전과 달리 자신을 칭한 것이 아닐까 생각된다. 신라의 일본에 대한 '신라의 무례한 상황'은 일본측이 전쟁을 불사할 정도로 민감한 문제였다.[24)]

신라의 이와 같은 자신감은 어디서 연유할까. 당시 동아시아 정세를 살펴보면, 발해와 당, 신라의 분쟁이 주목된다. 732년 발해의 공격으로 시작된 당과 발해의 전쟁은 신라까지도 참전하고, 당과 신라의 연합군이 발해를 공격하기에 이르렀다. 3국의 전쟁은 각국이 별다른 소득을 거두지 못하고 마무리되지만, 신라는 이전까지 소원했던 당과 밀접관 관계를 회복하고 대동강과 원산만 이남의 옛 고구려 땅의 지배도 인정받는 성과를 거두었다.

이렇게 높아진 국가 위상을 감안하면, 일본측이 사신 접대조차 거부한 이유인 天平 7년(735)의 '王城'에서 '王'은 '皇'의 오자일 가능성도 있다고 보인다.[25)] 이러한 추정이 가능하다면 오히려 신라가 이미 제후국이 아닌

---

23) 『續日本紀』 권제12, 天平 9년 2월.
24) 일본은 伊勢神宮과 大神社, 筑紫의 住吉·八幡 2社 및 香椎宮에 사신을 보내어 재물을 바치고 신라의 무례한 상황을 고하기도 했다(『續日本紀』 권제12, 天平 9년).
25) 전덕재, 「8세기 신라의 대일외교와 동아시아 인식」, 『日本學硏究』 44, 2015, 40쪽.

황제국의 표현인 연호를 사용[26]하는 등 대내적으로 천자국 제도를 병행하고 있었다는 것이 『삼국사기』와 금석문에서도 확인된다는 점에서[27], '王'은 '皇'의 오자로서 '皇城國'일 가능성도 제기할 수 있다.[28] 신라의 왕이 자신이 사는 궁성을 일본과 같이 '皇'을 사용해서 '황성'이라 했다면, 일본 측에서는 받아들이기 어려웠을 것이다. 이와 함께 天平 9년(737)의 일본에 대하여 '무례한 상황'을 만들면서 신라는 종전의 동아시아 국제질서에서 일본에 대해 보다 우월적인 입장을 취한 것이 아닐까 생각해 볼 수 있다.

天平勝寶 4년(752) 閏3월 신라 사신이 일본에 도착했다. 新羅王子 韓阿湌 金泰廉의 일본 방문은 大內, 山科, 惠我, 直山 등의 陵에 사신을 보내어 알릴 정도로 일본에게는 큰 의미가 있었다.[29]

> (天平勝寶 4년) 6월 己丑 新羅王子 金泰廉 등이 조정에 배알하고 아울러 調를 바쳤다. 그리고 아뢰기를 "신라국왕이 일본을 통치하는 천황의 朝庭에 말씀드립니다. 신라국은 옛부터 대대로 끊이지 않고 배와 노를 나란히 하여 가서 國家를 받들었습니다. 이번에 국왕이 몸소 가서 朝貢하고 調를 바치려고 하였으나 생각해보니 하루라도 임금이 없으면 국정이 해이 해지고 문란해질까 염려됩니다. 이 때문에 왕을 대신하여 王子 韓阿湌 泰廉을 우두머리로 하여 370여 人을 거느리고 가서 入朝하게 하고 겸하여 여러 가지 調를 바치고 삼가 아뢰게 합니다"라 하였다. 조를 내리기를 "신라국은 옛부터 늘 끊이지 않고 국가를 받들어 왔다. 이제 다시 왕자 泰廉을 보내어 入朝하고 겸하여 調를 바치니 왕의 정성에 朕은 기쁠 뿐이다. 지금부터 길이 오래도록 마땅히 위로하고 보살피겠다"라 하였다. 泰廉이 또 아뢰기를 "하늘이 두루 덮고 있는 밑에 王土 아님이 없고 육지가 연속해 있는 한의 바닷

26) 김창석, 「통일신라의 천하관과 대일(對日) 인식」, 『역사와 현실』 56, 2005, 148~150쪽.
27) 신라는 법흥왕의 建元(536~550)을 시작으로 진덕여왕의 太和(647~650)에 이르도록 연호를 사용했었다(『삼국사기』 新羅本紀).
28) 『속일본기』 본문 중에 상당 정도의 오자가 있고, 아울러 『속일본기』 판본에 대한 확인이 필요하지만 '改本號曰王城國'에서 '號曰王'이 '號皇(曰+王)'일 가능성도 있다.
29) 『續日本紀』 권제18, 天平勝寶 4년 閏3월.

가까지 왕의 신하 아님이 없습니다. 泰廉은 다행히 聖世를 만나 조정에 와서 받드니 기쁨을 이길 수 없습니다. 제가 몸소 갖추어온 국토의 미미한 물건을 삼가 바칩니다"라 하였다. 조를 내리기를 "泰廉이 아뢴 바는 들었다"라 하였다. 壬辰 …… 이 날 신라 사신에게 朝堂에서 잔치를 베풀었다. 조를 내리기를 "신라국이 와서 朝庭을 받든 것은 氣長足媛皇太后(神功皇后)가 그 나라를 평정하고부터인데 지금까지 우리나라의 蕃屛이 되어왔다. 前王 承慶(孝成王)과 大夫 思恭 등은 말과 행동이 게으르며 지켜야 할 禮를 잃었다. 이 때문에 사신을 보내어 죄를 물으려고 하는 사이에 지금 그 나라의 왕 軒英(景德王)이 前의 잘못을 뉘우치고 몸소 朝庭에 오고자 하였다. 그러나 국정을 돌보아야 하기 때문에 王子 泰廉 등이 대신하여 入朝하고 겸하여 調를 바쳤다. 朕은 그 정성을 매우 기쁘게 생각하는 바 官位를 올려주고 물건을 내린다"라 하였다. 또 조를 내려 "지금 이후로는 국왕이 직접 와서 아뢰도록 하고 만약 다른 사람을 보내어 入朝할 때에는 반드시 表文을 가지고 오도록 하라"고 하였다.[30)]

新羅王子 金泰廉과 調를 바치는 使臣 大使 김훤(金暄)과 王子를 보내는 사신 金弼言 등 700여 人이 7척의 배를 타고 大宰府에 도착하였다. 天平 15년(743) 3월 신라 사신 薩湌 金序貞 등이 '調를 土毛라고 개칭하고 書에는 물건의 숫자만 기록했을 뿐'이어서 돌아간 뒤 9년만이었다.

---

30) 六月己丑。新羅王子金泰廉等拜朝。并貢調。因奏曰。新羅國王言日本照臨天皇朝庭。新羅國者。始自遠朝。世世不絶。舟楫並連。來奉國家。今欲國王親來朝貢進御調。而顧念。一日无主。國政弛亂。是以。遣王子韓阿湌泰廉。代王爲首。率使下三百七十餘人入朝。兼令貢種種御調。謹以申聞。詔報曰。新羅國始自遠朝。世世不絶。供奉國家。今復遣王子泰廉入朝。兼貢御調。王之勤誠。朕有嘉焉。自今長遠。當加撫存。泰廉又奏言。普天之下無匪王土。率土之濱無匪王臣。泰廉幸逢聖世。來朝供奉。不勝歡慶。私自所備國土微物。謹以奉進。詔報。泰廉所奏聞之。壬辰。外正六位下君子部和氣。遠田君小捄。遠田君金夜。並授外從五位下。是日。饗新羅使於朝堂。詔曰。新羅國來奉朝庭者。始自氣長足媛皇太后平定彼國。以至于今。爲我蕃屛。而前王承慶大夫思恭等。言行怠慢。闕失恒禮。由欲遣使問罪之間。今彼王軒英。改悔前過。冀親來庭。而爲顧國政。因遣王子泰廉等。代而入朝。兼貢御調。朕所以嘉歡勤款。進位賜物也。又詔。自今以後。國王親來。宜以辭奏。如遣餘人入朝。必須令齎表文。『續日本紀』 권제18, 天平勝寶 4년.

그 동안 신라와 일본간에 어떤 변화가 있었던 것일까. 『續日本紀』 권18 天平勝寶 4년 6월조에서는 '前王 承慶(孝成王)과 大夫 思恭 등은 말과 행동이 게으르며 지켜야 할 禮를 잃었다. 이 때문에 사신을 보내어 죄를 물으려고 하는 사이에 지금 그 나라의 왕 軒英(景德王)이 前의 잘못을 뉘우치고'라는 변화이다. 효성왕과 당시의 실권자 사공이 지켜야 할 예를 잃었는데, 새로 즉위한 경덕왕이 잘못을 뉘우치고 내조하게 되었다는 것이다. 효성왕 때의 예를 잃은 것은 調를 土毛라 하고, 글에서 물건의 숫자만을 기록한 점이 언급된 바 있다. 신라왕자 김태렴의 방문시에는 토모가 아니라 調라고 표현하고, '新羅國始自遠朝 世世不絶 供奉國家'임을 인정한 듯이 기록하고 있다.

일본측 입장에서는 신라의 태도가 바뀐 것을 인정하였지만, 신라측에서는 왜 이러한 변경을 한 것일까. 효성왕 때의 실권자인 思恭의 경력에 주목할 필요가 있다. 그는 『삼국사기』에 의하면 聖德王 17년(718) 중시가 되고, 성덕왕 27년(728)에 상대등이 되었고, 성덕왕 31년(732) 겨울 12월에 이찬 貞宗·允忠·思仁과 함께 將軍이 되었다.[31)] 특히 732년 12월의 장군 임명은 발해와 당과의 전쟁의 와중에 있었다. 발해의 당 공격으로 시작된 양국의 전쟁은 당 현종이 신라에 참전을 요구하고, 성덕왕이 그 일환으로 임명한 것이 위의 장군들이었다. 이들은 당군과 함께 신라군을 이끌고 발해의 남쪽 경계를 공격하고, 신라가 浿江에 군사요새를 건설하는데도 참여하였을 것이다. 그 후 발해와 당의 전쟁이 끝나고, 당으로부터 패강 이남의 영유를 인정받는 과정에서 핵심적인 역할을 하였을 인물이다.

전쟁이 끝났지만 여진이 남아 있던 735년 이후 743년간은 신라 입장에서는 발해와 긴장 상태에 있었고, 그러한 상황에서 일본에 대한 인식도 종전과 달랐을 것이다. 신라는 일본과는 통일 전쟁 중 싸움의 대상이었기 때문에 여전히 의심의 눈초리를 가지고 있었기 때문에, 일본의 사신에 대하여

---

31) 『三國史記』 권제8, 新羅本紀 제8, 聖德王.

종전과는 다른 처우를 하였을 가능성이 높다. 또한 발해와의 전쟁을 통하여 당과 긴밀히 협력하게 되고, 패강 이남의 땅도 새로 얻게 된 자신감에서 일본에 대해서도 우위의 입장을 취하였을 가능성도 있다.

신라의 일본에 대한 입장은 760년까지도 변화가 없었다. 『속일본기』에는 759년 갑자기 이른바 신라 정벌이라는 말이 나온다. 3년 안에 배 5백척을 만들도록 했는데, 신라를 정벌하기 위한 준비라는 것이다.[32] 일본의 신라 정벌 계획은 天平寶字 2년(758) 9월 발해 사신 輔國大將軍 兼 將軍 行木底州刺史 兼 兵署少正 開國公 揚承慶 이하 23인과 함께 귀국한 遣渤海使 小野朝臣田守 등이 보고한 당나라의 안록산의 난을 듣고 일본측이 대비책 마련에 나선 이후에 등장한다. 天平寶字 3년(759) 3월 庚寅의 大宰府에서 안록산의 난의 영향이 미쳤을 때 대비가 불안하다는 기사에 이어, 6월 壬子에 大宰府로 하여금 行軍式을 만들게 하였는데 장차 新羅를 치려는 것이라는 내용이 있다.[33]

일본측이 안록산의 난에 대비가 시급하다고 하면서 갑자기 신라를 정벌하려는 것은 납득하기 어려운 점이다. 설령, 신라를 후원하던 당이 혼란에 빠진 틈을 타 일본이 원하는 조공, 번국적 질서를 수립하기 위하여 신라를 응징할 계획을 세울 수는 있다. 그러나 735년 전후로부터 이때까지 신라는 일본에 우월적인 입장을 취하고 있었던 점을 고려하면, 일본의 신라 정벌은 실현성이 낮다고 보인다.

일본이 신라 정벌을 준비하는 중인 天平寶字 4년(760) 9월 癸卯에 新羅國의 사신 級湌 金貞卷이 조공을 왔다.[34] 일본측은 "新羅는 이미 말에 신의가 없고 또한 예의를 잃었다. 근본을 버리고 말단을 행하는 것은 우리나라가 천하게 여기는 바이다. 또한 王子 泰廉이 入朝하던 날에, '모든 일에

32) 『續日本紀』 권제22, 天平寶字 3년 9월.
33) 『續日本紀』 권제22, 天平寶字 3년 6월.
34) 『續日本紀』 권제23, 天平寶字 4년.

옛 자취를 따라 받들어 행하겠다'고 하였는데, 그 후에 小野田守를 보냈을 때 너희 나라가 예를 잃었으므로 田守가 사신의 일을 행하지 않고 돌아왔다."고 답했다. 이 말은 일본이 신라를 정벌하려는 이유이기도 하다. 일본은 신라가 "旣無言信 又闕禮義"하다고 비난하고, 신라가 향후 일본에 오기 위한 4가지 조건을 제시했다. "단독으로 일을 해결할 수 있는 사람과 충실하고 믿을 만한 禮 및 옛날과 같은 調, 그리고 분명한 말(專對之人 忠信之禮 仍舊之調 明驗之言)", 이 네 가지를 갖추어 來朝하도록 했다.

그러나 天平寶字 7년 2월 癸未에 일본을 방문한 新羅國 級湌 金體信 이하 211人에게는 貞卷에게 요구한 일(4가지 조건) 중에서 '仍舊之調' 이외의 '專對之人 忠信之禮 明驗之言'은 언급하지 않았다. 일본이 중요시한 '忠信之禮'도 문제삼지 않은 것으로 미루어, 일본이 이제 신라의 달라진 위상을 인정한 것이 아닐까 생각된다. 이후의 신라에게 요구한 것은 '專對之人'으로서의 王子 혹은 執政大夫 등의 입조였다.

이렇게 본다면, 일본측이 신라 정벌 계획을 중단하게 된 것은 일본 내부 사정이나 스스로 실현 가능성을 낮게 보고, 신라가 일본의 요구를 일정 정도 수용하는(仍舊之調) 선에서 마무리된 것으로 생각된다. 신라는 735년 이래의 일본에 대한 우월적 입장을 여전히 견지하고 있었다고 보아야 할 듯하다.

일본의 신라 정벌 계획 자체가 실제 행하려는 의지가 있었던 것이 아니고, 일본 각 지방이 안록산의 난에 대비하라는 조정의 지시가 실감을 느끼지 못하자, 조정이 잠재적 적대 관계인 신라를 정벌한다는 구호로 바꾼 것이 아닐까 하는 추측도 할 수 있다. 어쨌든 『속일본기』에 보이는 일본의 이른바 신라 정벌 계획도 신라가 취한 우월적 태도 변화를 일본측이 얼마나 받아들이기 어려웠는지를 보여주는 것이기도 하다.

774년에도 신라는 대등한 입장에서 우호 왕래를 청하는 사신을 일본에 파견했으나, 일본은 거절했다. 寶龜 5년(774) 3월 癸卯에 新羅國 사신 禮府

卿 沙湌 金三玄 이하 235人이 大宰府에 도착했다. 방문한 이유에 대하여 三玄은 옛날의 우호를 닦고 서로의 사신방문을 청하기 위함이고, 信物과 在唐大使 藤原河清의 글을 가지고 왔다고 했다.[35] 앞의 내용은 신라측이 필요한 사항이고, 후자는 일본측이 원하는 정보라고 할 수 있다. 金順貞 때에는 배와 노가 서로 이어졌으며, 그 손자인 金邕이 정권을 잡아 옛날의 우호를 닦고 사신방문을 청한다고 했다.

신라의 방문 목적을 들은 일본측은 우호를 닦고 서로의 사신방문을 청하는 일은 대등한 이웃이 하는 해위이며, 職貢을 바치는 신라는 할 수 없다고 거절했다. 일본측은 또한 新羅는 원래 신하를 칭하며 調를 바쳤는데, 이러한 옛날의 법규를 따르지 않고 함부로 調를 信物이라 한 것은 부당하다고 치부했다. 신라를 "稱臣貢調"의 나라로 규정하고, 대등한 사신 교류와 '신물' 등의 표현을 거부하고 있다.[36] 신라측의 시대 변화에 따른 외교 형식 변경 요구에 대하여 일본측은 "不率舊章 妄作新意"라는 입장이었다.

그러나 일본이 신라에게 지난 시기와 같은 지위가 낮은 입장에서의 교류를 원하고 있지만, 8세기 후반 당을 중심으로 한 동아시아 국제질서에서 신라는 일본보다 우월한 위치에 있었던 것이 현실이었다. 天寶 12년(753) 당 조정에서 신라가 일본보다 상위에 위치한 것은 이러한 실상을 잘 보여준다.[37] 그런 점에서 효성왕 때부터의 신라의 일본에 대한 우위 인식이 신라만의 판단이 아니라는 것을 알 수 있다.

---

35) 『續日本紀』 권제33, 寶龜 5년 癸卯.

36) 신라측에 한 일본의 설명에 따른다면, 발해는 공물을 신물이라 하고, 사신을 정기적으로 교환하는 등 대등한 입장에서 교류를 하고 있다. 일본은 신라와의 관계를 군신, 발해는 형제 관계로 설정하고 있다.

37) 『속일본기』에는 경덕왕 때인 753년 당에서 신라와 일본의 쟁장사건이 있었음을 전하고 있다(『속일본기』 권19, 天平勝寶 6년 춘정월 丙寅).

2. 신라가 생각한 일본이 필요로 하는 정보

신라는 당에 있던 일본의 견당사신의 소식을 전할 때, 일본측이 적극 수용하는 것을 알았다.

(寶龜 원년 3월) 丁卯 앞서 新羅 사신에게 來朝한 까닭을 묻던 날에 金初正 등은, "唐에 있는 大使 藤原河淸과 學生 朝衡 등이 宿衛王子 金隱居가 본국으로 돌아오는 편에 고향의 부모에게 보내는 서신을 부쳐 보냈습니다. 이 때문에 국왕이 初正 등을 뽑아 河淸 등의 서신을 보내게 하였습니다. 또한 사신이 나아가는 편에 土毛를 바쳤습니다"라 말하였다. 다시 묻기를 "新羅가 調를 바친 것은 그 유래가 오래되었다. 그런데 '土毛'라고 고쳐 칭한 것은 그 뜻이 어디에 있는가"라 하니, "문득 부수적으로 바치는 것이므로 '調'라고 칭하지 않았습니다"라고 대답하였다. 이에 左大史 外從5位下 堅部使主人主를 보내어 初正 등에게 이르기를, "앞의 사신 (金)貞卷이 귀국하던 날에 명령한 바의 일에 대하여는 일찍이 보고하지 않고 이제 다시 한갓 사사로운 용무만을 가지고 나아왔으니, 때문에 이번에는 손님의 예로 맞이할 수 없다. 이제부터 이후로는 마땅히 전에 명령한 것과 같이 하여야 入朝한 사람이 일을 아뢸 수 있도록 할 것이며, 그를 평상시와 같이 대할 것이다. 모름지기 이러한 사정을 너의 나라 왕에게 고하고 알리도록 하라. 다만 唐나라의 소식과 唐에 있는 우리 사신 藤原朝臣河淸 등의 서신을 전하여 준 노고를 가상히 여겨 大宰府에 명령하여 안치시키고 잔치를 베풀 것이니 마땅히 그것을 알라"고 하였다. 그리고 (新羅)국왕에게 祿으로 絁 25疋, 실 100絇, 綿 250屯을 내리고, 大使 金初正 이하에게도 주었는데 각각 차등이 있었다.[38)]

38) 丁卯。初問新羅使來由之日。金初正等言。在唐大使藤原河淸。學生朝衡等。屬宿衛王子金隱居歸鄕。附書送於鄕親。是以。國王差初正等。令送河淸等書。又因使次。便貢土毛。又問。新羅貢調。其來久矣。改稱土毛。其義安在。對言。便以附貢。故不稱調。至是。遣左大史外從五位下堅部使主人主。宣告初正等曰。前使貞卷歸國之日。所仰之政。曾無申報。今亦徒持私事參來。所以。此度不預賓禮。自今以後。宜如前仰。令可申事人入朝者。待之如常。宜以此狀。告汝國王知。但進唐國消息。并在唐我使藤原朝臣河淸等書。嘉其

769년 11월 丙子 대마도에 도착한 新羅 사신 級湌 金初正 등 187人 및 인도하는 사람 39명 등의 방문 목적은 唐에 있는 일본의 大使 藤原河淸과 學生 朝衡 등의 서신 전달이었다. 이때 신라 사신 일행이 調라 하지 않고 '土毛'라고 했음에도 문제로 삼지 않고, '唐나라의 소식과 唐에 있는 우리 사신 藤原朝臣河淸 등의 서신을 전하여 준 노고'를 인정받아 안치되고 잔치를 베풀어 받았다. 이들은 방문한 사람들의 숫자 등으로 미루어 대제부에서 교역을 하였을 것으로 짐작된다.

779년에는 신라에 있는 遣唐判官을 맞이하기 위해 견신라사를 파견하여 7월에 돌아왔고,[39] 寶龜 10년(779) 겨울 10월에는 '唐의 사신 判官 高鶴林' 일행과 함께 온 신라 사신을 받아들였다. 신라 사신은 일본측의 요구를 지키지 않았지만, 일본측이 받아들일만한 사유를 방문 목적으로 제시한 것이다.[40]

3. 신라와 일본의 동상 이몽

『續日本後紀』 권5, 承和 3년(836) 여름 5월 辛巳조에 의하면, 일본은 遣唐使의 배가 바람과 파도의 急變으로 혹시 신라 땅에 표착할까 걱정했다. '만약 사신의 배가 그쪽 땅에 표착한다면 도와서 통과시켜 보내주시되 지체시키거나 길을 가로막지 마십시오"라는 牒文을 武藏權大掾 紀三津을 사신으로 삼아 신라로 보냈다. 같은 해 10월 신라에 갔던 紀三津이 신라 집사성의 첩문을 가지고 大宰府에 도착하고, 12월에 紀三津이 복명하였다.

신라 집사성의 첩문은 일본에 대한 신라의 직접적인 인식을 살필 수 있

勤勞。仰大宰府安置饗賜。宜知之。賜國王祿絁廿五疋。絲一百絇。綿二百五十屯。大使金初正已下各有差。授從六位下津守宿祢夜須賣從五位下。『續日本紀』 권제30, 寶龜 元年 3월.

39) 『續日本紀』 권제35, 寶龜 10년 2월 甲申 및 가을 7월 丁丑.

40) 『續日本紀』 권제35, 寶龜 10년 겨울 10월 乙巳, 癸丑; 寶龜 10년 11월 己巳; 『續日本紀』 권제36, 寶龜 11년 춘정월 辛未; 寶龜 11년 2월 庚戌.

고, 신라와 일본의 상대편에 대한 인식의 차이를 알 수 있다는 점에서 매우 귀중한 자료이다. 그 전문은 다음과 같다.

신라국 執事省에서 일본국 太政官에게 牒文을 보냅니다. 紀三津이 거짓으로 朝聘使라 칭하고 예물을 가지고 있으나 公牒을 살펴보니 거짓이고 사실이 아닙니다. 알립니다. 三津 등의 書狀을 받았는데 이르기를 '본국의 왕명을 받들어 오로지 우호를 통하러 왔습니다'라고 하였습니다. 그런데 函을 열고 牒文을 보니 다만 '당나라에 교빙함에 혹시 사신의 배가 그 쪽 땅에 표착하면 도와서 통과시켜 보내 주시되 지체시키거나 길을 가로막지 마십시오'라고 하였습니다. 主務 관청에서 거듭 사신을 보내어 재삼 간곡하게 되풀이하여 물으니, 말하는 것과 첩문의 내용이 어긋나 진위를 판별할 수가 없었습니다. 이미 交隣의 사신이 아니라면 반드시 衷心에서 우러 나오는 물건이 아닐 것이므로 일의 진실성을 믿을 수 없으니 어찌 헛되이 받아들이겠습니까. 또 太政官의 官印은 篆書로 새긴 필적이 분명하나 小野篁의 배는 돛을 올리고 이미 멀리 갔는데 거듭 三津을 당나라에 보내어 교빙할 필요가 없을 것입니다. 섬사람들이 이리저리 이익을 넘보아 官印을 몰래 모방하여 배워 가짜로 公牒을 만들었는지도 모르겠습니다. 상대국의 형편을 엿보는 것에 대비하기 어려워 스스로 어부들의 여행을 단속합니다. 그런데 양국이 서로 통함에는 반드시 속이는 것이 없어야 합니다. 사신을 對面하지 않는 것은 신빙성이 부족하기 때문입니다. 담당 관청에서 재삼 청하건대, 刑章을 바르게 하여 간사한 무리들을 막아 주십시오. 主司께서는 大體를 보존하는데 힘쓰고 허물을 버리고 功을 책망하여 소인의 거칠고 궁색하게 지은 죄를 용서하시고 大國의 너그러운 아량으로 정치를 펴십시오. 바야흐로 지금의 시기는 크게 태평하고 바다에는 큰 파도가 일지 않으니 만약 옛날의 우호적인 관계를 되찾겠다면 피차 무엇이 방해가 되겠습니까. 하물며 貞觀 年間에 高表仁이 그곳에 도착한 이후 오직 우리는 이것에 의지하여 입술과 이가 서로 필요한 것과 같이 여긴 지가 오래 되었습니다. 일은 모름지기 太政官에 牒을 보내고 아울러 菁州에 첩을 내어 사안을 헤아려 바다를 건너는 동안의 양식을 지급하여 본국으로 돌려 보내니 처분하십시오. 書狀에서와 같이 판단하여 太政官에 첩문을 보내니 청컨대 상세히 살피십시오.[41]

신라 집사성의 첩문은 신라 입장에서 紀三津의 행동을 다음의 몇 가지로 나누어 평하고 있다. 첫째, 紀三津 등이 제출한 書狀에는 '본국의 왕명을 받들어 오로지 우호를 통하러 왔습니다'라고 하였다. 둘째, 函에 있는 牒文에는 '당나라에 교빙함에 혹시 사신의 배가 그 쪽 땅에 표착하면 도와서 통과시켜 보내 주시되 지체시키거나 길을 가로막지 마십시오'라고 하였다. 셋째, 재삼 물은 결과, 거짓으로 朝聘使라 칭하고 예물을 가지고 있으나 公牒을 살펴보니 거짓이고 사실이 아니니 믿을 수 없다. 넷째, 小野篁의 배는 돛을 올리고 이미 멀리 갔는데 거듭 三津을 당나라에 보내어 교빙할 필요가 없다. 다섯째, 양국이 서로 통함에는 반드시 속이는 것이 없어야 한다. 여섯째, 바야흐로 지금의 시기는 크게 태평하고 바다에는 큰 파도가 일지 않으니 만약 옛날의 우호적인 관계를 되찾겠다면 방해 되는 것이 없다. 일곱째, 太政官에 牒을 보내고 아울러 菁州에 첩을 내어 사안을 헤아려 바다를 건너는 동안의 양식을 지급하여 본국으로 돌려 보낸다는 것이다.

이에 대하여 일본측은 신라 집사성이 다음의 점에서 오해한 것이라고 주장했다. 첫째, 紀三津을 신라에 보낸 이유는 당나라에 보내는 4척의 배가 지금 바다를 건너려 하는데 혹시 바람이 변하여 그 쪽 땅에 표착할까 두려워 이로 말미암아 옛날의 事例에 준하여 먼저 그 사실을 알리고 그것을 접수해주기를 기대하기 위해서였다. 둘째, 三津이 그곳에 도착하여 우리 조정

---

41) 新羅國執事省牒日本國太政官 紀三津詐稱朝聘兼有贄賮 及檢公牒假僞非實者 牒 得三津等狀稱 奉本王命 專來通好 及開函覽牒 但云修聘巨唐 脫有使船漂着彼界 則扶之送過 無俾滯遏者 主司再發星使 設問丁寧 口與牒乖 虛實莫辨 旣非交隣之使 必匪由衷之賂 事無摭實 豈合虛受 且太政官印 篆跡分明 小野篁船帆飛已遠 未必重遣三津聘于唐國 不知嶋嶼之人 東西窺利 偸學官印 假造公牒 用備斥候之難 自逞白水之遊 然兩國相通 必無詭詐 使非專對 不足爲憑 所司再三請以正刑章用阻姦類 主司務存大體 舍過責功 恕小人荒迫之罪 申大國寬弘之理 方今時屬大和 海不揚波 若求尋舊好 彼此何妨 況貞觀中 高表仁到彼之後 惟我是賴 脣齒相須 其來久矣 事須牒太政官幷牒菁州 量事支給過海程糧 放還本國 請處分者 奉判准狀 牒太政官 請垂詳悉者.『續日本後紀』권제5, 承和 3년.

의 취지를 잃고 오로지 우호를 통하기 위하여 왔다고만 말하고 두려워 아첨하는 듯한 말을 사사로이 한 것이다. 셋째, 執事省에서 太政官의 牒文과 서로 어긋나는 것을 의심하여 재삼 물었는데 三津은 더욱 횡설수설한 것은 三津이 글에 밝지 못하고 말 또한 조리있게 잘하지 못하였기 때문이었다. 넷째, 당나라에 交聘을 닦는 데는 이미 大使가 있고 篁은 그의 副使일 따름인데 어찌 직책이 높은 사람을 제하고 가볍게 아랫 사람을 거론하는가. 다섯째, 三津은 일개 綠衫을 입는 관리로서 한 척의 배를 타고 갔는데, 어찌 당에 들여 보내는 사신으로 생각할 수 있겠는가.

4. 『삼국사기』와 『삼국유사』에 보이는 일본에 대한 적대와 친밀감

『삼국사기』와 『삼국유사』에는 남북국 시기 일본에 대한 기록 중에 일본의 사신이 도착했다는 단순한 기술을 비롯하여 일본의 침입과 이것에 대비하는 내용도 있다.

> (聖德王 21년) 毛伐郡에 성을 쌓아 日本의 침입로를 막았다.42)

> (聖德王 30년) 일본국의 戰船 3백 척이 바다를 건너 우리 동쪽 해변을 습격하였다. 왕이 장군에게 출병을 명하여 크게 격파하였다.43)

> (景德王) 원년 겨울 10월에 일본국 사신이 이르렀으나 받아들이지 않았다.44)

> (景德王)12년(753년) 가을 8월에 일본국 사신이 이르렀는데, 오만하고 예

42) 『三國史記』 권제8, 신라본기 제8, 聖德王 21년.
43) 『三國史記』 권제8, 신라본기 제8, 聖德王.
44) 『三國史記』 권제9, 신라본기 제9, 景德王.

의가 없었다. 그러므로 왕이 그들을 접견하지 않자 마침내 돌아갔다.[45]

성덕왕 때는 일본의 침입을 막기 위하여 성을 쌓았으나 전선 3백 척의 습격을 받았다. 경덕왕 때는 일본국 사신이 왔으나 오만하고 예의가 없어 받아들이지 않았다.

위와 같이 8세기에는 일본, 일본인에 대한 인식은 오만하고 예의고 없고, 호전적이라는 부정적 생각에 더하여 경계 의식이 바탕에 깔려 있었다. 그러나 9세기에 들어서면서 신라의 일본에 대한 인식은 호의적으로 바뀌기 시작했다. 哀莊王 4년(803) 7월에 일본과 交聘하며 우호를 맺으며 양국 관계는 개선되었고, 다음해 일본국이 사신을 파견해 황금 3백 냥을 바쳤고, 애장왕 9년(808년) 2월 日本國 사신이 오니, 왕이 후한 예의로 대접하기도 했다. 『삼국사기』 신라본기에는 憲康王 8년(882) 4월에도 일본국왕이 사신을 보내 황금 3백 냥과 명주 1백 개를 진상하였다는 내용을 전하고 있다.

Ⅳ. 맺는말

남북국의 일본, 일본인의 인식을 살펴보았다. 일본과 일본인은 국가와 사람이라는 차이가 있지만, 기록에서는 엄밀히 구분되지 않은 경우가 많았다.

신라는 당을 중심으로 하는 동아시아 질서 속에서의 자신의 위상을 일본과의 교류에서 견지하려고 했다. 발해는 고구려의 계승국으로서 자신에게 이익이 되는 측면에서 일본을 바라보았다. 일본은 발해와 일본보다 우위라고 생각하는 과거의 질서를 회복, 유지되기를 바랬다. 발해와 신라, 일본 모두 기본적으로 대등 혹은 우월한 입장이기를 원했다.

동아시아는 8세기 초의 대립의 시기도 있었지만은 8세기 중반 이후 마지

45) 『三國史記』 권제9, 신라본기 제9, 景德王.

막까지는 교류의 시기라고 할 수 있다. 발해와 신라의 일본에 대한 인식을 살펴보면 교류와 거절의 형식이 있고, 그 속에 적대감과 친근감이 공존한다. 각국은 기본적으로 자신의 입장에서 상대국을 바라보고, 자신의 질서 속에 들어오기를 원하였지만, 이것은 상대국도 같은 바람이었다. 국가 간의 교류는 나름의 공적인 형식과 규칙에 의하여 이루어졌으며, 시기에 따라 혹은 사건에 따라 적대와 친근감이 교차했다. 그러나 남북국시기 발해, 신라와 일본의 관계는 전체적으로 상호 친선을 중시했다고 생각된다.

〈토론문〉

「南北國의 일본, 일본인 인식」을 읽고

김종복 | 안동대학교 교수

1. 이 논문은 韓國史에서 8~10세기에 兩立했던 신라와 발해의 시기를 南北國이라는 하나의 역사단위로 설정하고 이들의 일본(인) 인식을 다루고 있다. 발표자도 지적했듯이 남북국과 일본의 관계에 대한 사료의 절대 다수가 일본측 자료라는 한계 때문에 기존의 연구는 일본사 입장에서 남북국을 다룬 것이 대부분이었고, 남북국의 입장에서 일본 관계나 인식을 다룬 것이 적을 수밖에 없었던 것이 학계의 현실이었다. 이를 타개하기 위해서는 일본측 자료를 신라와 발해 입장에서 해석하는 노력이 필요하다고 발표자는 강조하고 있다.

이러한 문제 의식에 입각하여 발표자는 발해와 신라의 일본(인) 인식을 몇 가지 유형으로 나누어 관련 사료를 소개하며 일본측 자료속에서 발해와 신라의 입장을 찾아내려고 분투하고 있다. 이러한 문제 의식과 학문적 노고가 한일관계사에 관심을 갖는 독자들에게 좀더 잘 이해되었으면 하는 소박한 생각에서 몇 가지 두서없이 질문을 드리고자 한다.

2. 먼저 발해와 신라의 일본(인) 인식을 논하기에 앞서 당시 일본이 발해와 신라를 어떻게 인식했는지에 대해 간단하게라도 정리된 서술이 있으면 논지를 이해하기가 좀더 쉬울 것으로 생각된다. 天皇制를 표방한 당시 일

본이 신라와 발해를 蕃國으로 인식하고 있었던 것은 당연하지만, 이런 인식을 당시 신라와 발해도 당연시 했는지 아니면 외교적 필요에 의해 수긍했는지, 또 그러한 수긍은 고정된 것인지 아니면 상황의 변화에 따라 변화하는지 등등을 고려해 보는 것이 일본측 자료 속에서 신라와 발해의 입장을 간취해 내는 방법이 되지 않을까 생각하기 때문이다.

3. 발표자는 2장 「발해의 일본, 일본인 인식」을 네 가지 유형(즉 1) 고구려 계승 입장에서의 일본 인식, 2) 일본이 원하는 입장에서의 인식, 3) 발해가 생각한 일본이 필요로 하는 정보, 4) 일본에 대한 친근감과 적대감의 표현)으로 나누어 고찰하고 3장 「신라의 일본, 인본인 인식」도 네 가지 유형(즉 1) 신라의 일본에 대한 우월 의식, 2) 신라가 생각한 일본이 필요로 하는 정보, 3) 신라와 일본의 동상이몽, 4) 『삼국사기』와 『삼국유사』에 보이는 일본의 적대와 친밀감)으로 나누어 고찰하였다. 일본(인)에 대한 발해와 신라의 인식을 같은 기준/유형으로 적용하려고 의도에서 나온 것으로 파악된다. 그런데 '3-1) 신라의 일본에 대한 우월 의식'에서 신라가 일본보다 '우월'하다는 사료적 근거는 보이지 않기 때문에, 오히려 '대등'으로 보아야 하지 않을까? 나당연합을 통해 백제와 고구려를 멸망시킨 신라는 당과 事大관계를 맺고 일본과는 交隣을 지향했던 것으로 보이기 때문이다.

4. 이 논문은 남북국의 일본 인식, 즉 공적 교섭 및 인식은 잘 다루었지만 일본인 인식은 보이지 않는다. 발해 여인 高氏과 일본 남자 高內弓이 결혼한 경우를 소개하며 양국인의 친근감을 가진 사례로 단순하게 설명했는데, 高內弓은 學生으로서 아마 渤海語나 渤海樂을 배우러 간 유학생이라는 점에서 양국간의 민간 교섭 및 인식으로서 좀더 언급될 수 있는 부분이 많지 않을까? 한편 신라의 경우에도 민간 교섭 및 인식이 잘 보이지 않는데, 이 부분은 일본의 求法僧 圓仁이 張保皐의 도움을 받은 사실을 실마리

로 접근할 수 있을 것 같다.

5. 앞에서 언급했듯이, 또 제목이 나타내듯이 발표자는 신라와 발해를 南北國이라는 하나의 역사단위로 설정하고 이들의 일본(인) 인식을 다루고 있다. 그렇지만 실제 서술은 신라와 발해의 대일관계가 각각 병렬적으로 분석·서술되어 (아마 분량상의 문제이겠지만) 양자의 상호비교는 미처 다루지 못하고 있다. 남북국의 대일관계 및 인식상에서의 비교 분석을 통해 공통점과 차이점을 언급된다면, 고대한일관계사뿐만 아니라 한국사에서 남북국시대에 대한 이해가 더욱 깊어질 것이다.

제 2 Session

중·근세 한국인의 일본, 일본인 인식

고려시대의 일본과 일본인에 대한 인식

이재범 | 전 경기대학교 교수

Ⅰ. 머리말

고려시대의 일본과 일본인에 대한 인식에 관하여 현재 우리나라에 전하는 문헌적 자료를 근거로 하여 살펴보는 작업은 지극히 어렵다. 현재 국내에 있는 고려사의 연구 자료는 『고려사』와 『고려사절요』, 금석문이 기본을 이룬다. 그리고 불교 관계 서적과 문집 일부를 여기에 더할 수 있을 것이다. 이 가운데 왜구와 관련된 내용을 제외하면 고려와 일본과의 관계를 서술할 수 있는 자료는 얼마 되지 않는다. 이에 비하면 일본에는 고려와 일본과의 자료가 적지 않게 있으며 내용도 구체적인 것들이 많다. 그리고 이러한 사실들을 모은 자료집[1)]들이 간행되어 대체적인 윤곽이라도 살펴볼 수 있게 된 것은 다행이라고 할 수 있다.

고려의 일본에 대한 인식은 자료의 현재성으로만 본다면 무관심 내지는 부정적이라고 할 수 있다. 고려시대의 문헌에 일본과 관련된 자료가 적다는 사실은 그만큼 관심이 없었거나 일본에 대하여 깊이 인식할 필요가 없었기 때문일 것이다. 『고려사』에 수록된 일본 관계 내용 가운데 왜구 관련 사실이 대부분이라는 점은 고려에서 일본을 왜구 이상으로 크게 인식하지 않았

1) 張東翼(2005, 『日本古中世 高麗資料 硏究』/3쇄, 서울대학교출판부)과 김기섭(2005, 『일본 고중세 문헌 속의 한일관계사료집성』, 혜안), 손승철(2004, 『韓日關係史料集成』 2, -고려사·고려사節要-, 景仁文化社)의 자료집을 참고로 하였다.

다는 의미일 것이다.

그러나 왜구는 고려 전 시기에 걸쳐 고려를 침구하였던 것은 아니고, 후기의 40여 년간에 집중하여 나타난 현상이다. 그럼에도 불구하고 우리에게 왜구가 일본과 일본인들의 대명사로 인식된 이유는 이 기간 이외의 일본과 일본인에 관하여 남겨놓은 자료가 없기 때문일 것이다. 그러나 비록 빈약한 사료라고 하더라도 왜구 침구 기간의 40여 년을 제외한 400여 년간에 고려와 고려인들이 일본에 대하여 어떻게 인식하고 있었는가 하는 점을 시기별·사건별로 구분하여 살펴보는 것은 고려사를 이해하는데 적지 않은 의미가 있을 것으로 사료된다. 고려의 일본과 일본인에 대한 인식의 변화를 이해하고자 하는 노력[2)]은 한일관계의 새로운 위상 정립을 위한 하나의 예를 제공하는 것이라고 할 수 있다.

본고에서는 일본(인)이 왜구라는 고정적인 선입견에 의한 인식에서 벗어나 시기에 따라 변화하는 고려의 일본과 일본인에 대한 인식을 동태적으로 이해하여 한일관계사의 지평을 확대하고자 하였다. 그리하여 미래의 한일관계에 대한 모색이 보다 넓고 깊게 진행되는데 기여할 수 있기를 바란다.

2) 이와 관련하여 南基鶴(2000, 「고려와 일본의 상호인식」, 『日本歷史研究』 第11輯, 日本史學會, 2002, 「10~13세기의 동아시아와 고려·일본」 『인문학연구』 제9집, 한림대학교 인문학연구소) 박경화(2009, 『高麗前期 日本과의 交涉과 認識』, 고려대학교 교육대학원) 장동익(2005, 「고려왕조와 일본의 교섭」, 『日本古中世 高麗資料 研究』 /3쇄, 서울대학교출판부, 48~63쪽) 등의 선행 연구가 있다.

Ⅱ. 고려 전기[3]의 일본과 일본인에 대한 인식

고려는 918년에 건국하였다. 이 시기는 후삼국이 치열하게 경쟁하고 있었다. 고려 태조 왕건은 이러한 와중에 자신의 주군인 궁예를 축출하고 고려를 건국하였으므로, 외정보다도 내치에 더욱 큰 힘을 기울여야 했다. 그러므로 고려 외교관계의 첫 번째 대상은 후백제와 신라였고, 그 다음은 중국이었다. 당시의 중국은 당말 5대의 상황이었기에, 중국은 중국대로 안으로는 경쟁하면서도 밖으로는 외교를 펼쳐야 했다. 따라서 왕건도 새롭게 창업한 국가의 미래를 위하여 나누어진 중국과 다양한 외교를 펼쳐나가야 하는 것이 절체절명(絶體絶命)의 급선무였다.

이 시기에 관한 국내의 자료는 주로 내치와 후백제 및 신라와의 경쟁 관계·중국·발해·흑수 등 대륙과의 관계 서술이 주를 이룬다. 일본과 관련된 내용은 전혀 없다. 따라서 당시 고려와 고려인에게 일본은 없었다고 하여도 틀리지 않을 것이다. 더욱이 고려의 후삼국 통일 이전까지의 영토는 소백산맥과 금강을 경계로 신라 및 후백제와 대치하고 있었으므로, 일본과는 지정학적으로 접할 기회가 없었을 것이다. 오히려 후백제가 일본과 통교를 시도하였던 사례는 보인다.[4]

그러므로 국내 자료에서 찾아본 고려 초기의 일본에 대한 인식은 알 수가 없다. 그만큼 고려 초기의 국내 사정이 위급하였으므로, 중국을 제외한 일본 등의 국가와 통교를 할 수 있는 상황이 아니었다. 999년이 될 때까지 『고려사』에서는 일본과의 관련 기사를 찾아볼 수 없다.[5]

---

3) 고려시대의 시기 구분은 흔히 무신 정변을 기점으로 구분하지만, 여기서는 대외 관계사적 입장에서 몽골 간섭기를 필자의 서술상 편의를 고려하여 전·후기의 기점으로 삼았다.

4) 張東翼(2005/3쇄, 『日本古中世 高麗資料 硏究』, 서울대학교출판부, 15쪽) 대마도에 도착한 후백제의 사신과 대재부와의 관계를 소개하고 있다.

5) 태조대의 고려와 일본의 관계가 소원한 이유를 935년부터 940년 전후에 걸쳐 일어

그런데 일본 측의 기록에서는 태조가 후삼국을 통일한 다음 해인 937년에 일본에 사신을 보냈다는 기록을 찾아볼 수 있다. 관련 기록은 다음과 같다.

A-1. 937/08/05, 左右大臣以下著左仗 開見高麗國牒等.[6)]
A-2. 939/02/15, 高麗牒付朝綱.[7)]
A-3. 939/03/11, 大宰府牒高麗廣評省却歸使.[8)]

사료 A-1은 지금까지 알려진 고려와 일본 간의 최초 공식 기록이다. '좌우대신(左右大臣) 이하가 모여 고려 국첩(國牒)을 살펴보았다.'라는 내용이다. 사료 A-2는 939년에 고려의 첩(牒)을 조강(朝綱)에게 보냈다는 내용이다. 사료 A-3은 대재부(大宰府)에서 고려 광평성(廣評省)에 첩을 보냈는데, 고려에서 온 사신에게 주어 돌려보냈다는 것이다.

이들 사료 가운데 A-3은 고려 광평성에서 보낸 공문이다. 중앙 정부에서 발송한 정식 공문서로 사신이 직접 파견되었다는 의미이다. 고려의 사신이 파견되었다는 사실은 고려가 일본을 공식적인 수교 대상으로 인식하고 있었다는 근거가 된다.

다음으로 주목할 점은 고려에서 사신과 첩을 보낸 시기이다. 첫 번째 첩이 도착한 시기는 937년으로, 이때는 고려가 후삼국을 통일한 다음해이다. 『고려사』에는 이 해에 고려의 외교 활동은 '진나라(後晉)에 왕규(王規)·형순(邢順)을 보내어 고조(高祖) 석경당(石敬瑭)의 등극을 축하하였다.'[9)]라고

났던 일본의 '承平·天慶의 난', '平將門의 난', '西日本의 藤原純友가 일으킨 反亂'(939) 등이 원인이라고 한다(李炳魯, 1999, 「일본측 사료로 본 10세기의 한일관계 -견훤과 왕건의 견일본사에 대한 대응을 중심으로-」『大丘史學』第57輯, 大丘史學會, 55쪽).

6) 『日本紀略』 承平 7년 8월 5일(張東翼, 2005/3쇄, 『日本古中世 高麗資料 硏究』, 서울대학교출판부).

7) 『貞信公記抄』 天慶 2년 2월 15일.

8) 『日本紀略』 天慶 2년 3월 11일.

한 것이 전부이다. 그러므로 이 해에 고려가 일본에 사신과 첩을 보냈다는 사실은 후진에 석경당의 황제 등극 축하 사절을 보낸 것과 맞먹는 아주 중대한 정치행위였다. 그런데 진에 보낸 사신 가운데 한사람이 왕규였다. 그는 외척으로서 왕규의 난을 일으켰을 당시 고려의 최고 권력자 가운데 한 사람이었다. 그러나 A-3과 같은 내용이 고려의 기록에 없다는 점은 일본에서는 중요하지만 고려로서는 그다지 중요성이 없기 때문이라는 의미이기도 하다. 광평성에서 보냈다는 사실 하나만으로도 공식문서로서의 중요함은 인정할 수는 있으나, 그 이상의 의미를 부여하기는 어렵다.

그런데 일본에는 고려에는 없는 자료가 나타나고 있다. 다음의 사료들은 고려와 대마도의 관계를 알려주는데, 특히 972년(광종 23) 당시 고려 지방관과 대마도와의 관계를 보여준다.

> B-1. 972/03/09, 大宰府言上 高麗國南凉府使者著對馬嶋之由.[10]
> B-2. 972/10/07, 大宰府言上 高麗船一艘到來者著對馬嶋之由 高麗南原府使咸吉兢.[11]
> B-3. 972/10/15, 重言上 高麗國船一艘到同嶋之由 高麗金海府使李純達 件二个船 州各殊年號不同 有公家定 彼日記雜書等在別.[12]
> B-4. 972/10/20, 諸卿定申言上高麗國牒送事 大宰府可賜奉符者.[13]

사료 B-1은 고려의 남원부[14]에서 온 사자가 대마도에 도착하였다는 내용이다. 사료 B-2는 972년(광종 23) 10월 7일에 남원부사(南原府使) 함길긍(咸吉兢), 사료 B-3은 10월 15일에 김해부사(金海府使) 이순달(李純達)이

9) 遣王規邢順如晉賀登極(『고려사』 권2 태조세가 22년).
10) 『日本紀略』 天祿 3년 9월 23일.
11) 『親信卿記』 天祿 3년 10월 7일.
12) 『親信卿記』 天祿 3년 10월 15일.
13) 『百練抄』 天祿 3년 10월 20일.
14) 원문은 南凉府라고 하였으나, 南原府의 오기로 여겨진다고 한다.

첩을 가지고 대마도에 도착했다는 기록이다. 그리고 사료 B-3에서는 일본측이 고려 사신단의 서장(書狀)에 기재되어 있는 주명(州名) 및 연호(年號)가 공가(公家)의 것과 같지 않다는 점을 지적하고 있다.

사료 B-1·2·3은 고려의 지방관이 대마도에 직접 도착했다는 자료이므로 『고려사』에 나타나지 않는 것이 당연할 수도 있다. 사료 B-1·2·3을 통해 남원부사와 김해부사가 고려에서 함께 출발한 사신단의 일원인지, 아니면 각각 자신들의 지방기관에서 독자적으로 파견한 것인지는 알 수가 없다. 흥미로운 점은 남원부와 김해부의 부사가 직접 왔다는 사실이다.[15] 사료 B-4는 이에 대응하여 10월 20일 일본 조정에서 공경(公卿)들의 평의(評議)가 이루어져 고려의 첩(牒)에 대해 의논하였고, 대재부(大宰府)로 하여금 반첩(返牒)을 보내게 하였다는 내용이다.

여기서 주목되는 점은 고려의 지방관이 직접 왔다는 사실과 그들 자신이 직접 소지하고 왔을 것으로 추정되는 첩을 중앙 조정에 보내지 않고 대재부에서 처리하였다는 것이다. 앞서 광평성에서 보낸 첩과 크게 비교가 된다. 고려의 부사들은 결국 대마도에서 귀국하였다. 이러한 정황으로 볼 때 일본의 공가에서는 고려의 중앙 정부와 지방관을 엄격하게 구분하고 있었음을 알 수 있다. 위의 기사 내용을 근거로 관이 주도한 교역 사절단의 파견[16]으로 보는 견해가 있지만, 이 무렵의 『고려사』와 『고려사절요』의 기록에는 고려에서 지방관을 국가 사신으로 파견된 사례는 보이지 않는다.[17] 따라서 B군 사료의 기록들은 고려의 지방 관리들이 독자적으로 대재부와 일정한 관계를 맺고자 했던 사례로 볼 수 있다.

당시 고려는 대마도와 일본 조정과는 격을 구분하여 대응하고 있었다.

---

15) 장동익, 앞의 책, 69쪽.

16) 李炳魯, 2000, 「11세기 한일 양국의 대외교섭에 관한 일고찰」, 『大丘史學』 第59輯. 95쪽.

17) 광종 대의 사신 파견은 내의시랑(內議侍郞) 서희(徐熙) 송나라 파견 등 10여 건이 찾아지는데 대상국은 중국이며 신분은 중앙 관리들이었다.

이문탁(李文鐸)의 묘지명(墓誌銘)에는 '대마도의 관리는 변방의 관리(吏)이므로 상서도성에서 회답하는 것은 체통 없는 일이니 도부서에서 공문에 회신하도록 하라[18]'고 하여 고려는 대마도와 공가를 구분하고 있었음을 알 수 있다. 이 자료를 통하여 고려에서는 지방 관리를 통하여 일본과 접촉을 시도하려고 하지는 않았던 것 같다. 즉, 남원과 김해의 부사는 자발적 의지에서 행동하였던 것으로 여겨진다.

남원과 김해의 부사가 대마도를 직접 방문한지 2년 뒤인 974년에는 다음과 같은 의미 있는 기록을 볼 수 있다. 『고려사』에는 없는 기록이지만, 이를 통하여 고려와 일본과의 교역에 관한 인식을 찾아볼 수 있다.

C-1. 974/윤10/30, 甲戌 高麗國交易使藏人所出納國雅 相具貨物參入 其中彼國馬一疋 葦毛似本朝駄馬 不可爲貢貝賖.[19]
C-2. 974/윤10/30, 高麗貨物使雅章還參事 在解文.[20]

사료 C-1은 고려국교역사장인소출납(高麗國交易使藏人所出納) 국아(國雅)가 교역한 화물을 가지고 조정에 돌아왔으며, 그 중에는 고려의 말 1필이 포함되어 있었다고 한다. 사료 C-2는 고려화물사(高麗貨物使) 아장(雅章)이 돌아왔다는 내용이다. 출전은 다르지만 같은 날의 기록인 것으로 보아 고려국교역사와 고려화물사는 명칭은 다르지만 같은 기능이나 역할을 하는 직책으로 보인다.

위의 자료에서 주목되는 것은 고려와 일본이 물류로 연결되어 있다는 점이다. C-1에서는 구체적 물품으로 말이 등장하는 등 교역이 행해졌다는 근거가 된다. 여기서 주목할 점은 이 물류 관계를 장악하고 있는 고려국교역

---

18) -(전략)-彼對馬島官人邊吏也 今以尙書都省牒回示失體之甚 宜都部署□回公文-(후략)-'金龍善 編著, 2001, 『高麗墓誌銘集成』, 翰林大學校 出版部. 1156~1165년 무렵의 사건.
19) 『日本紀略』 天延 2년 윤10월 30일.
20) 『親信卿記』 天延 2년 윤10월 30일.

사와 고려화물사라는 직책의 존재이다. 이 직책은 '使'라는 문자가 있는 것으로 보아 국가에서 임명한 공식적인 관리로 중앙 조정에서 고려의 물품을 조달하기 위하여 파견하였던 것 같다.[21)]

이처럼 고려의 재화만을 취급하는 전문적인 관리를 두었다는 사실은 일본에서 고려와의 물류 관계를 특별하게 인식하였다는 표현이 될 것이다. 그 화물 가운데 말(馬)이 있다는 사실로 보면 교역량이나 질이 무시할 정도는 아니었을 것이다. 그런데 『고려사』에는 이와 관련된 내용이 전혀 나타나지 않는 것으로 보아 고려에서는 일본과의 교역에 큰 관심을 갖지 않았던 것으로 간주할 수도 있다.

한편 이 기록이 고려 광종 대의 사실이므로, 이 시기 고려의 대외관계나 정책 방향을 살필 수 있는 근거가 된다. 광종은 기본적으로 고려라고 하는 국가의 기반을 단단히 하고 강력한 중앙집권을 구축하고자 했던 왕이었다. 광종은 대외적인 면에서는 극단적으로 중국을 좋아하여 서필(徐弼)과 같은 사람에게 비아냥거림을 들을 정도였다. 잘 아는 바와 같이 후주의 쌍기(雙冀)와 같은 인물을 중앙의 주요 보직에 앉혔던 인물이다. 그러므로 중국의 문화나 생산물에 대한 관심은 컸으나 상대적으로 일본에 대해서는 관심이 적었을 것은 당연하다 할 것이다. 이를 근거로 일본에서는 고려와의 교역을 매우 중요시하였으나 고려에서는 그와 상반된 위치에 있었다는 주장을 할 수도 있다. 기록의 유무만으로 성급히 판단하기에는 어려움이 따르기도 하지만, 광종 때까지는 일본과의 교역에 관심이 크지 않았다고 추정하고자 한다.

---

21) 이종봉, 2004, 「高麗時代 對日交流와 釜山」, 『지역과 역사』 15호, 부경역사연구소, 87쪽 참고.

Ⅲ. 귀화 일본인에 대한 인식

『고려사』에는 일본이나 일본인과 관련된 최초의 기록이 999년(목종 2)에 나타난다. 고려가 918년에 건국한 뒤 80여 년 만에 처음으로 보이는 것이다. 일본인의 귀화 사례인데, 이 자료를 통하여 고려에서 일본과 일본인을 어떻게 인식하고 있었는지에 대하여 살펴보도록 하겠다.

> D-1. (999년) 일본국 사람 道要彌刀 등 20호가 귀화하였으므로 그들을 이천군(利川郡)에 거주시켜 편호(編戶)로 삼았다.[22)]
> D-2. (1012년) 8월 무술일에 일본국의 潘多 등 35명이 귀화하였다.[23)]

위의 D군 사료는 일본국 사람 도요미도 등 20호 및 반다 등 35명의 고려 귀화와 관련된 기사이다. 앞에서도 지적했지만, 일본과 관련된 기록이 처음 나오는 것이 80여 년만인데 그 기록도 고려와 일본의 관계라기보다는 고려에 귀화한 일본인에 관한 것이다. 엄밀히 말하면 일본인이 고려의 내국인이 되는 기록이므로, 고려인의 일본 인식과 관련된 기록이라고 할 수 있다. 고려에서 이들을 어떻게 예우하였는가에 따라 고려의 일본인에 관한 인식의 한 단면을 살펴볼 수 있다고 본다.

위의 기사에 나오는 도요미도라는 인물에 관해서는 다른 관련 자료가 없어서 일본에서 그의 신분이나 귀화 이유 등에 관하여 잘 알 수가 없다. 그러나 짧은 기록이지만 몇 가지 흥미로운 점을 찾을 수 있다. 먼저 도요미도의 귀화가 개인이 아닌 20호라고 하는 집단 귀화라는 점이다. 1호를 5명 정도로 추산하더라도 100여 명에 이른다. 고려에서는 이들을 이천군에 거주시켰고, 편호로 삼았다는 것도 주목된다.

---

22) 『고려사』 권2 목종 2년.
23) 『고려사』 권4 현종 3년 8월 무술.

고려에서는 많은 집단 귀화가 있었다. 기본적으로 고려는 국초부터 주변국이나 주변 집단의 많은 귀화를 인정했다. 고려 자체가 호족연합국가로서 많은 세력들과 연합을 통한 통일을 이루었으므로, 비교적 주변에 대하여 개방적 성격을 가졌다. 발해의 유민들도 많이 받아들였고, 흑수말갈 등 주변 민족들의 융합도 많이 시도하였다. 이러한 고려의 기본적인 국가 지향은 일본인 도요미도 집단에 대해서도 크게 달라진 것 같지는 않다.

고려에서는 도요미도 일행을 이천군에 정착시키고 편호를 하였다. 고려 정부에서 이들을 왜 이천에 머물게 하였는지에 대해서는 잘 알 수가 없다. 어떤 특별한 이유가 있었을 것으로 보이지는 않는다. 여기서 주목할 것은 이천의 행정 단위가 '군'이라는 사실과 '편호'를 하였다는 점이다.

고려시대에는 자신들의 신분이 지역 행정 단위의 등급과 관련하여 결정되었다. 따라서 '군인'과 '현인', '부곡인'은 각기 신분이 달랐다. 때로 고려에서는 행정 단위의 '승강(升降)'을 형벌의 하나로 삼기도 하였다.[24] 그러므로 도요미도 일행을 어떤 지역에 안치시키느냐에 따라 고려의 일본인에 대한 인식을 짐작해볼 수 있다. 도요미도 일행이 이천군의 '郡人'에 편호되었다는 사실은 귀화 일본인에게 '군인'이라는 신분적 지위를 부여한 일종의 우대에 해당된다고 할 수 있다. 고려의 행정 단위는 '주-부·군-현-향·소·부곡'으로 체계화 되어 있었으므로 '군인'은 상위에 위치한다고 할 수 있다.[25] 1012년에 귀화한 반다 일행도 이변이 없는 한 도요미도 일행과 같은 예우를 받았을 것이다.

24) 대표적인 예가 망이·망소이의 명학소(鳴鶴所)이다. 명학소는 천민 구역이었으나, 난을 일으키자 이들을 달래기 위하여 충순현(忠順縣)으로 하여 양인화(良人化)하였으나, 다시 난을 일으키자 명학소의 천민으로 강등시켰다.

25) 흑수말갈이나 북방 민족의 귀화에 비하여 우대한 것으로 추정된다. 북방 민족은 대체로 양계에 거주시켰다. 양계는 상대적으로 5도에 비하여 열악한 처지에 있었다. 한편 중국인들은 고위 관료로 우대한 경우가 허다하다. 대표적으로 후주의 쌍기가 있으며, 특히 광종은 중국에 대하여 굉장히 호의적인 왕이었다.

한편 고려에서 귀화 일본인을 '군인(郡人)'으로 처우했다는 사실은 고려의 다원적 천하관과 연결된다고 할 수 있다. 고려에서는 주변국들과의 관계에서 이중적인 위치를 갖고자 하였다. 송에 대해서는 칭신을 했지만 기타의 주변국에 대해서는 상국으로 자처했고, 자국에서는 황제국이나 천자국으로 군림하였다. 그리하여 탐라·여진 등에 대하여 상국으로 일종의 조공을 받는 국가로 자처하였다. 상국은 조공국에 대하여 조공을 받는 반대급부로 그들에게 물품을 하사한다거나 관위를 부여하는 등의 은혜를 베풀거나 보호를 해주어야 했다. 바로 도요미도 일행의 귀화를 '군인'으로 받아들인 것은 그러한 고려의 관례적 행위 가운데 하나로 이해할 수 있다고 보는 것이다. 이러한 조치는 일본 정부가 842년에 신라인의 '歸化'를 전면적으로 금지한[26] 이래 신라(=고려)로부터의 이주민을 받아들이지 않는다는 입장과 비교된다.[27]

그런데 이와 관련하여 살펴보고자 하는 것은 대마도에 대한 처우이다. 고려와 대마도는 진봉선(進奉船)을 대마도에서 고려에 보내는 등 일종의 조공무역을 하였는데, 고려의 신민으로 인정하였던 것 같지는 않다. 고려는 고려에 대하여 조공의 형태를 취하는 국가에게 무산계(武散階)를 수여하여 일종의 군신관계(君臣關係)를 표현하였다. 고려의 무신은 문산계(文散階)의 대상이었으며, 무산계의 대상은 향리나 탐라의 왕족·여진의 추장·노병·공장·악인(樂人)들이었다. 그리고 이들에게는 무산계에 의거한 전지(田地)가 수여되기도 하였다.[28] 고려의 무산계 대상에는 여진의 추장도 포함되었으나, 대마도와 관련 있는 인물들에게 수여된 경우는 찾아지지 않는다.

---

26) 『續日本後紀』 승화 9년(842) 8월 병자: 大宰大貳從四位上藤原朝臣衛上奏四條起請, (중략) 望請, 新羅國人, 一切禁斷, 不入境內, (하략).

27) 남기학, 「10~13세기의 동아시아와 고려·일본」, 『인문학연구』 제9집, 146~147쪽. 九州지역에는 滋井好行의 부친과 같은 고려인들이 거주 혹은 체류하기도 하였다.

28) 旗田巍, 1961, 「高麗の武散階-鄕吏耽羅の王族女眞の酋長老兵工匠樂人の位階-」 『朝鮮學報』 21·22合輯號; 1972, 『朝鮮中世社會史の研究』, 法政大學出版局. 385~402쪽.

나아가 이러한 고려의 다원적인 천하관의 연장선상에서 해석이 가능한 사건이 발생하고 있다. 11세기가 되면서 동여진의 해적이 발호하여 고려의 동해안과 탐라, 일본의 서남 도서와 해안 지대를 침범하였다. 이른바 '도이(刀伊)'라고 하는 동여진 해적이 횡행하였던 것이다. 1011년에 동여진의 전함 100척이 경주를 침공하였으며, 1012년에는 동남해안의 여러 현들을 침략하였다. 또한 1015년엔 여진이 배 20척을 끌고 와서 구두포(拘頭浦)를 침략하였고, 1018년에는 우산국(于山國)을 침략하였다.[29]

이러한 상황에서 고려가 동여진 해적에게 포로가 된 일본인을 본국으로 호송한 사건이 발생하였다.

> E. 鎭溟船兵都府署張渭男等[30] 獲海賊八艘 賊所掠日本生口男女二百五十九人 遣供驛令鄭子良 押送其國.[31]

사료 E는 진명선병도부서(鎭溟船兵都府署)의 장위남(張渭男) 등이 해적선 8척과 납치되었던 일본인 남녀 2백 59명을 노획하자 공역령(供驛令) 정자량(鄭子良)을 보내어 일본(其國)으로 압송하였다는 내용이다. 여기서 주목되는 것은 압송 책임자 정자량의 직위가 우역(郵驛)을 담당하는 공역서(供驛署)의 우두머리라는 점이다. 고려에서는 먼 길을 가야하는 일본인들이 안전하게 돌아갈 수 있도록 우역에 밝은 공역령 정자량에게 책임을 맡겼다. 그는 일본인들에게 말을 공급하고, 은기(銀器)와 의상 및 음식 등을 조달해 가며 일본에까지 무사히 송환하였다.

---

29) 『고려사』 권4, 세가 현종 2년 8월; 동 3년 5월; 동 6년 3월; 동 9년 등.

30) 고려는 1005년(목종 8)부터 동해안 지역에 도부서(都府署)를 설치하였다. 진명도부서(鎭溟都府署), 압강도부서(鴨江都府署), 동남해도부서(東南海都府署)를 두었다(이창섭, 2008, 「11세기 초 동여진 해적에 대한 고려의 대응」 『한국사학보』 제30호, 고려사학회).

31) 『고려사』 권4, 세가 현종 10년 4월 병진.

그런데 왜 고려에서는 동여진 해적의 포로가 된 일본인들을 이렇게 예우하였을까? 이 발언은 바로 일본이 고려의 천하에 포함되는 조공국이라는 의미로 해석이 가능하다. 앞에서도 잠깐 지적한 바와 같이 천자국은 자신의 조공국에 대하여 안전과 보호를 포함한 은전을 베풀어야 한다. 그러므로 고려는 자신의 영역에 침범한 동여진 해적에게 피랍된 일본인들을 그들의 나라로 무사히 보내야 하는 일종의 의무가 있는 것이었다. 고려는 상국으로서 조공국 일본의 신민(臣民)에게 마땅한 도리를 다한 것에 다름 아닌 것이다. 고려의 다원적 천하관이라는 의식의 발로라고 할 수 있을 것이다.[32)]

게다가 이러한 고려의 다원적 천하관은 표류민의 환송에도 적용되었다. 1031년에는 일본에 표착한 탐라도인(耽羅嶋人) 8명이 귀국하였고, 관백(關白)은 '의심하지 않아도 되는 이국인(異國人)은 대재부가 직접 양식을 주어 돌려보내라'는 지시를 내렸다.[33)] 여기서의 이국인은 탐라도인을 의미하는 것이며, 일본에 표착한 탐라도인을 대재부는 양식을 주어 돌려보내라는 것이다. 이와 같은 상황은 고려 체제 하에서 국가 간의 보호 관계를 뜻하는 것이었다. 이러한 정황은 대우국(大隅國)에 표착하였던 고려인의 귀국(1034년 3월) 등에서도 찾아볼 수 있다.[34)] 1049년 11월에 일본 대마도관(對馬島官)이 수령(首領) 명임(明任)으로 하여금 폭풍을 만나 표류한 고려인 김효(金孝) 등 20명을 금주(金州=김해)로 송환하였고, 1051년 7월에는 대마도에서 사절을 보내어 죄를 짓고 도주한 양한(良漢) 등 3명을 돌려보냈으며, 1060년 7월에도 대마도에서 예성강민(禮成江民) 위효남(位孝男)을 송환[35)]한 사례 등도 이러한 체제 하에서의 정황이라고 할 수 있다.

그러나 13세기 전반에 고려 중심의 동아시아 질서가 붕괴 조짐을 보이게

---

32) 일본에서는 정자량에게 녹(祿)과 위계(位階)를 수여하였다(『左經記』, 寬仁 4년 8월 25일).

33) 『小右記』 長元 4년 2월 19일, 24일, 26일. 남기학, 앞의 논문, 2002, 146쪽.

34) 『日本紀略』 長元 7년 3월.

35) 『고려사』 권7, 세가 문종 3년 11월 戊午, 동 5년 7월 己未; 14년 7월 계축.

된다. 동여진 해적의 발호가 어느 정도 진정되자 대륙에서 유목 민족들의 동향이 변하여 동아시아 전체의 체제가 변화하면서 일본의 움직임도 바뀌어가는 징조가 나타났다. 일본도 고려를 위협하는 세력의 하나로 바뀌어 고려를 위협하는 가상(假像)의 적 가운데 하나로 인식되기에 이르렀던 것이다.

> F. 是時達旦·于加在於西北 蒲鮮萬奴在東 日本在南 如虎葦涎 窺窬我國 終未呑噬者36)

사료 F를 보면 언젠가 우리나라를 집어 삼킬 존재로 서북쪽의 달단과 우가, 동쪽의 포선만노, 그리고 남쪽의 일본을 지적하고 있다. 달단과 우가는 서북쪽의 유목민이고, 포선만노는 흑수말갈로 고려에서는 야만적인 집단으로 인식하고 있었다. 이무렵 이들 유목민들은 고려를 압박하여 복잡한 상황이 전개되기도 하였다. 그리하여 고려 체제하의 질서가 깨지자 일본 또한 준동하였던 것으로 파악할 수 있다. 고려의 일본에 대한 인식은 해양 야만족으로 바뀌게 되었다.

Ⅳ. 팔관회와 일본

고려시대의 팔관회는 고려의 국가행사였을 뿐만 아니라 세계적인 행사였다. 또한 팔관회는 종교행사임과 더불어 이를 기회로 커다란 국제무역시장이 일시적으로 개최되는 현장이기도 하였다. 그리하여 많은 국가들이 참여하였는데, 『고려사』에 기록된 순서를 통하여 고려에서 일본을 어떻게 인식

---

36) 장동익, 앞의 글, 58쪽. 「崔甫淳墓誌銘」(金龍善, 2001, 『高麗墓誌銘集成』, 翰林大)에 '-是時達旦·于加在於西北 蒲鮮萬奴在東 日本在南 如虎葦涎 窺窬我國 終未呑噬者-'이라 하였다. 최보순(1160~1229)이 재상으로 재직하던 때인 1219년(고종 6) 무렵으로 추정하였다.

하였는가를 비교해볼 수 있는 근거가 된다고 할 수 있을 것이다.

G. 設八關會御神鳳樓觀樂翼日大會大宋黑水耽羅日本等諸國人各獻禮物名馬.(『고려사』 권9, 세가 문종 27년, 11월 신해)

사료 G는 1073년(문종 27) 11월의 팔관회 관련 기록이다. 그 내용은 '팔관회를 열어 신봉루(神鳳樓)에서 관람을 하였고, 다음날의 대회에서는 송·흑수·탐라·일본 등 여러 나라가 예물과 명마를 바쳤다.'는 것이다. 여기서 주목할 점은 이 나라들의 기록 순서이다. 여러 나라들이 참석하였지만, 구체적으로 국명을 기록한 것은 송·흑수·탐라·일본뿐이다. 그런데 일본은 이 나라 가운데 흑수와 탐라보다도 후순위에 있다. 이 기록의 순서는 교류의 빈도나 물량 등 어떤 기준이 있었을 것이다. 일본은 어떤 이유에서인지 몰라도 고려와 밀접한 관계를 형성하지는 못하고 있었다. 고려에서는 일본과 대마도의 관계를 구분하고 있었으므로 공가가 있는 일본이 분명하다.[37] 이보다 앞선 1036년 11월의 팔관회에는 일본이 기록되어 있지도 않다.[38] 『고려사』의 기록 부실인지 고려에서 실제로 일본을 주요 교역상대로 삼지 않았던 것인지는 분명하지 않다.

일반적으로 고려 팔관회에 참석하는 상인들은 고려에 신종(臣從)하지는 않았으나, 일종의 조공국(朝貢國=蕃國)과 유사한 관계에서 교역을 하였다. 일본 상인들은 탐라의 조공자보다 더 낮은 대우를 받았지만, 고려의 팔관회라는 질서에 편입하여 얻는 이익이 더 컸으므로 자발적으로 참가하였던 것

37) 일본 학계는 고려를 일본의 조공국이라고 하였다. 이에 대한 비판으로는 이병로의 연구가 있다(李炳魯, 2000, 「11세기 한일 양국의 대외교섭에 관한 일고찰」, 『大丘史學』 第59輯; 2004, 「일본측 사료로 본 9세기의 한일관계 -신라인 來着기사를 중심으로-」, 『日本語文學』 第25輯, 日本語文學會; 1999, 「일본측 사료로 본 10세기의 한일관계 -견훤과 왕건의 견일본사에 대한 대응을 중심으로-」, 『大丘史學』 第57輯, 大丘史學會).

38) 『고려사』 권6 세가 정종 2년 11월 기축.

같다.[39] 이후에도 1074년(문종 28) 2월 일본의 선두(船頭) 중리(重利) 등 39명이 와서 토물을 바쳤고, 1075년(문종 29) 윤4월에는 일본 상인 대강(大江) 등 18명이, 같은 해 6월에는 일본인 조원(朝元)·시경(時經) 등 12명이 와서 토물을 바쳤으며, 같은 해 7월의 일본 상인 59명[40] 등이 왔는데, 이들 역시 모두 같은 성격의 교역자들이었을 것이다.

그리고 1076년(문종 30) 10월에 일본에서 25명이 영광군(靈光郡)에 와서 대왕의 수명을 축원하기 위한 불상을 만들어 바치기도 하였고[41], 1079년(문종 33) 11월에는 일본 상인 등원(藤原) 등이 와서 법라(法螺) 30개와 해조(海藻) 300속(束)을 홍왕사에 시주하고 왕의 장수를 축원한 일[42]도 있었다. 이러한 행위는 팔관회를 통한 교역자들로 보아도 무리는 없을 것이다.

또한 1080년 윤9월에는 규슈의 남쪽 끝인 사쓰마주(薩摩州)에서, 1082년 11월에는 대마도에서 토물을 바치기도 하였다.[43] 선종 대에도 일본 상인이나 대마도구당관(對馬島勾當官) 등의 사절 파견은 끊이지 않았다.[44]

한편 1093년(선종 10) 7월, 안서도호부(安西都護府)의 연평도순검군(延平島巡檢軍)에 의해 송인 12명과 왜인 19명이 승선한 선박에서 활(弓)·화살(箭)·도(刀)·검(劍)·갑옷(甲)·투구(胄)와 수은(水銀)·진주(眞珠)·유황(硫黃)·법라(法螺) 등이 적재되어 있는것을 발견하였다. 고려에서는 두 나라의 해적들이 공모한 것으로 간주하여 영외(嶺外)로 유배하고, 체포한 병사는 포상한 사건이 발생하였다.[45] 고려가 이 사건을 엄중하게 처리한 다음부터 일본에

39) 노명호, 1999, 「高麗時代의 多元的 天下觀과 海東天子」, 『한국사연구』 105, 한국사학회.
40) 『고려사』 권9, 세가 문종 28년 2월 경오, 동 29년 윤4월 5일 병신, 동 29년 6월 임자, 동 29년 7월 경오.
41) 『고려사』 권9, 세가 문종 30년 10월 무술.
42) 『고려사』 권9, 세가 문종 30년 10월 기사.
43) 『고려사』 권9, 세가 문종 34년 윤9월 경자, 동 36년 11월 병술.
44) 『고려사』 권10, 세가 선종 1년 6월 무자; 동 2년 2월 정축; 동 3년 3월 기묘; 동 4년 3월 임신; 동 4년 7월 경오.
45) 『고려사』 권10, 선종 10년 7월 계미, 해당기사의 내용을 사무역선을 해적선으로 오

대한 기록은 줄어들고 1116년(예종 11) 일본에서 감자(柑子)를 바쳤다는 기록[46]과 의종(毅宗) 대에 찾아지는 2건의 기사만이 국내 사료에서 찾아진다.

고려에서 대일 인식의 변화는 12세기말 이후 진봉관계 성립으로 공식적으로 바뀐다. 진봉관계라 함은 일종의 조공관계를 의미하는 것으로, 고려 중기 일본의 대마도는 고려에 대하여 조공을 바치는 관계에 있었다. 진봉관계는 1169년에 성립되어, 1266년 11월에 몽골로부터 일본의 입조(入朝)를 촉구하는 조서(詔書)가 고려에 도착한 시점에 종식되었던 것으로 여겨진다. 그 내용은 1년에 1회, 2~3척의 선박 왕래를 한도로 무역을 한다는 조건이었다.[47] 금주(金州=김해)에 일본인들을 위한 객관(客館)을 설치하기도 하였다.[48] 이러한 조치가 대재부 내지 대마도에 한정된 것인지, 한반도에 왕래하고 있던 모든 일본 상인을 대상으로 한 것인지는 알 수 없다. 만일 후자였다면 일본 상인에 대한 엄격한 무역 제한 조치로 보기도 한다.

그런데 1223년(고종 10) 이래로 왜구가 한반도의 남부 지역을 습격하기 시작하였다. 이 시기에 침입한 왜구들은 비록 소규모였지만, 고려는 1227년(고종 14)부터 몇 차례에 걸쳐 사신단을 대재부(大宰府)에 파견하여 금압(禁壓)을 요구하기도 하였다. 이후로 진봉무역은 쇠퇴하기 시작했다.[49]

인하고 체포했다고 보기도 한다.

46) 『고려사』 권14, 세가 예종 11년 2월 병인.

47) 『고려사』 세가 25, 원종 4년 4월 갑인, "自兩國交通以來 歲常進奉一度 船不過二艘 設有他船 枉憑他事 濫擾我沿海村里 嚴加徵禁 以爲定約".

48) 『吾妻鏡』, 嘉祿 3년 5월 14일.

49) 이영, 2002, 「고려의 대일(對日)인식」, 『일본문화학보』 12, 한국일본문화학회.

Ⅴ. 고려의 일본 의사 파견 요청

고려의 일본 인식을 살펴보기 위한 흥미 있는 자료가 일본 측에 있다. 문종은 건강이 좋지 않은 왕이었는데 『고려사』에는 문종이 지병인 풍비증(風痹症)을 치료하기 위해 많은 애를 쓰고 있음을 알려주는 자료가 자주 보인다. 1078년(문종 32) 7월 고려에서는 송에 의사 파견을 요청하였고,[50] 다음해 7월 의관 왕무봉(王舞封)·형조(邢慥) 등이 송의 황제가 보낸 약재를 가지고 내조하였다.[51] 또한 문종은 민간신앙 요법으로 본명일(本命日)에 한 번도 거르지 않고 초제를 지낼 정도로 자신의 건강에 많은 관심을 기울였다. 그러나 크게 차도가 없었던 것 같다.

그리하여 고려에서는 이후의 차선책으로 일본에 의사 파견을 요청하였다. 그런데 이 의사 파견 요청과 관련된 자료는 우리나라의 문서에서는 발견되지 않고, 일본 자료에서만 찾아볼 수 있다. 그 내용을 살펴보면 당시 고려의 일본관을 살펴볼 수 있다.

> H. 高麗國禮賓省牒 大日本國大宰府
> 當省伏奉聖旨訪聞. 貴國有能理病疾醫人. 今因商客王則貞廻皈故鄕, 因便通牒. 及於王則貞處. 設示風疾緣由. 請彼處. 選擇上等醫人, 於來年早春發送到來, 理療風疾. 若見功効定不輕수酬者. 今先送花錦及大綾中綾各一十段, 麝香一十臍, 分附王則貞, 賫特將去知大宰府官員處, 且充信儀. 到可收領者. 牒具如前. 當省所奉聖旨備錄在前. 請貴府若有端的能療風疾好醫人, 許容發送前來. 仍收領疋段麝香者. 謹牒.[52]

사료 H는 고려국첩(高麗國牒)으로 외교를 관장하는 예빈성(禮賓省)에서 대재부에 보낸 것이다. 고려국첩은 상객(商客) 왕칙정(王則貞)을 통하여 보

50) 『고려사』 권9, 세가 문종 32년 추7월 을미.
51) 『고려사』 권9, 세가 문종 기미 33년 7월 신미. 『송사』 외국열전 고려.
52) 『朝野群載』 권20, 「異國」 己未年 十一月 日牒 少鄕林.

냈다.[53] 첩장의 내용은 성지(聖旨)를 받들어 일본에 우수한 의사를 요청하고, 풍질(風疾)의 치료에 효능이 있으면 그에 대한 대가를 가벼이 하지 않겠다고 하면서 미리 화금(花錦)·대릉(大綾)·중릉(中綾) 10단과 사향(麝香) 10제를 보낸다는 내용이었다.

이에 대하여 일본에서는 검토를 하여 다음과 같은 6가지 부정적 결과를 도출하였다.[54] 구체적인 내용은 ① '牒' 아래에 '上'을 주기하지 않은 점, ② 함과 종이를 봉하지 않은 점, ③ 연호를 주기하지 않고 '己未'라고만 쓴 점, ④ '年月' 아래에 '日'로만 주기하고 '一·二'를 주기하지 않은 점, ⑤ '聖旨'를 칭한 점, ⑥ 사절을 파견하지 않고 상인을 통해 전달한 점 등이었다.[55] 이 6가지 항의 공통점은 고려가 일본에 대하여 상국의 입장에서 지시를 하달하는 태도를 용납할 수 없다는 것이었다.

결국 논의 끝에 의사 파견은 무산되었다. 표면에 내세운 원인은 고려에 파견할 의사가 치료를 하지 못했을 경우 국가 체면이 손상된다는 것이었지만, 실제로는 일본이 상국 고려의 명령에 따르는 것과 같은 모양새를 불편하게 여겼던 것이다. 즉, 고려의 '聖旨'를 일본이 따를 수는 없다는 결정이었다.

Ⅵ. 왜구=잔인한 약탈자

13세기가 되면서 고려는 일본을 부정적으로 인식하면서도 일본이 고대로부터 중원(中原)과 통교하여 의관제도(衣冠制度)가 찬란한 나라였다는 인식이 공존하기도 했다.[56] 그러나 독립된 하나의 왕국으로서 의(義)와 인

53) 『고려사』 권8, 세가 문종 22년 7월.
54) 『水左記』 承曆 4년 9월 4일.
55) 『本朝續文粹』 권11, 承曆 4년.
56) 『도은집』 4, 序, 「送鄭達可奉使日本序」.

(仁)을 숭상하고 기(氣)는 세차며 말은 온순했던 국가였으나, 점차 인륜(人倫)에 어긋나는 행위를 자행하는 사회로 변모하는 동시에 다른 나라와 우호관계를 맺지 않고 왜구의 준동과 같은 악명(惡名)만을 떨치는 국가로 변하였음을 우려하기도 하였다.[57] 한편으로는 왜구들에 의해 저질러진 잔혹한 행위에 대해 '倭人의 풍속은 본래 삶을 가벼이 여긴다(倭俗本輕生)'로 표현되기도 하였다.[58] 이러한 인식의 바탕 위에서 일본을 지리적 원근과는 관계없이 고려와 통교가 없는 멀리 떨어진 절역의 국가로 생각하기도 하였고,[59] 고려가 왜구의 침입에 대해서는 어떠한 방책도 마련하고 있지 않음을 지적하기도 하였다.[60] 그러나 이러한 인식마저도 1350년(충정왕 2) 이후 한반도에 왜구의 침입이 잦아지면서 완전히 바뀌었다.[61]

왜구는 대마도·일기도(一岐島)·북구주(北九州) 지역의 왜인들로 알려져 있다. 약 40년에 걸친 왜구의 고려 침구 및 약탈은 일본을 잔인한 약탈자라는 인식으로 바꾸어 놓았다. 고려에서는 왜구를 일본과 일본인 전체로 간주하였다. 이러한 인식은 광개토왕릉비문에 '왜구'가 등장한 이후 고려에 전승된 부정적인 일본 인식의 연장선상에 있다.

왜구의 침구는 고려의 조운 제도를 마비시켜 경제적 어려움에 처하게 했고, 여러 차례 개경에 침입해 계엄을 하도록 했으며 민중들의 생활을 도탄에 빠트리게 하였다. 이처럼 왜구의 발호로 인해 고려인들의 일본에 대한 인식은 곧 왜구 일변도가 된다. 일본은 몽골의 침공으로 인한 적대적인 존재에서 두렵고 가증스러운 약탈자로 변모하게 되는 것이다. 왜구에 대하여 설장수는 "왜구의 음모와 술책이 무궁무진하다", "병력이 많을 때에는 서쪽

57) 『목은시고』 1, 辭, 「東方辭 送大司成鄭達可奉使日本國」.
58) 이인복, 「錄鎭邊軍人 五首」, 『동문선』 19, 오언절구.
59) 『양촌집』 3, 詩, 永慕亭, "郭壯元麟使日本不返 其孫大司成忠守作此亭, 倜儻壯元郎 落落志節奇 拜命使絶域 國耳忘吾私".
60) 李穡, 「陳時務書」, 『동문선』 53, 奏議; 『고려사』 열전 28, 李穡.
61) 장동익, 앞의 책, 53~54쪽.

을 공격하는 것처럼 보이고 동쪽으로 향하여 고려군이 분산된 다음에 조용히 공격해온다", "병력이 적으면 미리 첩자를 파견하여 부잣집을 확인한 다음에 몰래 약탈한다" 등 왜구의 전술에 대하여 언급하고 있다.[62] 이러한 상황에서 왜구는 두려움과 증오의 대상이 되었으며, 일본에 대한 인식은 야만적이고 잔인한 집단으로 변하였다.

그리하여 고려에서는 왜구에 대하여 무력 일변도만이 아니라 외교와 무력을 양면적으로 구사하게 되었던 것이다. 왜구에 대한 인식의 변화는 왜구 토벌에 있어서도 외교 중심에 무게를 두어 마침내 사대교린이라는 외교정책으로 왜구 종식을 유도할 수 있었던 것이다. 한반도에서 궁극적인 왜구의 소멸은 잔인한 약탈자 왜구를 평화로운 이웃인 왜인으로 바꾸어 놓았던 것이다. 그러나 왜인은 같은 존재가 우호적 태도로 바뀐 것일 뿐이며 언제라도 왜구로 변할 수 있는 그런 상대였다.

Ⅶ. 맺음말

지금까지 고찰한 내용을 요약함으로써 결론을 대신하고자 한다. 고려 조정은 일본을 고려에 조공하는 국가로 인식하였다. 이를테면, 고려에서 일본에 보내는 첩의 형식을 보면 상국에서 하국에 하달하는 양식이었다. 그리고 첩을 의례상으로라도 낮은 자리에서 올린다는 형식을 취하지 않고, 내린다는 의미(上意下達)로 전달했다. 또한 공식적인 국가 사절이 아닌 상객(商客)을 통하여 국가의 공식적 서명이 없는 채로 성지(聖旨)라고 하여 천자가 번국에 보내는 형식을 취하였다. 이러한 고려의 태도는 일본 조정에서도 문제를 야기하여 고려가 요청한 의사 파견이 거부되었다. 그런데 고려는 일본에 보낸 중요한 문서를 자국에는 아무런 기록조차 남겨두지 않았다. 이러한

62) 『高麗史』 第112 偰長壽列伝.

일본에 대한 고려의 태도는 고려로서는 당연한 행동이었다. 송에는 고려가 조공을 하였지만, 흑수·탐라·일본 등에는 자신이 조공을 받는 국가라는 '외신내황(外臣內皇)'이라는 고려인의 대외관계 기준에서 취한 것이었다. 고려에서는 이러한 일본에 대하여 자국의 천하관에 속한 '신민' 국가로서의 지위를 인정하여 표류하거나 해적들에게 포로가 된 일본인들을 본국으로 송환해주기도 하였다.

그럼에도 불구하고 일본은 자신들의 경제적 욕구를 달성하고자 했다. '고려화물사', '고려교역사'와 같은 전담 사절을 통하여 고려와의 통교를 계속하였던 것이다.

팔관회에서 국가의 서열도 고려의 일본 인식을 알 수 있는 한 방편이 된다. 고려에서는 여러 나라가 참가하는 팔관회에서 대송·흑수·탐라·일본의 순서로 국가의 순위를 정하였다. 자료가 많지 않아서 단정적으로 말하기 어려운 점은 있으나, 문종 때의 기록을 보면 고려는 일본을 탐라보다도 하위로 인정하였다.

다른 한편으로 고려는 일본인의 귀화를 흔쾌히 받아들이기도 했다. 예를 들면, 도요미도 일행이 귀화를 하자 이천군에 편호를 해주었다. 이는 다시 말하면 군민으로 인정을 해주었다는 의미이다. 일본인을 자국의 천민집단 지역인 향·소·부곡의 상위 신분에 해당하는 이천군민으로 편호를 삼았던 것이다. 그밖에 고려와 일본의 교류는 상인·상객 등을 통한 교역관계가 많았다. 대마도와는 '진봉무역'이라고 하여 일종의 조공 형태의 대상으로 파악하였다.

그러나 여·원 연합군의 일본정벌 이후에 양국 간의 관계는 극단적으로 악화되었다. 마침내 1350년 대규모의 왜구 침입으로 고려의 일본에 대한 인식은 극단으로 치닫게 되었다.

이후 왜구는 고려의 전 지역에서 횡행하였으며, 고려에서는 화포 등을 제작하여 방어하였으나 근절시키지는 못하였다. 그리고 그 왜구라는 인식이 현재 우리의 기억에 가장 확실하게 각인되어 조선이 개국하여 기본적인 외교노선을 사대교린으로 바꾸기 이전까지 크게 바뀌지 않았다. '약탈자=왜구'에서 '이웃=왜인'으로의 변화는 무력으로 제압해서 얻어진 것만은 아니었다. 평화를 지향하는 폭넓은 외교의 역할이 그 저변에 있었기에 가능하였다.

참고문헌

김기섭, 2005,『일본 고중세 문헌 속의 한일관계사료집성』, 혜안.

南基鶴, 2000,「고려와 일본의 상호인식」,『日本歷史研究』第11輯, 日本史學會.

南基鶴, 2002,「10~13세기의 동아시아와 고려·일본」,『인문학연구』제9집, 한림대학교 인문학연구소.

盧明鎬, 1999,「高麗時代의 多元的 天下觀과 海東天子」,『韓國史研究』105.

박경화, 2009,『高麗前期 日本과의 交涉과 認識』, 고려대학교 교육대학원, 역사교육전공.

李基東, 2007,「9~12世紀 韓國과 東아시아세계」,『史學研究』第88號, 韓國史學會.

李炳魯, 1999,「일본측 사료로 본 10세기의 한일관계 -견훤과 왕건의 견일본사에 대한 대응을 중심으로-」,『大丘史學』第57輯, 大丘史學會.

李炳魯, 2000,「11세기 한일 양국의 대외교섭에 관한 일고찰」,『大丘史學』第59輯.

李炳魯, 2004,「일본측 사료로 본 9세기의 한일관계-신라인 來着기사를 중심으로-」,『日本語文學』第25輯, 日本語文學會.

이 영, 2002,「고려의 대일(對日)인식」,『일본문화학보』12, 한국일본문화학회.

張東翼, 2005,『日本古中世 高麗資料 研究』, 서울대학교출판부.

張東翼, 2005,「10세기 고려왕조의 대외관계 기사에 대한 補完」,『退溪學과 韓國文化』第42號, 경북대학교 퇴계연구원.

한일관계사학회, 1998,『한일양국의 상호인식』, 국학자료원.

한일관계사학회/동북아역사재단 편, 2008,『전쟁과 기억 속의 한일관계』, 景仁文化社.

旗田巍, 1961,〈高麗の武散階-鄕吏耽羅の王族女眞の酋長老兵工匠樂人の位階-〉《朝鮮學報》21·22合輯號; 1972,《朝鮮中世社會史の研究》, 法政大學出版局.

〈토론문〉

'황제국 고려와 조공국 일본'을 읽고

이상배 | 서울역사편찬원 원장

이재범 교수님의 논문을 읽고 고려시대 일본에 대한 인식을 넓히는 계기가 되었습니다. 먼저 교수님도 언급했듯이 고려시대 450여 년간 일본과의 관계를 보여주는 고려측 사료가 너무 극소수인 현실에서 고려인의 일본인 인식에 대한 단초를 규명한다는 것이 사실상 불가능한 작업인데 이러한 역경을 딛고 일본측의 사료를 활용하여 논문을 작성하셨다는 점에 먼저 경의를 표합니다. 나아가 고려시대 일본인에 대한 역사적 인식이 특정한 시기에 집중적으로 창궐했던 '왜구'를 고려 전 시기의 현상으로 인식해 온 지금까지의 시각을 새롭게 조망하고 접근하고 했던 시각에는 토론자도 전적으로 동감을 표하고 있습니다.

선생님께서는 편의상 몽골간섭기를 기점으로 하여 그 이전을 고려 전기로, 이후를 고려 후기로 구분하여 일본에 대한 인식을 서술하고 계십니다. 이어 고려 전기의 고려인들은 황제국 고려와 조공국 일본이라는 구도하에서 고려인들이 일본을 인식하고 있었고, 고려 후기는 잦은 왜구의 침입으로 인해 약탈자(왜구)로서 인식하게 되었다고 하였습니다. 이에 대해 의문나는 사항을 말씀드리고자 합니다.

먼저 고려 전기 황제국 고려와 조공국 일본이라는 구도의 사료적 근거로 999년과 1012년의 귀화기록과 1073년 이후 문종 대와 의종대 상인들의 교역 및 문종대의 의사파견 요청 기록을 제시하고 있습니다. 이 기간은 대략 100여 년간의 기록입니다. 이때의 기록을 바탕으로 근 300여 년간 일본인에 대한 인식이 황제국과 조공국으로 인식되었다고 표현한 것은 조금 과장된 것이 아닌가 하는 생각이 듭니다. 이에 시기구분을 고려 초기, 중기, 후기로 구분하여 초기에는 일본인에 대한 인식의 없었던 시기, 중기에는 물품교역과 함께 상호 외교적 교류를 바탕으로 일본인에 대한 인식을 가졌던 시기, 후기에는 적대적 관계하에서 약탈자로 인식되었던 시기로 세분화 하는 것은 어떨지요. 고견을 듣고 싶습니다.

두 번째로 '황제국 고려와 조공국 일본'이라는 구도 설정을 고려의 다원적인 천하관의 관점에서 설정하셨는데 다소 논리적인 비약일 수 있다는 의견이 있을 수 있다고 생각합니다. 고려 황제국의 표현은 대외적인 표현이라기 보다는 고려 내적인 인식이었다고 생각합니다. 시기적으로 몽골의 간섭이 이루어졌던 시기에는 내적으로도 황제를 칭하기는 어려웠던 여건이라는 것도 당시의 시대적 상황으로 보입니다. 뿐만 아니라 일본국이 아닌 대마도 지역을 중심으로 한 상인들의 교역을 일본국으로 확대 해석하여 조공국이라는 규정을 할 수 있는 것인지, 나아가 의사 파견을 요청했을 때 일본이 형식적 표현을 이유로 거부한 것을 보면 조공국 일본이라고 규정하여 표현하기에는 조금 무리가 있는 것은 아닌지 하는 의문이 듭니다. 이에 대한 의견을 듣고 싶습니다.

통신사의 사행록을 통해서 본 조선 지식인의 일본인식과 그 推移

- 대마도인식을 중심으로 -

장순순 | 전주대학교 연구교수

Ⅰ. 머리말

1392년 건국 이후 조선의 대일정책 중 가장 시급한 문제는 고려말부터 극심했던 왜구 문제의 해결과 그에 따른 변경의 평화 확보였다. 이를 위해 조선은 고려말 왜구정책을 계승하여 수군과 병선(兵船)의 증강을 통해 해안 경비를 충실히 하는 한편, 무로마치막부[室町幕府]의 쇼군과 규슈 탄다이[九州探題]·대마도주 등을 비롯한 일본의 지방호족들에게 사신을 파견하여 왜구의 금압과 피로인의 쇄환을 요청하는 등 외교적인 노력을 기울였다. 더불어 일부 왜인들에게는 관직을 제수하는 등의 회유책도 병행하였다.

이러한 조선의 다양한 왜구 대책과 일본 국내 정세의 안정으로 왜구들은 점차 평화적인 통교자로 전환되어, 1409년(태종 9)을 전후로 왜구의 침입은 급격히 감소하였다. 반면에 일본에서 조선에 도항해 오는 통교자의 수는 급증하여 조선에게 경제적인 부담이어졌다.[1)] 그러나 1418년(태종 18) 4월, 왜구의 통제에 적극 협력했던 대마도주 소 사다시게[宗貞茂]가 사망한 이후

1) 한문종, 「朝鮮前期 對日外交政策 硏究 -對馬島와의 관계를 중심으로」, 전북대학교 박사학위논문, 1996.

부터 왜구의 조선 침입은 다시 증가하였다. 당시 대마도2)에서는 어린 나이에 도주직을 계승한 소 사다모리[宗貞盛]를 대신하여 실권을 장악한 소다 사에몬타로(早田左衛門太郞)가 왜구 활동을 묵인하면서, 흉년으로 생활이 어려워진 대마도인들이 조선과 중국 연안을 자주 침입하게 되었던 것이다.

아들인 세종에게 왕위는 물려줬으나 여전히 병권을 장악하고 있던 태종은 왜구의 본거지로 대마도를 주시하고, 1419년(세종 원년) 왜적선이 서해안 연평곶에 침입한 사건을 계기로 대마도정벌을 단행하였다.3) 대마도정벌은 향후 한일관계의 방향에 많은 영향을 주었다.

먼저, 조선으로서는 왜구의 소굴이며 경유지였던 대마도에 대한 무력 정벌로써 왜구의 침입을 근절시키는 데 크게 기여하였다. 둘째, 왜구에 대해 자신감을 갖게 되면서 향후 전개될 대일외교체제를 주도적으로 정비하거나 운영하는 기반을 마련함으로써 포소의 제한, 서계·도서·문인에 의한 통제 및 세견선의 정약, 계해약조의 체결(1443년) 등 대일외교체제를 정비가 가능하였다. 셋째, 짧은 기간이었지만 대마도정벌 이후 대마도가 경상도에 편입됨에 따라 조선에서는 대마도가 조선의 옛 땅이었다는 '대마고토의식'과 대마도를 조선의 번병 또는 번신(藩臣)으로 인식하는 '대마번병의식', '대마속주의식'이 일반화되었다. 이러한 인식은 태종·세종대에 무로마치 막부를 조선과 대등한 국가로 인식하지 않고 단순히 일개 지방호족으로 파악하려 했던 '아시카가 막부[足利幕府] 약체관'과 더불어 대마도를 조선 중심의 외

---

2) 대마도에 대한 명칭은 예로부터 對馬國·對馬州·對馬藩 등으로 다양하다. 현재 일본에서는 주로 쓰시마[對馬]로 부른다. 중세 일본에서는 對馬國·對馬州로, 근세 일본에서는 주로 對州·對馬藩으로 호칭했으며, 조선에서는 對馬島로 불렀다. 따라서 본 논문에서는 대마도가 변경으로서 지니는 지리적 성격과 조일 간의 양속적 성격을 나타내는 데에 '對馬島'가 적합하다고 판단하여 용어를 '對馬島'로 통일하여 사용하고자 한다.

3) 대마도정벌은 조선에서는 '기해동정', 일본에서는 '應永의 外寇'라고 칭하였다. 대마도정벌에 대해서는 한문종, 「朝鮮初期의 倭寇對策과 對馬島征伐」, 『전북사학』 19·20, 1997 참조.

교질서 즉 기미관계의 외교체제에 편입시키려는 정신적 기반이 되었다. 마지막으로, 대마도가 조일 외교의 중간세력으로 급부상하는 계기가 되었다. 따라서 이 시기 대마도는 영토적으로는 일본에 속하고, 경제적으로는 조선에 전적으로 의지하는 양속적 관계에 놓여 있었지만, 실제로는 조선쪽에 기우는 양상을 보였다.

1592년 도요토미 히데요시[豊臣秀吉]의 조선 침략은 대마도에게 생존권 포기를 의미하는 것이었다. 때문에 도요토미가 대마도에 조선복속 교섭을 명령하였을 때, 도주 소[宗]씨는 통신사의 파견 요청으로 내용을 바꿔 조선과 교섭에 임하는 등 전쟁을 막기 위해 필사적인 노력을 하였다. 그러나 대마도의 이러한 노력은 수포로 돌아갔고, 대마도주는 결국 고시니 유키나가[小西行長] 휘하에서 3,000여 명의 병사를 동원하여 조선 침략의 선봉에 서야 했으며, 임진왜란이 끝난 후에는 대조선 강화교섭의 전면에 나서야 하는 얄궂은 상황에 직면해야 했다.

임진왜란 종결 후, 조일 양국은 대륙에서 세력을 키워가고 있던 후금을 둘러싼 당시 동아시아 국제상황과 자국 내 정치 상황 속에서 국교재개를 위한 교섭에 돌입해야 했다. 특히 대마도에게 조일 국교재개는 섬의 생존이 달린 절대절명의 과제였다. 도쿠가와막부[德川幕府]의 지시를 받은 대마도는 대조선 강화교섭에 적극적으로 임하여 조선과의 협상에서 마침내 1607년 회답겸쇄환사의 도일과 1609년 기유약조(己酉約條)의 체결을 이끌어냈다.

한편, 17세기 초반 대마도가 막번체제(幕藩體制) 하에 편입되면서 도쿠가와막부는 대마도주 소 요시토시[宗義智]를 종4위하시종 대마수(從四位下侍從 對馬守)에 임명하였다. 그리고 대마도에게는 대조선교섭 업무를 가역(家役)으로 위임하고, 대조선 무역을 독점할 수 있는 특권을 부여하였다. 이로써 대마도의 조선 외교 및 무역의 독점성이 더욱 강화되면서 일본의 대조선교섭도 막부↔대마도로 일원화되었다. 1635년, 임진왜란 이후 국교재개 과정에서 있었던 대마도의 국서개작 사실이 폭로되고[柳川事件], 이후

1936년 통신사행의 실시로 조일관계가 새롭게 형성·재편되었다. 이정암윤번제(以酊菴輪番制)의 실시는 막부가 조선과의 외교를 직접 관리한다는 것을 의미하며, 17세기 중반 이후 대마도가 수행한 조선외교 업무는 기본적으로 막부의 직접적인 감독하에 놓이게 되었다. 그리고 경제적인 측면에서도 조선과의 무역에서 발생한 이익 외에 대마도 재정의 부족분을 막부로부터 지원받음으로써 대마도의 막부에 대한 예속화가 심화되었다. 특히 18세기 중반 왜관무역이 쇠퇴하고, 대마도에 대한 막부의 재정지원이 일상화되자 대마도의 막부 예속화는 더욱 강화되면서 막부의 대리자로 자리잡게 되었다.[4]

이상을 통해서 알 수 있듯이 조선시대 조일 관계에서 대마도는 대단히 중요한 존재이다. 통신사행에만 국한해서 보더라도 대마도는 조선시대 전 시기에 걸쳐서 사행에 직접적으로 관계하였다. 무로마치 막부 때에는 교토[京都]까지 통신사를 호행하였고, 도쿠가와막부에서는 막부의 쇼군 즉위 사실을 조선에 알리고 통신사의 파견을 요청하는 것부터 통신사 일행의 에도[江戶]행과 다시 귀국할 때까지 통신사행의 전 과정에 참여하였다. 따라서 통신사행에 참여했던 조선인들은 8개월에서 1년여에 걸리는 긴 여정을 줄곧 대마도인과 같이 했다. 때문에 통신사에 참여했던 조선인들이 가장 많이 접하고 만난 일본인은 대마도인일 수밖에 없었고, 나아가 그들의 일본 인식 또한 대마도인의 영향이 매우 크다고 할 수 있다.

더욱이 사행에 참여한 三使의 대부분은 귀국 후 정부의 대일정책 결정에 참여하였던 대일전문가 그룹이었기에[5] 조선 통신사 일행의 대마도인식은 조선후기 지식인들의 일본관과 조선 조정의 대일정책을 이해하는데 중요한

---

4) 이에 대해서 하우봉은 조선전기의 대마도가 '조선측의 대일 외교 창구'였다면 후기는 '도쿠가와 막부의 대조선 외교의 창구 내지 대리자' 역할을 하였다고 보았다(하우봉, 「한국인의 대마도인식」, 『독도와 대마도』, 지성의 샘, 2005).

5) 조선후기 통신사에 삼사로 참여했던 대일경험이 사행 이후 조선의 대일교섭에서 어떻게 반영되었는지에 대해서는, 장순순, 「조선후기 대일교섭에 있어서 尹趾完의 通信使 경험과 영향」, 『한일관계사연구』 31, 2008 참조.

요소가 될 수 있다. 그런 의미에서 조선시대 조선인의 일본, 일본인에 대한 인식을 파악하기 위해서는 대마도와 대마인에 대한 인식의 이해가 선행되어야 한다.

그럼에도 조선시대 대마도와 대마도인식에 대한 연구는 대단히 소략하여 추가적인 연구가 필요한 상황이다.[6] 이에 본 연구에서는 조선시대 통신사행에 참가하였던 사행원들의 사행록을 중심으로 조선시대인이 대마도와 대마도인을 어떻게 인식하였는지를 통시대적으로 살펴보고자 한다. 나아가 시기에 따라 변화의 추이는 없는지, 변화가 나타난다면 그 배경은 무엇인지에 대해서 살펴봄으로써 조일외교의 특징을 규명하고자 한다. 이러한 시도는 조선인의 일본·일본인 인식, 나아가 한일간의 상호인식의 역사성을 파악하는 데 작은 도움이 될 수 있을 것이다.

Ⅱ. 조선전기 통신사행원의 대마도인식

조선전기 통신사행원의 대마도인식은 송희경의 『일본행록』[7], 신숙주의

---

6) 조선시대 대마도인식에 대한 연구로는, 손승철, 「대마도 조·일(朝日) 양속 관계」, 『독도와 대마도』, 지성의 샘, 1996; 하우봉, 「한국인의 대마도인식」, 『독도와 대마도』, 지성의 샘, 1996; 하우봉, 「이예의 일본인식」, 『통신사 이예와 한일관계』, 새로운 사람들, 2006; 국사편찬위원회 편, 『조선이 본 일본』, 두산동아, 2009; 민덕기, 「조선후기 通信使行의 대마도인식-최천종 사건과 관련하여-」, 『韓日關係史硏究』 21; 2004; 김경숙, 「玄川 元重擧의 對馬島人 인식과 그 의미-일본 '內地人' 인식과의 비교를 중심으로-」, 『국어국문학』 140, 2005; 하우봉, 「전근대시기 한국과 일본의 대마도인식」, 『동북아역사논총』 41, 2013 등을 들 수 있다.
한편, 하우봉은 조선 전기의 대마도인식을 당시의 통교체제와 관련지어 살펴보고, 그 특징을 ① 對馬故土意識, ② 對馬藩屛意識, ③ 對馬區分意識으로 규정하였다. 그리고 한국인의 대마도인식은 고대 이래의 역사적인 유래에 바탕을 둔 것으로 조선시대에 들어와 체계화되었다는 사실을 논증하였다(하우봉, 「전근대시기 한국과 일본의 대마도인식」, 『동북아역사논총』 41, 2013).

『해동제국기』, 김성일의 『해사록』을 통해서 살펴볼 수 있다. 송희경이 저술한 『일본행록』은 조선인이 쓴 최초의 일본사행록으로, 대마도정벌이 있던 이듬해인 1420년(세종 2)에 송희경이 일본국왕사의 회례사(回禮使)로 일본 교토까지 다녀온 후 시문집의 형태로 남긴 것이다. 당시 송희경은 일본이적관(日本夷狄觀)의 바탕 위에서 대마도를 부용국(附庸國) 내지 속국으로 인식하였다.[8] 그는 "정벌[行兵]이 있은 뒤에 대마도인이 경상도에 부속되기를 원하므로 상이 허락하였다"[9]라고 함으로써, 대마도가 경상도의 속주로 편입된 사실도 언급하였다. 그리고 사행 중에 대마도의 실권자인 소다 사에몬타로를 만나서는 '저 사람 역시 같은 왕의 신하'라고 표현하였는데,[10] 이러한 표현들은 그가 도일할 당시가 대마도정벌 직후인데다 대마도의 경상도 속주화 조치가 내려진 상황 속에서 대마속국관(對馬屬國觀)을 분명히 한 것이다.

『해동제국기』는 1443년(세종 25) 통신사의 서장관으로 일본에 다녀온 신숙주가 왕명에 따라[11] 1471년(성종 2)에 저술한 것이다. 일본을 기록한 「일본국기(日本國紀)」에서 일본의 영토를 '8도 66주'로 기술하고 대마도와 잇키[壹岐]를 첨부하고 있어서[12] 송희경에게서 보이는 대마고토의식이나 대마속주의식은 찾아볼 수 없다. 다만 신숙주가 대마도를 『해동제국기』에서 일본의 8도 99주 속에 기술하지 않고, 별도로 기술한 것은[13] 조선 정부가

7) 송희경의 사행은 명칭은 통신사가 아닌 회례사였지만 조선국왕의 국서를 가지고 일본 교토까지 다녀왔다는 점에서 통신사의 범주에 포함시켜 논지를 전개하였다.

8) 하우봉, 위의 논문, 1996, 136쪽.

9) 송희경, 『일본행록』 2월 17일, 「與倪下坐灣石」.

10) 송희경, 『일본행록』 2월 21일, 「到泊對馬島東面船餘串」.

11) 신숙주, 『해동제국기』, 「序」.

12) 『해동제국기』의 내용은 「日本國紀」·「琉球國紀」·「朝聘應接紀」 등으로 구성되어 있다. 「日本國紀」에는 '天皇代序', '國王代序', '國俗', '道路里數', '八道六十六州 對馬島一歧島付' 항목으로 구성되어 있다.

13) 하우봉은 『해동제국기』의 기술방식에 대해서 "양속관계론과 관련되는 것이지만 조선시대인들은 대마도를 일본 혼슈와 구별되는 반독립적인 존재로 인식하였다."고

대마도정벌 당시 그 목적이 왜구금압일 뿐 혼슈[本州] 즉, 본토를 침략할 의도가 있었던 것은 아니라고 막부장군에게 밝혔다는 점에서는 대마구분의식의 표현으로도 해석할 여지가 있지만, 조선과의 관계에서 중요성 때문으로 보인다. 즉, 대마도의 위치가 "해동(海東) 여러 섬들의 요충지여서 우리나라에 왕래하는 각지의 추장들이 반드시 경유해야 할 곳"이었고, 조선 전기 일본 각 지역의 사절들은 대마도주의 문인(文引)을 받지 않고서는 조선 도항이 불가능했다는 점을 감안한다면, 대마도가 조선의 대일정책에서 중요했기 때문으로 보인다. 더불어 『해동제국기』에는 '해동제국총도(海東諸國總圖)'를 비롯하여 이른바 '해동' 각 지역의 지도가 수록되어 있는데, 대마도를 그린 지도에서 그 명칭을 '일본국대마도지도(日本國對馬島之圖)'라고 표기하고 있는 것을 통해서도 신숙주는 대마도가 일본 영토라는 점을 명확히 했음을 알 수 있다.[14)]

그러나 신숙주의 『해동제국기』에서 보이던 대마도에 대한 객관적 인식은 1590년 통신사의 부사 김성일(金誠一)에게서는 보이지 않는다. 김성일은 조선 초기 송희경과 마찬가지로 조선과 대마도를 군신관계로 설정하여 대마도를 부용국으로 보았으며, 대마도에 대해서 대마번병의식을 드러냈다.

김성일은 사행 당시 대마도주에게 보내려던 서간에서 "두 나라 사이에

해석하였다(하우봉, 위의 논문, 1996, 143쪽).

14) 『해동제국기』에서 보이는 객관적인 대마도인식은 『해동제국기』의 편찬자가 외교전문가인 신숙주였다는 점을 주목해야 할 것이다. 그리고 『해동제국기』가 사적인 개인 기록이었던 여타 사행록과 달리 국왕의 명에 따라 편찬된 외교지침서라는 점도 주목할 필요가 있다. 주지하다시피 신숙주는 세조대~성종대 초기 사대교린 외교의 사무를 총괄한 인물로, 일본 문제를 비롯하여 당대 제일의 외교전문가였다. 따라서 『해동제국기』는 편찬 주관자인 신숙주가 조선과 일본의 옛 전적을 두루 참고하고, 일본에 사행 갔을 때 보고 들은 견문과 오랫동안 예조에서 근무하며 얻은 외교 경험, 성종대 초기 주로 자신에 의해 활발히 추진되었던 대일외교 의례의 개정 등 당시 사정과 지식을 총동원하여 편찬한 것이었으므로 대마도에 대한 정보나 인식이 다른 어떤 기록보다 정확하고 객관적일 수 있었던 것이다.

끼어 있는 것이 귀도(貴島)인데 족하(足下)가 동으로는 귀국을 섬기고, 북으로는 우리 조정에 복종하니, 하늘을 겁내고 대국을 섬기는 정성이 매우 지극합니다. 그런데 혹시 어떤 도적이 족하의 길을 빌어서 두 나라를 침범하려 한다면 그를 허락하겠소이까?"[15]라고 기술하였다. 그리고 대마도주 소 요시토시[宗義智]가 삼사를 접대하기 위해 오는 과정에서 가마를 타고 문에 들어와 계단에 이르러 내리려 한 행동에 대해 김성일은 대마도는 변방의 신하로서 사신이 임금의 명을 받들어 왔는데, 이러한 행동은 무시하는 행동이므로 연회를 받을 수 없다고 밝혔다.[16] 그리고 서장관 허성에게 "무릇 이 섬은 우리나라와 어떤 관계인가? 대대로 조선의 은혜를 입어 우리나라의 동쪽 울타리[東藩]를 이루고 있으니 의로써는 군신관계이고, 땅으로는 부용이로다"[17]라고 언급함으로써 대마도를 조선과 일본에 양속한 관계이며, 조선과는 군신관계를 맺은 동쪽 '번병(藩屛)', '번신(藩臣)'으로 이해하였다.

대일외교의 현장경험이 풍부했던 신숙주의 경우를 제외한다면, 조선 전기 통신사행원의 대마도인식은 대마속주의식, 대마번병의식으로 정리할 수 있다. 1486년(성종 17)에 왕명으로 편찬된 관찬 지리서인 『동국여지승람(東國輿地勝覽)』에서 "대마도는 일본의 대마주이다. 옛날에 우리 계림에 예속되었는데, 언제부터 왜인이 살게 되었는지 모르겠다."[18]라고 언급한 것이나, 조선 중기인 명종대에 제용감(濟用監)에서 제작한 「조선방역지도(朝鮮方域之圖)」에서 대마도가 우리의 영토로 표시되었다는 사실을 고려한다면 통신사행원의 이러한 의식은 대마고토의식[19]과 함께 조선 전기 조선인들이

15) 김성일, 『해사록』 권4, 「擬答對馬島主書」.

16) 김성일, 『해사록』.

17) 『해사록』 권3, 「答許書狀書」.

18) 『동국여지승람』 권23, 동래현 산천조.

19) 대마도가 조선의 영토라는 대마고토의식은 전통적인 대마도 인식으로 보인다. 대마도정벌 출정에 앞서 태종이 내린 교유문(教諭文)에서 명확히 드러난다. "대마는

일반적으로 공유했던 대마도인식으로 보인다. 그러나 다른 한편으로, 조선인들은 '우리의 옛 땅'이었던 대마도는 영토적으로는 일본에 속하며, 그곳에 사는 대마도인을 일본 혼슈[內地] 사람들과 동일한 '왜인(倭人)'으로 인식하였으며, 양자간에 어떤 민족적인 특성을 강조하거나 구분하는 인식은 가지고 있지 않았음을 알 수 있다.

Ⅲ. 조선후기 통신사행원의 대마도인식

1. 조선전기 대마도인식의 계승과 변용

임진왜란은 조선시대 한일관계에서 중요한 변곡점이다. 전쟁을 매개로 한 타자 경험은 조선측에게 대마도를 재인식하는 계기가 되었다. "세견선의 곡식으로 먹이고 수례의 포목으로 입혔으니 섬의 모든 백성이 조상 대대로 은덕을 입고 양육받지 않음이 없었다. 그로써 생활하였으니 추호라도 모두 우리 나라의 은혜이다"[20]라고 생각했던 그 대마도가 아니었던 것이다.

전쟁으로 단절된 조일관계는 조선인 포로의 귀국과 쇼군의 국서에 답한다는 명목으로 이루어진 회답겸쇄환사가 세 차례[1607년, 1617년, 1624년]에 걸쳐 파견되면서 회복의 길로 들어갔다. 이후 1811년까지 9차례의 사절이 통신사의 명칭으로 일본을 다녀왔다.[21] 이후 통신사행원의 눈에 보이는

섬으로서 본래 우리나라의 땅이다. 다만 궁벽하게 막혀있고, 또 좁고 누추하므로 왜놈이 거류하게 두었더니 개같이 도적질하고 쥐같이 훔치는 버릇을 가지고 경인년부터 뛰놀기 시작하였다"(『세종실록』 원년 6월 6일).

20) 『선조실록』 선조 27년 8월 7일.

21) 조선후기에 들어와 조선국왕이 도쿠가와 쇼군 앞으로 파견한 통신사행은 12차례였다. 그 가운데 임진왜란 직후 국교 재개기에 파견된 세 차례의 사행 명칭은 통신사가 아닌 회답겸쇄환사였는데, 1636년(인조 14) 이후 정례회된 9차례의 통신사의 내용과 규모 등이 매우 유사하여 통신사에 포함시켜 논하고 있는 것이 학계의 일반

대마도의 모습은 어떻게 되었을까? 다음은 사행록에서 보이는 대마도인식 관련 사료를 시계열로 나열해 놓은 것이다.

> ① 조정에서 사신을 보낸 것은 실로 우연한 일이 아니다. … 지성으로 事大하며 시종 한마음을 가져 영원히 藩屛이 되어야 할 것이다. 또 이 섬의 인민은 오로지 우리나라의 卵育의 은혜에 힘입어 생계를 삼고 있는 처지이니 이 뜻을 모든 인민들이 알아야 할 것이다(吳允謙,『東槎上日錄』정사년 7월 10일, 1617년).

> ② 옛날 우리 계림 나라 전성 시엔 대마도가 우리 영토라, 동쪽에 근심 없더니 어느 해에 이탈하여 오랑캐 손에 들어가 우뚝이 동해 어귀에서 요지가 되었는가 (중략) 조선 쌀과 조선 베가 배고픈 때 밥이 되고 추운 때 갖옷이 되었다. 너희들의 목숨이 조선에 달려있으니 자손 대대에 서로 속이지 말아야 할 것이다. … 거듭 고하노니, 너희 조그만 대마도가 두 나라 사이에 끼어 있으니 모름지기 양편에 충신을 다하여 백 년 동안 하늘의 복을 맞을지어다(趙絅,『東槎錄』,「望馬州」, 1643년).

> ③ 이 섬은 조선의 한 고을에 지나지 않는다. 태수가 圖章을 받았고 조정의 녹을 먹으며 크고 작은 일에 명을 청해 받으니 우리나라에 藩臣의 의리가 있다(申維翰,『海遊錄』기해년 6월 30일, 1719년).

> ④ 대개 이 대마도는 본래 조선의 소속이었는데 어느 나라 어느 때 일본으로 들어갔는지 알 수 없다. … 이미 조선의 옛 땅에 살면서 대대로 조선의 도서를 받으며, 또한 公米와 公木으로 생활하니 곧 조선의 外服地이다(趙曮,『海槎日記』계미년 10월 28일, 1763년).

> ⑤ 처음에는 우리나라의 소유였는데 언제 왜에 속하게 되었는지는 모르겠으나 설령 지금 우리 소유라고 해도 다만 병사와 식량만을 축낼 것

적인 견해이다.

이니 … 그런데 불행히도 도적의 물건이 되어 도적질하는데 쓰이게 되고 온갖 물자를 풍부하게 가지고 있다. 아! 이 섬이 없었다면 임진왜란이 어떻게 일어났을 것이며, 금과 비단 등 폐백을 주는 일이 왜 생겨났는가. 宗碧山(대마도에 있는 산 이름)을 깍아버리지 않으면 우리나라의 근심이 참으로 없어지지 않을 것이다. 저들(일본 혼슈인)도 또한 비루하게 여기지만 길러서 州를 설치하고 태두를 둠으로써 우리나라를 막고 또 접대하게 한다. 도주가 이미 圖書를 받고 신하로서 方物을 공납했을 즉 우리에게는 또한 外藩의 신하인데, 이에 피차가 서로 어지럽고 동서가 모두 근심하니 참으로 양국(조선과 일본)의 적이다. 그 백성과 관리가 우리나라에 와서 묵는 자가 해마다 수백 명으로 特送으로 큰 이익을 삼고 조금이라도 연고가 있으면 반드시 사신을 보내어 우리에게 요구하는데, 우리는 무사한 것만도 다행스럽게 여겨 후사하여 사례한다(成大中, 『일본록』 권2, 「對馬島」).[22] 이상, ( )는 인용자.

사료 ①은 1617년 제2차 회답겸쇄환사의 정사 오윤겸(吳允謙)이 대마도에서 대마도주 소 요시토시와 그의 가신 야나가와 시게오키[柳川調興]을 상견례하는 자리에서 대마도주에게 당부한 내용이다. 오윤겸은 대마도는 조선에 대해 난육(卵育), 즉 닭이 알을 품듯 길러준 은혜를 입어 경제적인 지원을 받고 있으므로 대마도는 조선에 대해 사대하는 마음으로 영원히 '번병'이 되어야 한다고 함으로써 대마번병의식을 드러냈다.

사료 ②는 1643년 계미통신사의 정사 조경(趙絅)이 사행 출발에 앞서 부산에서 대마도를 바라보며 지은 시이다. 여기에서 조경은 대마도가 우리의 옛땅이었다는 사실을 상기시키고, 대마도의 생존이 조선에 달렸으니 대대손손 조선에 배반하지 말고 조선과 일본 양국에 충신(忠信)을 다할 것을 요구하며 대마고토의식과 대마도는 조선이 지속적으로 경제적 지원으로 존립

22) 成大中, 『日本錄』 권2, 「對馬島」; 홍학희 옮김, 『부사산 비파호를 날 듯이 건너』, 150~151쪽.

해 온 사실을 강조하였다.

사료 ③는 1719년 기해통신사에 제술관으로 참가했던 신유한(申維翰)이 대마도주와의 의례논쟁에 앞서 언급한 것이다. 대마도는 옛날 조선의 한 고을에 지나지 않았으며, 조선 조정으로부터 도서를 받았고, 경제적으로 조선에 의존하고 있는 사실을 언급함으로써 조선에 대한 번신의 의리를 주장하고, 이를 통해서 대마고토의식, 대마속주의식을 드러냈다.

사료 ④는 1763년(영조 39) 계미통신사에 정사로 참여한 조엄(趙曮)이 대마도의 서산사(西山寺)에 머물렀을 때 기록한 것이다. 그는 대마도는 본래 조선의 땅이었는데 언제 일본 영토가 되었는지는 알 수 없다고 언급함으로써 대마고토의식을 표현했으며, 대마도가 조선의 경제적 지원에 절대적으로 의존하여 생존하고 있다는 사실을 분명히 하였다. 또한 대마도는 조선의 도서를 받아 조선으로부터 공작미[公米]와 공목 등으로 생활하므로 "조선의 외복지(外服地)이다"라고 대마도의 처지를 규정함으로써 대마번병의식을 드러냈다.

한편 조엄과 함께 통신사행에 참여한 서기 성대중(成大中)도 사료 ⑤에서 조엄과 마찬가지의 대마인식을 보여주고 있다. 대마도는 우리의 옛 땅이었으며, 대마도주는 조선의 수도서인으로 신하로서 방물을 공납했을 뿐 아니라 우리에게는 '외번(外藩)의 신하'라고 하였다. 이러한 조엄과 성대중의 대마도인식은 조선전기부터 조선 사람들이 가지고 있었던 대마고토의식, 대마속주의식, 대마번병의식이 조선후기인 18세기 중엽에 이르기까지 관념적으로 계속 이어져 왔음을 보여준다.

그러나 조선후기 사행록에서는 대마도인식에 대한 표현이 더욱 구체화되고, 비판적이며, 보다 엄격해지는 양상을 보인다.[23] 사료 ②와 ④에서 볼 수 있듯이 대마도가 "어느 해에 (조선을) 이탈하여 오랑캐 손에 들어가 우뚝이 동해 어귀에 요지가 되었는가", "어느 나라 어느 때 일본으로 들어갔

23) 하우봉, 위의 논문, 1996, 148쪽.

는지 알 수 없다."고 언급함으로써 예전에는 우리나라의 영토였지만 지금은 일본의 영토에 속한다는 사실을 인정하였다. 그러면서도 '현재의' 상황에 대해서는 매우 안타깝게 여기는 모습을 발견할 수 있다. 더욱이 "이 섬의 인민은 오로지 우리나라의 난육의 은혜에 힘입어 생계를 삼고 있는 처지이니 이 뜻을 모든 인민들이 알아야 할 것이다.", "니희들의 목숨이 조선에 달려있으니 자손 대대로 서로 속이지 말아야 할 것이다."라고 함으로써 대마도가 경제적으로 조선에 의존하고 있다는 사실을 거듭 강조하고, 대마도에게 조선이 얼마나 중요한 존재인지를 주지시키려는 모습을 드러내고 있다.

이러한 태도는 조선이 대마도를 신뢰할 수 없는 존재로서 바라보고 있는 것으로, 임진왜란의 경험과 도쿠가와 막부의 대마도에 대한 영향력의 강화에 기인한 것으로 보인다. 조선전기와 달리 대마도의 양속관계가 약화됨에 따라 대마번병의식이 쇠퇴하고 있는 상황을 보여주는 것이기도 하다. 이러한 대마도병의식의 약화는 대마도를 혼슈와 구별해서 인식하려는 새로운 대마도인식의 탄생을 예고하는 것이었다.

2. 대마도와 혼슈[本州] 구분의식의 대두

조선후기 통신사의 사행록에서 발견되는 대마도인식 가운데 가장 주목이 되는 특징은 대마도를 일본의 '내지', '심처(深處)' 즉, 혼슈와 구별하여 인식하기 시작했다는 점이다.

대마도를 혼슈와 구별하는 인식의 출현은 1636년(인조 14) 병자통신사부터이다. 당시 부사였던 김세렴은 『해사록』에서 심처왜(深處倭), 즉 혼슈인은 날카롭고 독하기는 심한 편이지만 교사스럽지 않다. 그러나 대마도의 왜인은 날카롭고 독하기는 혼슈인만 못하지만 교사스러운 짓이 많다고 하여, 혼슈인에 대해서는 상대적으로 긍정적으로 평가하여 우호적인 입장을 드러내었다. 덧붙여 대마도인에 대해서는 교사스럽기 때문에 부자간이나 형제

간에도 서로 아끼는 것이 없고 집안 처자를 사랑하지 않는다고까지 언급함으로써,[24] 부정적으로 평가하였다. 김세렴의 이러한 평가는 통신사행록에서 대마도와 혼슈인, 즉 '심처왜'를 구분하여 언급한 최초의 사례로, 이후 한동안 사행록에서 보이지 않다가 1763년(영조 39) 계미통신사에서는 일반적인 대마도인식으로 자리잡는다.

⑥ 그 나라 사람들은 스스로 나라 이름을 말하기를 혹은 倭, 혹은 和라고 한다. 오직 대마도 사람들만 왜라고 부르는 것을 듣기 싫어했다(원중거,『화국지』天卷,「國號」).

⑦ 대마도 오랑캐는 학문이 없으며, 교룡이나 이무기와 더불어 산다. 그 사람들은 건장하고 커서 內國<왜에서는 內地를 內國이라 부른다.>과 몹시 다르다. … 온 섬 사람들은 항상 대마도를 오랑캐[蠻夷]라고 하며 사람 축에 끼워 주지 않는다. 그러나 특히 두 나라의 경계에 위치해 있다(元重擧,『和國志』天卷, 風俗).

⑧ 전에는 왜인을 논하여 항상 몹시 毒하고 교활하며 살인을 잘하고 자살을 가볍게 한다고 했다. 이는 壬辰倭亂까지의 거리가 멀지 않아 우리에게 의심하고 두려워함이 쌓여 있었기 때문이다. … 한 나라 안에 내지와 대마도가 있어 사람들의 습성이 淵나라와 越나라처럼 되었을 뿐만 아니라, 대마도인은 본래 독을 가진 벌레나 물고기 같아 天地와 日月을 알지 못하고 오직 食慾으로 꿈틀거리며 움직이고 뜻대로 되지 않으면 독을 내뿜는다. … 그러나 우리가 익숙하게 알고 있는 것은 다만 대마도인이다. 그러므로 항상 혼동을 하며 왜인을 "교활하고 독하다. 교활하고 독하다"라고 한다. 內國의 사람은 원래 氣가 유약하고 그 풍속은 공경하고 근면하며 또 바다 속에서 태어나 막연하게 하늘 밖의 일을 살피지 않으며 우리의 옷과 글과 문물을 보고는 마치 하늘에서 온 사람인 것처럼 바라보고 남녀노소가 모두 기뻐하고 애모한다

24) 金世濂,『海槎錄』,「聞見雜錄」.

(元重擧, 『乘槎錄』 권2, 갑신년(1674) 3월 10일).

⑨ 왜국의 지형은 마치 사람의 모양과 같으니 왼쪽으로 머리를 기울이고 양다리를 벌리고 있는 형국이다. … 66개의 주에다가 壹岐 對馬 두 섬을 합쳐 68주가 된다. 그러나 대마는 각 주의 반열에 끼지 못하니 왜인들 또한 비루하게 여겨 肥州에서부터 서쪽을 '서쪽의 비루한 섬'이라는 뜻에서 西鄙島라고 부르기까지 한다. 다만 대마도는 우리나라를 접대하는 것이 중요한 임무이므로 四品인 拾遺 벼슬의 호칭을 빌려 쓰며 조회할 때에는 一角帽를 쓰고 玄衣를 입는다. 壹岐는 비전주에서 거느리고 있는데 인구가 별로 없고, 官長을 두고 있는 것 같지는 않다(成大中, 『日本錄』 권2).[25]

⑩ 대마도의 왜인은 대부분 교활하고 해로운 데 반해 大阪 서쪽은 공손하고 삼가고 너그럽고 평이하다. (대)마인을 지목해서 '西夷'나 '西鄙'라고 하니 이는 대개 (대)마주인같이 비속한 사람이 없기 때문이다. 나랏 사람들은 (대)마주를 비루하게 여겨서 껴주지 않고 (대)마인들 또한 감히 입도 뻥긋 못한다. 그들이 (대)마인들을 두려워하는 것은 오직 우리들 때문이다. … 지금 우리가 해마다 (대)마주에 주는 것은 쌀은 2만 석에 이르고 綿布는 6만필이다. 여기에는 관소에서 지공하는 쌀과 면포, 관례로 주는 인삼은 들어 있지 않다. 그런데 일찍이 한 자의 면포도 關白에게 들어간 것이 없고 저들도 또한 筑前州의 봉급 5만을 해마다 (對)馬酋에게 없애고 있다. 이는 대개 두 나라의 해로운 도적이요 우리나라로서는 廬山의 구렁을 메우는 격인 것이다. 그런데도 이 일에 대해서 倭皇과 關白은 오히려 "대책이 없다"라고 하니 중책이니 하책이니 이를 것도 없다. 하물며 嶺南의 반을 거덜내고 온 나라의 인삼을 고갈시켜서 저 일개 작은 섬-關白의 소유이나 사랑하지도 않는 적을 알지도 못하는 가운데에 섬겨서 그 화호가 영원하기를 구하고 있으니 이것이 어찌 말이나 되는가(南玉, 『日觀記』, 권10 「총기」).[26]

---

25) 成大中, 『日本錄』 권2; 홍학희 옮김, 『부사산 비파호를 날 듯이 건너』, 「왜국의 지형」, 149쪽.

⑪ 대개 변괴가 있은 이래로 馬州人 외에 조그만 지각이 있는 자들은 일제히 분개하여 말하기를, "통신사 수행원을 찔러 죽인 것은 진실로 일본의 크나큰 수치이다. 더구나 통신사는 關白 大君의 경사를 위해서 왔는데, 그의 수행원에게 이러한 흉악을 저지른 것은 매우 잘못된 일이다."고 하였다. 또 馬州人들 중에는 양국에 대해서 인심을 잃은 자가 많았다. 坂城人[오사카 사람]들이 이 마주인의 범죄를 통쾌하게 다스리기를 원한 까닭은, 비단 그가 우리나라에 대해 죄인일 뿐 아니라 곧 일본의 죄인이기 때문이었다. … 생각건대, 馬州人들은 수십 년 이래로 더욱 교활해져서 동래의 倭館에서 매매할 적에 온갖 간사한 꾀를 내어 뭇 역관들의 생계를 빼앗았으며, 통신사를 호행하면서는 온갖 일을 빙자하여 각 주에서 침탈을 자행하였으니, 그 怨毒이 이미 양국에 깊었고 그 죄악이 하늘에 가득하였다. 만약 天道가 있다면 어찌 스스로 그 재앙을 받지 않을 수 있으랴. 崔天宗이 당한 흉변이 마침 그들 馬州人에게 재앙을 부르는 막판 내기 돈[孤注]이 되었으니 더욱 가련하다(趙曮, 『海槎日記』 권5, 4월 20일(신축)). 이상, ( )는 인용자.

위의 사료 ⑥·⑦·⑧은 1863년 계미통신사의 서기인 원중거가 대마도와 대마도인에 대해서 언급한 것이다. 원중거는 조선인들이 일본인['倭人']에 대해서 독하고 교활하며 살인을 잘하고, 자살을 가볍게 여긴다고들 여기지만, 이러한 평가는 임진왜란 당시의 두려움이 남아 있기 때문이고, 실상은 그렇지 않는다고 하였다. 그리고 일본은 내지 즉, 혼슈와 대마도로 나뉘며, 우리가 익숙하게 알고 있는 '왜'는 대마도인이지만 본래 '왜'는 혼슈의 일본이며 우리가 잘못 알고 있다는 것이다. 본래 일본인들은 스스로 국가명을 '왜' 혹은 '화(和)'라고 불렀고, 대마도 사람들만 '왜'라고 부르는 것을 싫어했다고 혼슈와 대마도는 중국 북쪽에 위치한 연나라와 남쪽에 있는 월나라처럼 지리적으로 분리되어 있어서 그곳에 거주하는 사람들의 습성 또한 다

26) 남옥, 권10 「총기」; 김보경 옮김, 『붓끝으로 부사산 바람을 가르다』, 소명출판, 1006, 560~562쪽.

르다고 하였다.

그는 일본의 내지인, 즉 혼슈인은 실상은 그 심성이 유약하며, 풍속은 공경하고 근면하며, 통신사행원들의 옷과 글과 문물을 보고는 통신사 일행을 마치 하늘에서 온 사람인처럼 바라보고 남녀노소가 모두 기뻐하며 사모한다고 하며 막부에 대해 우호적인 인식을 드러냈다. 그러나 대마도인에 대해서는 '독을 가진 벌레나 물고기', "학문이 없으며 교룡이나 이무기와 더불어 사는" 오랑캐로 표현하였고, 그들은 천지(天地)와 일월(日月) 즉 세상의 질서에 대해 알지 못하고 오로지 식욕에 따라 행동하며, 뜻대로 되지 않을 때 독을 내뿜는다고 기술함으로써 대단히 부정적으로 평가하였다. 그래서 일본의 혼슈 사람들조차도 대마도를 오랑캐라고 부르며, 사람 축에도 끼워주지 않는다고 하면서 혼슈인과 대마도인을 혼동하여 '왜인은 교활하고 독하다'라고 일본·일본인을 평가하는 것은 잘못된 것이라고 하였다.

원중거의 이러한 대마도인식은 서기 성대중[사료 ⑨], 제술관 남옥(南玉)[사료 ⑩], 정사 조엄[사료 ⑪]에게서도 유사하게 나타난다.[27] 성대중은 『일본록(日本錄)』에서 일본의 영토는 66개주에 잇키·대마도 두 섬을 합하여 68주로 이루어져 있는데, 대마도는 각 주의 반열에도 끼지 못하므로 일본인들 또한 대마도를 비루하게 여겨서 히슈에서부터 서쪽을 '서쪽의 비루한 섬'이라는 뜻에서 서비도라고 부르기까지 한다고 함으로써 일본 사람들조차 대마도인을 오랑캐로 간주하고 있다고 보았다.

제술관 남옥은 『일관기(日觀記)』에서 대마도인을 오사카 서쪽 사람들, 즉 혼슈인과 구분하여, 오사카 서쪽 사람들은 공손하고 삼가고 너그럽고 평이하지만 대마도의 왜인들은 대부분 교활하고 해롭다고 하였으며, 심지어 일본 내부에서도 대마도인을 '서이西夷)'나 '서비(西鄙)'로 부르며, 같은 일본 사람으로 대우하지 않으며, 그러한 혼슈인의 태도에 대해서 대마도인들

27) 원중거의 『승사록』·『화국지』, 성대중의 『일본록』, 남옥의 『일관기』, 조엄의 『해사일기』의 곳곳에서 대마도인에 대한 강한 혐오감이 발견된다.

은 어떠한 불만도 표시하지 못하는 실정이라고 이해하였다. 그럼에도 혼슈인들이 대마도인을 함부로 하지 못하는 것은 대마도가 우리나라에 경제적으로 의존하고 있기 때문이라고 보았다. 나아가 남옥은 우리 나라에게 대마도는 영남지방 재정의 반을 거덜내고 전국의 인삼을 고갈시키는 존재이며, 쇼군의 영향 밑에 있지만 쇼군조차 별로 관심을 두지 않는 보잘 것 없는 섬인 대마도에 대해서 우리나라가 관계를 지속시키는 것은 문제가 심각하다 하여, 대마도에 대한 부정적인 시각을 노골적으로 드러냈다.[28)]

일본인의 성격이 순하고 유약하다고 평가한 원중거, 성대중, 남옥의 견해는 전통적인 조선인의 일본인관, 즉 '잘 속이며', '용맹하고', '목숨을 가벼이 여기며 사람을 잘 죽이는' 등의 이미지와는 다른 것이다. 이에 대해 원중거는 전통적인 일본인관은 임진왜란 때 형성된 것이며, 이것은 대부분 대마도인에 대한 관념이라고 하였다. 그리고 도쿠가와 막부 출범 이래 오랫동안 평화로운 이유가 도쿠가와 이에야스의 능력 때문만이 아니라 일본인들의 성격이 유약하고 오랜 전란 끝에 평화를 원했기 때문이라고[29)] 보았다. 남옥은 오랫동안 평화가 지속되어서 군사 방비가 점점 느슨해졌으며, 문풍(文風)이 이전보다 점점 성해져서 오랑캐의 본색을 잃어버린 때문이라고[30)] 해석하였다.

사료 ⑪은 1863년 계미통신사 일행이 에도에서 쇼군에게 조선국왕의 국서를 전하고 귀국길에 올라 오사카에 머물렀을 때 발생한 최천종 살해사건 직후에 조엄이 대마도에 대해 언급한 것이다. 그는 최천종사건에 대해서 대마도는 은폐하려 하지만 대마도인을 제외한 일본인들은 지각이 있는 사람

---

28) 원중거는 "(그럼에도) 그 땅이 우리나라와 가깝고 자주 접하므로 중시하지 않을 수 없다"고 하면서 『승사록』과 『화국지』의 곳곳에서 대마도의 중요성을 언급하였다. 그리고 『和國志』 天卷, 「馬州守本末」에서는 대마도의 역사와 현황에 대해 자세히 기술하였다.

29) 원중거, 『화국지』 天卷, 「풍속」, 關白之治.

30) 남옥, 『일관기』 동 「源系」.

은 모두 분개하면서 통신사 수행원을 찔러 죽인 것은 일본의 크나큰 수치이며 매우 잘못된 일로 보았다고 하였다. 그리고 대마도인들 중에는 조선과 일본 양국에 인심을 잃은 자가 많았는데, 대마도가 왜관 무역에서 교활한 짓을 행하였고, 통신사행을 호행하면서 지나가는 일본의 각지에서 수탈과 횡포를 일삼았으므로 조선과 일본 두 나라의 죄인이 되었다고 규정하였다. 그러므로 오사카 사람들도 최천종사건의 해결을 통해 대마도에게 통쾌한 일격을 가하길 기대하고 있다고 하였다. 그러면서 조엄은 천도(天道)가 있다면 대마도가 재앙을 받아야 한다고 통분해 하면서, "내국인들조차 대마도를 오랑캐라고 보면서 사람 축에도 끼워주지 않는다"고 함로써 대마도왜인과 혼슈인을 구분에서 보려는 자신의 대마도인식에 객관성을 부여하고자 하였다.

이상을 통해서 조선후기 통신사행원의 대마도인식을 정리해 보면, 먼저, 조선 전기에 비해서 약화되기는 하였지만 관념적으로는 대마고토의식, 대마속주의식, 대마번병의식이 계승되었음을 알 수 있다. 더불어 1636년 병자 통신사의 사행록에서는 대마도를 혼슈와 구별해서 보는 인식이 나타났으며, 이러한 인식이 18세기 중반인 1763년 제11차 통신사행에서는 막부에 대해서는 과도하게 우호적인, 그러나 대마도에게는 부정적인 인식으로 자리잡았다는 점은 조선후기 대마도인식의 주목할 만한 특징이다.

Ⅳ. 대마도와 혼슈의 구분의식과 조일외교의 특징

1763년 계미통신사행에서는 10편이의 사행록이 남아 있다.[31] 제술관 남

31) 통신사 사행록의 쓴 저자의 직책은 다양하다. 초기에는 삼사의 사행록이 주였으나, 후기로 갈수록 저자가 다양해진다. 제술관이 지은 사행록은 1719년(숙종 45)부터, 서기의 사행록은 1763년(영조 39)부터 나오는데, 이는 통신사의 임무 가운데 문화

옥, 서기 성대중, 서기 원중거는 사행일기와 함께 일본에서의 견문을 정리한 문견록을 남겼는데, 특히 원중거는 사행일기과 문견록을 『승사록』과 『화국지』라는 별도의 저서로 남겼다. 『화국지』는 신숙주의 『해동제국기』와 함께 조선시대 대표적인 일본국지로 평가된다.32) 이와 같은 1763년 계미통신사행 관련 문견록은 조선시대 한일관계의 연원과 그 역사, 그리고 일본 문화 관한 기록을 자료를 토대로 정리하여 소개하였다는 점이 주요 특징이다.

예를 들어, 원중거의 『화국지』는 천·지·인 3권, 총 76항목으로 구성되었다.33) 『화국지』에서 원중거는 자신의 견문과 함께 조선과 일본의 자료를 널리 수집하여 읽고 내용을 인용하였으며, 자신의 견해 및 논평을 서술하였다. 그는 『화국지』의 저술에 대해 "우리나라가 왜를 정벌한 기록에 저 나라 기록에 흩어져 있는 것을 수집하여 붙인 것이라고 하였는데, 조일관계와 직접적인 관련이 되는 항목으로는 '임진년 침략 때의 적의 동정', '신라 백제 고려와의 통사와 전벌', '우리 조선의 일본정벌 기록', '우리 조선의 통신',

---

교류의 역할이 커지는 사실과 비례한다. 또 후기로 갈수록 저자의 다양성과 함께 사행록의 수도 많아지는데, 1763년의 계미통신사행의 경우 10편이나 된다(국사편찬위원회 편, 위의 책, 91~96쪽).

32) 하우봉, 『원중거, 조선의 일본학을 열다』, 경인문화사, 2020.

33) 먼저 일본의 지도를 24부분으로 나누어 수록하였고 본문은 일본의 지리적 조건을 설명하는 것으로 시작하고 있다. 천권은 26항목으로 8도 66주의 분도, 지리, 기후, 천문, 풍속, 인물, 천황의 본말, 일본의 연호, 관백의 시초, 소잔오존, 일본무존, 평신장, 원뇌조의 본말, 풍신수길의 본말, 무주의 본말, 대마도의 본말, 임진년 침략 때의 적의 동정, 중국과의 통사와 정벌, 신라 백제 고려와의 통사와 전벌을 수록하였다. 지권은 31항목으로, 관백의 종실록, 각주의 성부, 각주의 씨족, 무주의 내관직, 성과 씨의 차이, 문자의 시초, 학문하는 사람, 이단의 학설, 시인과 문인, 왜의 문자, 언문, 가타가나, 신사, 불법, 중국에 들어간 승례, 사례(四禮), 의복, 음식, 조욕, 언어, 배읍, 여마, 궁실, 종수, 기용, 농작, 잠직, 화폐, 도로, 교량, 주즙을 수록하였다. 인권은 19항목으로, 의약, 세금제도, 군사제도, 군사무기, 도적을 다스리는 일, 죄인을 심문하는 일, 노비, 명절, 왜황의 관직, 방음, 음식 이름, 새와 짐승, 우리 조선의 일본정벌 기록, 우리 조선의 통신, 왜관의 사실, 이충무공의 누락된 사적, 제만춘전, 안용복전을 수록하였다.

'왜관의 사실', '이충무공의 누락된 사적', '제만춘전', '안용복전'이 있다. 그는 저술 목적을 "대개 저들과 우리의 일을 서로 들어서 왜인들이 기회를 따라 생각이 변하는 것을 방어하는 자료로 삼고자 한 것일 따름이다"라고 밝혔다.

앞에서 언급하였다시피, 대미도인과 혼슈인을 구분하고, 대마도에 대해서는 부정적인 반면에 혼슈인에 대해서는 긍정적으로 보는 평가 혹은 인식이 나타나기 시작한 것은 1636년(인조 14) 병자통신사부터이고, 1763년 계해통신사에서는 그런 인식과 현상이 일반화되었다. 이렇게 된 배경은 무엇일까?

우선, 사행 과정에서 통신사행원들이 대마도인과 직접 접하면서 경험한 체험에서 비롯한 것으로 보인다.

1748년(영조 24) 무진통신사행의 종사관이었던 조명채는

> 기해년(1719) 사행 때 따라간 역관들에게 전해들은 바로는, '이 섬의 왜인은 우리나라 사람을 대하여 가난함을 말한 일이 없었다.'하더니, 이번 사행이 (대)마도에 머무를 때에 와서 기다리던 왜인은, 입만 열면 도중의 가난과 피폐함을 말하고, 江戶로 따라갔을 적에도 중간에 들어서 농간하여 도둑질하는 행실이 종종 드러났으되 또한 부끄러워할 줄을 모르니, 어찌 지금 왜인이 예전 왜인만 못해서 그런 것인가? 34) ( )는 인용자.

라고 함으로써 1748년 무진통신사행부터 대마도인들이 통신사행 중에 대마도의 경제적인 어려움을 호소하기 시작하였고, 중간에서 농간하여 도둑질하는 행실이 드러나더라도 부끄러워하지 않는다고 하였다.[35] 그리고 이러한 현상은 1719년(숙종 45) 기해통신사행 때까지만 해도 없었다고 하

34) 조명채, 『奉使日本時聞見錄』, 「문견총록」, 對馬島.

35) 18세기 이후 왜관무역에서 대마도의 이익 급감과 관련된 것으로 보인다(조선후기 대일무역에 관해서는 鄭成一, 『朝鮮後期 對日貿易』, 신서원, 2000 참조).

면서, 조선인들이 대마도에 대해 부정적인 인식을 갖기 시작한 계기를 설명하였다.

더구나 1763년 계해통신사 중에 발생한 최천종사건은 당시 사행원들의 대마도에 대한 부정적 인식을 더욱 심화시킨 사건이었다.[36] 더욱이 사건을 수사하는 과정에서 대마도측은 조선측의 기대와 달리 살해범이 대마도인이라는 것을 알고도 사건을 축소·은폐시키려 하였기 때문에[37] 대마도에 대한 사행원들의 인식은 부정적일 수밖에 없었던 것이다. 당시 사건의 처리과정을 직접 목도한 정사 조엄은 "대마도인은 매은망덕하다. 天理가 있으니 반드시 그 종묘사직을 뒤엎을 것이다."[38]라고 하였고, 부사 이인배는 "분함을 이기지 못하여 등창이 나려고 합니다."라고 그 분노를 표현하였는데, 이러한 표현은 당시 사행원들의 대마도와 대마도인에 대한 적대감을 잘 드러낸 것이라고 할 수 있다.

둘째, 임진왜란의 경험과 기억을 들 수 있다.

1593년 10월 선조는 전쟁에 관한 대책을 논의하는 과정에서 "풍신수길이 죽는다 하더라도 일본은 우리나라와는 영원히 풀 수 없는 원수"[39]라고 언명하였다. 그리고 1763년 계해통신사의 조엄은 자신의 사행록에서 노예 출신인 히데요시가 일본왕을 참칭했다고 비난하면서 그의 흉포가 날로 심하

---

36) 1763년 통신사행과 최천종 살해사건에 대해서는 민덕기, 위의 논문, 2004; 池内敏, 『唐人殺しの世界』, 臨川書店, 1999 참조.

37) 당시 통신사의 안전한 에도 왕래를 책임지고 호행하는 대마도로서는 막부의 직할령인 오사카에서 대마도인에 의해 발생한 이 사건이 막부에 알려진다는 것은 너무나 바람직하지 않았기 때문이었다. 신유한의 해유록에는 다음과 같은 기록이 있다. 1719년 통신사행에서 제술관 신유한의 옷의 띠가 분실된 사건이 발생하였다. 이에 대해 당시 통신사를 호행하던 대마도 관리가 "기왕 잃어버린 것은 어쩔 수 없으니 에도 사람들이 알지 못하게 하여 주십시오"라고 하였다. 이에 대해 신유한은 일본의 국법에 도적 다스리기를 매우 엄하게 하므로, 만약 關白[쇼군]이 이 사실을 알면 호행하는 여러 사람에게 형벌이 미치기 때문이다(신유한, 『해유록』 9월 21일).

38) 조엄, 『해사일기』 권5, 5월 2일(계축).

39) 『선조실록』 선조 26년 10월 22일.

여 매년 전쟁을 벌였으므로 조선만이 그를 고기로 삼아 씹고자 한 것이 아니라 일본 인민도 모두 언제 그가 망할까 기다리는 원한을 품고 있었다고 하였다.[40] 이러한 발언에서도 알 수 있듯이, 임진왜란은 조선이 일본을 원수로 규정하게 된 결정적인 사건이었다. 즉, 임진왜란을 기점으로 '일본=이적'이라는 기존의 화이론적 인식에 입각한 일본관이 '일본=원수'로 전환되었던 것이다.[41]

그런데, 국초부터 조선과 일본에 양속하면서 경제적으로 '조선의 은혜를 입어', '의로서는 군신관계이고, 땅으로는 부용'이라고 생각해 왔던 대마도가 '아침에는 귀화인이요 저녁에는 침략자가 되어 머리를 고치고 얼굴을 바꾸며', '수길에 이르러서는 뜻을 얻은 후에 또한 무리가 모여서 교대로 책략을 아뢰어 마침내 임진년의 하늘을 뒤덮는 변고'를 일으켰으며, '수적(秀賊)을 향도한 공로'가 크다는 사실은 조선으로서는 뼈아픈 경험이었고, 대마도가 없었다면 임진왜란은 없었을 것[42]이라는 기억으로 자리잡게 된 것이다.

셋째, 조선과 일본 양국 외교의 중간세력으로서 대마도가 취한 조선에 대한 포지션을 들 수 있다.

대마도에 대해 "아침에는 귀화인이요 저녁에는 침략자가 되어 머리를 고치고 얼굴을 바꾸며 교대로 나타났다"[43]고 원중거가 언급하였듯이, 대마도는 임진왜란 이후 계속해서 자신들의 이익을 최대화하는 데 조선과의 교섭을 이용하였다. 대마도는 국교재개 과정과 제1차~제3차 회답겸쇄환사에서

40) 조엄, 『해사일기』 2월 27일.

41) 임진왜란 이후 선조와 세자 광해군 및 각지의 의병장들이 작성한 교지와 포고문, 상소문·격문·통문 등 각종 문건에는 일본에 대해 '한 하늘을 이고 살 수 없는 원수'라거나 '창을 베개 삼고 갚아야 할 원수', '만세에 잊지 못할 적', '복수' 등 임진왜란 이후 일본을 향한 감정이 '원수'로 집약되고 있었음을 엿볼 수 있다(이규배, 「임진왜란의 기억과 조선시대의 일본인식 -반일감정의 단초를 찾아서-」, 『동북아시아문화학회 국제학술대회 발표자료집, 2008, 166~167쪽).

42) 성대중, 『일본록』 권2, 「對馬島」; 남옥, 『일관기』 권10, 「총기」.

43) 원중거, 『화국지』 인, 「아조일본정벌기록」.

조선국왕과 막부 쇼군이 주고받은 국서를 위조해 온 바 있다.[44] 또한 대마도는 조선이 청나라의 침략을 당한 17세기 초·중반의 국제상황에서조차 자신들의 이익을 얻기 위하여 조선에 외교적 압박을 가해 왔다. 병자호란 중에도 막부의 출병(出兵) 움직임을 거론하고, 자신들의 주선으로 막부출병이 저지되었다고 내세우면서[45] 원병파견론 등을 흘려 전쟁에 대한 위기감을 고조시키는 등 조선이 처한 위기적 상황을 대조선 교섭에 십분 활용하였다. 1640년부터 시작된 왜관 이전 교섭에서도 대마도는 왜관 이전이라는 사안을 대조선 외교에서 자신들의 요구를 관철시키기 위한 압박 수단으로 활용하였다.[46]

조선후기 한일간의 최대 쟁점이었던 '울릉도쟁계'에서도 마찬가지였다.[47] 교섭 과정에서 대마도는 울릉도가 조선의 영토라는 사실을 인지하였

44) 이 사실은 대마도주의 가신인 야나가와 시게오키에 의해 세상에 알려지게 되었다. 이른바 국서개작폭로사건[柳川一件]으로 불리운 이 사건은 막부가 대마도주의 손을 들어줌으로써 종결되었다. 조선은 이후 1635년(인조 13) 당상역관 洪喜男의 파견과 1636년 통신사를 파견함으로써 일본 내 대마도주의 지위 안정에 힘을 실어주었다. 그러나 이 사건은 대마도가 자신들이 목표하는 이익을 위해서는 위법도 스스럼없이 행한다는 사실을 조선에게 자각하도록 한 대표적인 사건이었다.

45) 『인조실록』 인조 18년 5월 을미(15일).

46) 조선후기 왜관 이전을 둘러싼 한일간의 교섭 상황에 대해서는 장순순, 「조선후기 왜관의 설치와 이관교섭」, 『한일관계사연구』 5, 한일관계사학회, 1996 참조.

47) '울릉도쟁계'는 1693년(숙종 19) 4월 일본 돗토리번[鳥取藩] 요나고[米子]의 어부들이 동래 부산포 출신 안용복과 울산 출신 박어둔을 일본으로 납치해 간 것을 계기로 촉발된 울릉도 영유권을 둘러싸고 전개되었는 한일간의 논쟁이다. 사건 초기에 막부는 대마도에게 안용복과 박어둔을 표류민 송환 절차에 따라 송환하고 조선 조정에 울릉도에서 조선인이 어로행위를 하는 것을 금지해 달라는 '竹島出漁禁止' 교섭을 명하였다. 그러나 조선과 대마도의 교섭 결과 최종적인 막부의 결론은 울릉도와 독도는 일본 영토가 아니며 일본인의 울릉도 도해를 금지하는 것이었다.
'울릉도쟁계'의 처리과정에 대해서는 장순순, 「17세기 조일관계와 '鬱陵島 爭界'」, 『역사와 경계』 84, 부산경남사학회, 2012; 「조선후기 對馬藩의 조선 교섭과 1693년 울릉도 영속시비」, 『東北亞歷史論叢』 37, 동북역사재단, 2012; 「17세기 후반 '鬱陵島爭界'의 종결과 對馬島(1696년~1699년, 『한일관계사연구』 45, 2013 참조.

으면서도 울릉도를 일본의 영토화 하려는 행태를 보였다. 또한 막부가 내린 일본인의 '죽도도해금지(竹島渡海禁止)' 사실을 조선에 곧바로 전달하지도 않았으며, 1695년(숙종 21)에 있었던 안용복 도일 후 안용복의 귀국 과정에서도 '대조선통교권을 유지'를 목적으로 사안을 왜곡하고 막부를 움직여 조일간에 약속된 규정과 절차를 지키지 않았다.[48]

이러한 대마도의 풍속을 원중거는 '오랑캐의 본성과 행동[夷性夷行]이라고 하면서 그 이유는 지세가 좋지 않고 문교가 전혀 없기 때문이라고 설명하였다. 따라서 그들은 인의와 염치가 무엇인지를 전혀 모르기 때문에 한두 푼의 이익이 있으면 천백의 염치와 의리를 손상하면서도 추구한다고 평가하였다.[49]

넷째, 통신사행의 성격 변화를 들 수 있다. 조선 후기 통신사행의 파견은 조일 양국이 처한 국내적이고 국제적인 정치적 상황의 산물이었다. 17세기 중반 이후 명이 멸망하고 청이 동아시아 패권을 장악하면서 조일간에도 평화가 정착되었다. 이에 따라 통신사를 통한 대일정책도 변화하기 시작하였다. 초기의 통신사가 일본 국내의 정치적 상황을 탐색하기 위한 사절로 정치적인 성격이 강하고 의례적이었다면, 17세기 후반의 통신사행, 특히 1682년(숙종 8) 임술통신사부터는 정치적인 성격은 줄고, 그 성격도 문화 사절의 성격을 더욱 강하게 띠게 되었다. 통신사행원들과 일본인들과의 필담창화의 교류 등 양국인간에 더 많은 문화적인 접촉의 기회가 만들어졌고, 이를 통해서 사행에 참가한 조선인들은 대마도인과 혼슈인을 상호 비교해서 평가할 수 있게 되었다. 더욱이 통신사행원들이 접한 대부분의 혼슈인들은

48) '울릉도쟁계'의 처리는 1683년(숙종 9) 계해약조의 성립으로 대마도에 의해서 주도된 기존의 왜곡된 조일외교의 교섭관행이 타파되면서 조선의 대일정책 기조가 강경책으로 선회하였고, 막부와의 직접통교론이 압박으로 작용하면서 결국 대마도의 입지가 기존에 비해 축소될 수 밖에 없었던 상황에서 이루어진 교섭이었다는 점에서 조선후기 한일관계사에 있어서 전환점이 된 사건이었다.

49) 원중거, 『乘槎錄』 권4, 갑신년(1674) 6월 22일.

통신사행원들과 시문을 창화하고자 하는 지식인들이거나 시문이나 그림을 얻고자 한 일반인이었다는 점에서 그들은 대마도인과는 달리 어떠한 이해관계도 개입되지 않은 존재였다. 그래서 그들은 통신사행원들의 옷과 글과 문물을 보고는 통신사에 대해 '마치 하늘에서 온 사람인 것처럼 바라보고 남녀노소가 모두 기뻐하고 애모'하는 친근감과 조선 문화에 대한 존경심을 표했던 것이다.[50)]

마지막으로, 조선후기에는 조일 간의 외교의례와 무역이 부산의 왜관에 집중되면서 왜관에서 발생한 조선인과 대마도인의 빈번한 마찰과 왜관 운영에서 발생한 경제적 부담이 대마도에 대한 부정적 인식을 고착화시켰다고 할 수 있다.

왜관 운영을 위해서는 공목 및 공작미 등의 무역품 마련과 운송, 연례송사 및 각종 차왜 등의 접대 물자 및 일공물(日供物), 과해량(過海粮) 등의 마련과 왜관까지의 운송, 무역과 외교업무상 중요한 기능을 가진 관사나 관리의 숙소 조성과 선창 수리 등 왜관 내에서 발생한 정기·비정기적인 토목공사, 접위관 등 일본에서 건너온 사절을 만나기 위해 서울에서 내려오는 조선 관리의 지공(支供) 등 많은 비용의 조달과 빈번한 인력동원이 필요했다. 동래부와 인근 지역민들이 징발되고 동원되었으며, 경상도 지역은 대일관계 혹은 왜관 운영으로 물력·노동력 제공의 부담을 많이 겪었다. 이러한 동래부민을 비롯한 경상도 지역민의 부담은 18세기 중반이 되면 그 폐해가 더욱 커져,[51)] "영남의 반을 거덜내고 온 나라의 인삼을 고갈시키는", "公木은 영남 지방의 물건을 다하고 인삼과 비단은 서쪽 지방의 힘을 다하는"[52)] 상황을 낳게 되어 조선인의 대마도인식을 낳게 되었던 것이다.

---

50) 원중거, 『승사록』 권2, 갑신년(1674) 3월 10일.

51) 왜관 운영에 관한 지역민들의 역부담에 대해서는 양흥숙, 「왜관운영을 위한 동래부민의 역부담과 왜관접촉」, 『민족문화논총』 45, 2010 참조.

52) 남옥, 『일관기』 권10, 「총기」; 성대중, 『일본록』 권2.

Ⅴ. 맺음말

이상, 통신사의 사행록을 통해서 조선 지식인의 대마도관, 즉 대마도인식을 살펴보았다. 그결과를 요약하여 정리하면 다음과 같다.

조선전기 통신사행원의 대마도인식은 대체로 대마고토의식, 대마속주의식, 대마번병의식으로 정리할 수 있다. 이러한 통신사행원의 인식은 조선전기 조선인들이 일반적으로 공유했던 대마도인식으로 보인다. 그러나 다른 한편으로, 조선인들은 '우리의 옛 땅'이었던 대마도는 영토적으로는 일본에 속하며, 그곳에 사는 대마도인을 일본 혼슈 사람들과 동일한 '왜인'으로 인식하였으며, 양자간에 어떤 민족적인 특성을 강조하거나 구분하는 인식은 없었다.

조선후기 사행록에서 보이는 대마도인식은 전기의 그것을 계승하는 양상을 보인다. 그러나 그 표현이 더욱 구체화되고, 비판적이며, 보다 엄격해진다. 대마도의 양속관계가 약화됨에 따라 대마번병의식이 쇠퇴하였다. 이러한 대마번병의식의 쇠퇴는 대마도인을 혼슈인과 구별해서 인식하려는 새로운 대마도인식으로 이어지는 양상을 보인다.

조선후기 통신사의 사행록에서 발견되는 대마도인식 가운데 가장 주목이 되는 특징은 대마도를 일본의 '내지', 즉, 혼슈와 구별하여 인식하였다는 점이다. 그리고 대마도와 대마도인에 대해서는 부정적인 반면에, 혼슈와 혼슈인에 대해서는 긍정적이었다.

18세기 통신사행부터 구체화되기 시작한 대마도에 대한 부정적인 인식은 조선후기 조일양국의 교섭과정에서 발생한 결과물이었다. 즉, ① 사행과정에서 통신사행원들이 대마도인과 직접 접하면서 경험한 체험, ② 임진왜란의 경험과 그것에 관한 기억, ③ 조선과 일본 양국 외교의 중간세력으로서 대마도가 취한 조선을 향한 포지션, ④ 조선후기한일간의 최대 쟁점이었던 '울릉도쟁계', ⑤ 통신사행의 성격 변화, ⑥ 왜관에서 발생한 조선인과 대마도인의 빈번한 마찰과 왜관 운영에서 발생한 경제적 부담 등이 대마도에 대한 부정적 인식을 고착화시킨 배경이 되었다고 할 수 있다.

그러나 통신사행원들의 대마도인식에는 한계가 분명히 존재한다. 대마도와 대마도인의 뒤에는 그들에게 조선교섭권을 가역으로 부여한 막부, 즉, 혼슈 또는 내지가 있었다는 사실을 간과하였다는 점이다. 이 점에 대해서는 향후의 과제로 삼고자 한다.

참고문헌

1. 사료

『日本行錄』(宋希璟), 『海東諸國記』(申叔舟), 『海槎錄』(金誠一), 『海槎錄』(金世濂), 『東槎上日錄』(曺命采), 『東槎錄』(趙絅), 『海遊錄』(申維翰), 『海槎日記』(趙曮), 『日本錄』(成大中), 『日觀記』(南玉), 『和國志』(元重擧), 『乘槎錄』(元重擧) 『宣祖實錄』, 『仁祖實錄』 『東國輿地勝覽』

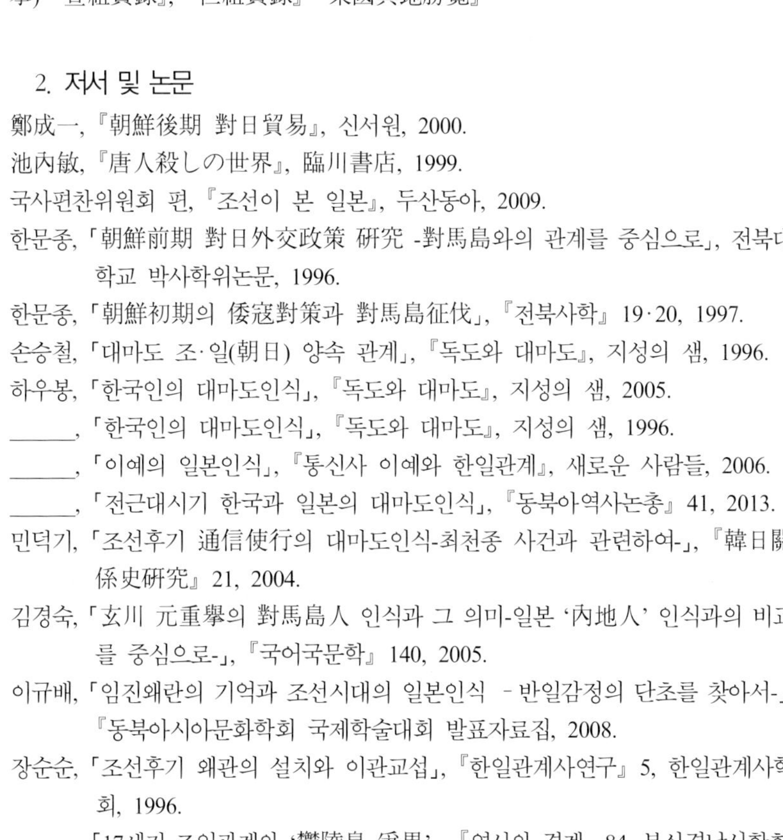

2. 저서 및 논문

鄭成一, 『朝鮮後期 對日貿易』, 신서원, 2000.
池內敏, 『唐人殺しの世界』, 臨川書店, 1999.
국사편찬위원회 편, 『조선이 본 일본』, 두산동아, 2009.
한문종, 「朝鮮前期 對日外交政策 硏究 -對馬島와의 관계를 중심으로」, 전북대학교 박사학위논문, 1996.
한문종, 「朝鮮初期의 倭寇對策과 對馬島征伐」, 『전북사학』 19·20, 1997.
손승철, 「대마도 조·일(朝日) 양속 관계」, 『독도와 대마도』, 지성의 샘, 1996.
하우봉, 「한국인의 대마도인식」, 『독도와 대마도』, 지성의 샘, 2005.
______, 「한국인의 대마도인식」, 『독도와 대마도』, 지성의 샘, 1996.
______, 「이예의 일본인식」, 『통신사 이예와 한일관계』, 새로운 사람들, 2006.
______, 「전근대시기 한국과 일본의 대마도인식」, 『동북아역사논총』 41, 2013.
민덕기, 「조선후기 通信使行의 대마도인식-최천종 사건과 관련하여-」, 『韓日關係史硏究』 21, 2004.
김경숙, 「玄川 元重擧의 對馬島人 인식과 그 의미-일본 '內地人' 인식과의 비교를 중심으로-」, 『국어국문학』 140, 2005.
이규배, 「임진왜란의 기억과 조선시대의 일본인식 - 반일감정의 단초를 찾아서-」, 『동북아시아문화학회 국제학술대회 발표자료집, 2008.
장순순, 「조선후기 왜관의 설치와 이관교섭」, 『한일관계사연구』 5, 한일관계사학회, 1996.
______, 「17세기 조일관계와 '鬱陵島 爭界'」, 『역사와 경계』 84, 부산경남사학회, 2012.

______, 「조선후기 對馬藩의 조선 교섭과 1693년 울릉도 영속시비」, 『東北亞歷史論叢』 37, 동북역사재단, 2012.

______, 「17세기 후반 '鬱陵島爭界'의 종결과 對馬島(1696년~1699년)」, 『한일관계사연구』 45, 2013.

양홍숙, 「왜관운영을 위한 동래부민의 역부담과 왜관접촉」, 『민족문화논총』 45, 2010.

〈토론문〉

『통신사의 사행록을 통해서 본 조선 지식인의 일본인식과 그 推移』 토론문

다사카 마사노리(田阪正則) | 선문대학교 교수

한국인의 일본, 일본인에 대한 인식은 시대에 따라 변해 왔다. 양국 간의 관계가 양호한 시대도 있었으나 격한 대립으로 특히 한국이 일본을 불구대천의 원수로 여기지 않을 수밖에 없는 불행한 시대도 있었다. 불행하게도 지금의 시대적 상황은, 한일 간의 그러한 역사를 되살펴봄으로써 양국 간에 다시는 불행한 일이 없도록 지혜를 모아 사회에 경종을 울려야 할 때인 것 같다. 그러한 의미에서 한국인이 일본과 일본인을 어떤 이유로 어떻게 인식했는지, 통시적으로 그 역사를 살펴보는 일이 긴요하다고 할 수 있다.

장순순 교수님께서 조선통신사에 참여한 조선의 지식인들의 일본인식을 사행록을 통해 도출하는 작업을 수행하셨다. 사행록이라는 사료의 특성을 고려하여 전 조선시대 지식인을 대변할 수는 없으나, 조선의 지식인 중에서도 대일 전문가로 평가할 수 있는 삼사가 남긴 사행록을[53] 근거로 논지를 이어나가면서, 조선시대의 지식인이 가진 일본과 일본인에 대한 인식을 대변할 수 있을 것으로 본다. 조선시대는 중간에 임진왜란 정유재란을 거쳐 크게 대일 인식이 변화한 시대라는 특징이 있으며, 물론 개항기 이후 시대

53) 1763년 통신사를 논하기 위해, 삼사 외에 제술관 남옥, 서기 성대중과 원중거가 작성한 사행록을 거론했으나, 나머지 사행록은 삼사가 작성한 것이다.

와는 비교가 안 되지만, 논거로 활용할 수 있는 사료가 풍부함으로써 의미 있는 작업이 될 것으로 기대한다. 본인은 이번 장순순 교수님이 발표하신 본 논문을 그 기대에 어긋나지 않은 성과로 평가하고 싶다.

특히, 조선전기에 왜구의 경유지이자 발생지로 주목한 곳이 대마도였고 임진왜란 정유재란을 거쳐서 후기에 들어서는 조일 외교의 중개자적 역할을 한 곳 역시 대마도이며, 또 통신사가 가장 많이 접한 사람들도 대마도 사람들이어서, 일본을 본주와 대마도로 구별하여 논지를 이어간 것이 타당하다고 본다.

조선전기는 대마도가 조선의 옛 땅이었다는 '대마고토의식', 조선의 번병번신으로 보는 '대마번병의식', '대마속주의식'이 일반화되어 있었던 시대, 즉 대마도를 조선의 일부처럼 가깝게 인식했던 것으로 정리한다. 그러다가 그러한 대마도에 대한 의식이 약해지면서 그 변화가 대마도를 혼슈와 구별해서 인식하려는 새로운 대마도 인식의 탄생을 예고하는 것이 되었다고 논한다. 여기서 두 가지 궁금한 점이 있다. 먼저, 맺음말 부분에도 "대마도의 양속관계가 약화되었고 그에 따라 대마번병의식이 쇠퇴했다"라고 하는 언급이 있는데, 양속관계가 약화한 이유이며, 둘째로 조선후기에 대마도와 혼슈를 구분하는 의식이 대두했다고 하는데, 조선전기에 이미 대마도와 혼슈를 구분했던 것이 아닌지. 대마도와 혼슈를 구분했기에 '대마고토의식'과 '대마번병의식', 혹은 '대마속주의식'이 일반화되었던 것이 아닌가 하는 것이다. 아니면, '대마도와 혼슈를 구분한다'라고 하는 의미에 대한 좀 더 구체적이고 정확한 설명이 있다면 논지를 이해하는 데에 도움이 될 것 같다는 생각이 든다.

대마도와 혼슈를 구별하는 인식이 나타나기 시작한 시기를 김세겸의 "해사록"에 의거하여 1636년 병자통신사부터로 볼 수 있다고 한다. 이후의 사행록까지 대체로 그 구별은 혼슈인은 대마도인보다 좀 더 양호한 것으로 인식되었다가, 1763년 계미통신사에 이르러서는 그러한 인식이 일반화되었다는 것이다. 그렇게 된 배경에는, 첫째로 통신사행원들과 대마도인과의 직접적인 접촉이 많았던 것, 둘째로 임진왜란의 기억, 셋째로 대마도가 취한 조선에 대한 태도, 넷째로 통신사행의 성격 변화, 그리고 마지막으로 부산 왜관 운영에서 발생한 경제적 부담을 들었다. 모두 조선후기 조선통신사를 통해 조일관계를 살필 시에 빠질 수 없는 중요한 요소들로 보인다.

이 논문을 통해 조선통신사의 사행록을 통한 일본, 일본인 인식, 특히 대마도인 인식의 변화를 구체적으로 살필 수 있었다. 한마디로 사행록이라고 하지만, 삼사의 사행록과 제술관, 서기, 군관, 역관이라는 직위에 따라 그 사행록의 성격이 상이할 것인데, 이에 대한 상세한 고려도 필요한 부분이 혹시 있지 않을까 하는 마음이 있다.

혼슈인을 우호적으로 대마도인을 부정적으로 인식한 것도 단순히 사행록의 서술을 글자대로 해석하는 것이 아니라 더 종합적인 사고가 필요한 부분이다. 그런 면에서 '조일외교의 특징'에 언급하면서 대마도인을 부정적으로 보는 인식이 일반화된 배경을 상세히 분석한 부분은 시사하는 바가 많을 것으로 생각한다. 관계가 가까우면 친밀한 관계도 가질 수 있지만 관계가 가까우면 상대의 흠도 잘 보인다. 약간의 거리가 있으면 상대방이 좋게 보일 수도 있다. 조선통신사는 대마도인과 사행을 통해 7개월에서 1년 가까운 시간을 숙식을 함께 했다. 많은 흠이 보일 것이다.

제 3 Session

근·현대 한국인의 일본, 일본인 인식

개항기 일본·일본인 인식

최덕수 | 고려대학교 명예교수

Ⅰ. 1871년 조선·메이지일본과 마주하다

올해 2021년으로 부터 150년 전, 1871년은 한국을 비롯하여 동아시아 삼국은 격변의 상황을 맞이하고 있었다. 1871년 7월 29일 텐진에서 청국대표 직예총독 이홍장과 일본대표 대장경 다테무네나리가 청일수호조규에 조인하였다. 메이지유신 이후 양국 간의 외교적 분쟁의 걸림돌을 제거한 것이었다. 동아시아를 둘러싼 서양열강의 무력 침공에 격화되는 상황에서 양국이 마련한 외교적 타협책이었다. 청국과 일본의 외교적 교섭이 치열하게 전개되던 시기, 양국 사이에 위치한 조선은 수도 코앞에서 미국의 침략에 직면하여 전쟁을 치루고 있었다.

한국근대사에서 2021년은 신미양요 150주년으로 기억될 것이다. 1871년 6월 10일 전함 3척과 포함 1척 소형함정 1척과 해병대 1,250명으로 이루어진 미국의 조선원정군이 강화도의 초지진을 포격하고 파괴한 뒤 상륙하였다. 원정대의 기함 콜로라도호는 3,480톤 규모로, 1853년 일본을 개방 시켰던 페리의 기함이 2,450톤 규모이었던 것을 감안하면 미국은 남북전쟁(1861~1865) 이후 건조한 최신의 함정들을 동원하여 함대를 편성하였다. 원정군은 조선으로 출항하기 전 나가사키에 집결하여 전시훈련을 거친 뒤 조선으로 출발하였다. 미국이 태평양 연안 국가가 된 이후 아시아에서 행한 최초의 대규모 원정 전쟁이었다. 미군은 소위 48시간 이내에 전쟁을 끝낸다는 작전 계획 하에 압도적인 화력을 동원하여 강화도의 요충지 초지진 덕진진을 차례로 함락하였다. 미국의 작전은 강화도 상륙 후 도로 사정에 의해 전투가 지체된 것을 제외하고는 예정대로 수행되었다. 광성보에서 조선의 진무중군 어재연은 육탄전을 벌이며 항전하였으나, 전투가 끝나고 미군이 확인한 조선군의 전사자는 350여 명이었고, 미국군은 전사 3명, 부상자 10여 명이었다. 전투를 승리로 이끈 원정군 사령관 로저스는 12일 강화도에서 물러나 조선측의 교섭을 기다렸으나 대응이 없자 7월 3일 철수하였다.

미국함대가 조선에서 철수한 다음날인 1871년 7월 4일 러시아가 중국 신강지역의 중심도시이며 교역의 거점이었던 이리(伊犁, 영문명 쿨자Kulja라고 칭함)지역을 점령하였다. 이리는 1851년 러시아와 중국이 이리통상조약을 체결하였던 곳으로 러청 간의 서방쪽 교역 거점이었다. 1864년 신강지역의 천산남로 오아시스 지역 농민반란을 계기로 신강에서 일시적으로 정치적 기반을 일시 확보하였던 세력이 인도에 진출하였던 영국에 접근하자, 러시아가 투르키스탄의 초대총독 카우프만(Petrovich Kaufmann)의 군대를 동원하여 이리를 점령한 것이었다.

1871년은 러시아군이 이리점령하면서 인도를 점령한 영국과 대치하고, 미국이 조선침략을 감행함으로써 동아시아는 열강의 이익이 첨예하게 부딪치는 최대의 분쟁지역이 되었다. 서북지역의 요충지 신강이 영국과 러시아의 충돌에 휘말리고, 조선이 미국과 전쟁을 치루는 상황에서 청국과 일본이 메이지유신 이후 양국 간의 외교적 분쟁의 걸림돌을 서둘러 제거한 것이었다. 청일수호조규의 타결은 서양열강의 무력 침공에 직면하여 위기를 벗어나기 위한 청일 양국의 외교적 타협책이었으나, 한편으로는 일본의 대조선 외교정책에도 심대한 영향을 끼치는 사안이었다.

이와 같은 상황에서 조선정부는 조선군이 광성보에서 참담한 패전을 겪었던 이튿날 다음과 같은 내용의 비석을 전국 군현에 세울 것을 지시하였다. "서양의 오랑캐가 침범하는데 싸우지 않으면 화친하는 것이요, 화의를 주장하는 것은 곧 나라를 파는 것이다. 우리의 만대 자손에게 경고하노라 병인년에 짓고 신미년에 세우다" 곧 척화비였다. 여기에서 조선의 개항과정을 인접국 청국·일본과 비교하면 조선은 다른 역사적 과정을 밟았던 것을 발견하게 된다. 조선은 거의 같은 시기에 서양자본주의 세력의 통상 개방 요구에 직면하였으나, 1866년과 1871년의 프랑스·미국이 침략하여 수도 서울의 코 앞에서 전쟁을 치르면서도 끝까지 개방을 거부하였다. 광성보 전투 다음날 척화비 건립을 지시한 칙령은 개항에 대한 조선정부의 확고한 의지를 내외에 천명한 것이었다. 조선은 그로부터 5년 뒤 1876년 동일 문명권의 일본과 강화도조약을 통해 실질적으로 세계자본주의 시장체제에 편입되었지만, 이후에도 조선은 인접국과 다른 경로를 밟았다,

청국과 일본이 영국과 미국에 대해 처음 문호를 개방한 뒤 거의 같은 내용의 조약을 순차적으로 열강과 체결하였으나, 조선은 일본과 수교 이후에도 6년이라는 시간이 경과한 다음 서구열강과 교류를 시작하였다. 1882년 미국과 조미수호통상조약을 체결하고 문호를 개방하였지만, 프랑스와 조약체결은 그로부터 다시 5년이 경과한 1887년이었다. 조선의 개항과정이 이와 같이 장기적이고 단계적인 과정을 거쳐야했던 일차적인 원인은 대내적으로 개방에 대해 광범위한 저항과 반대가 있었기 때문이다

개항기 조선의 일본인식을 다룬 연구는 그간 여러 차례 시도되었고, 다루는 시기와 연구대상도 다양하였다. 대표적인 연구성과로는 허동현 하우봉의 연구[1)]와 21세기를 내다보는 시점에 한일양국의 연구자가 공동으로 추진했던 연구성과[2)] 등을 들 수 있다. 분석 시기는 대체로 강화도조약 체결

1) 허동현, 『근대한일관계사연구 -조사시찰단의 일본관과 국가구상-조사시찰단의 일본관과 국가구상-』,국학자료원, 2000.

2) 김용덕, 미야지마 히로시 공편, 『근대교류사와 상호인식 2』, 아연출판부, 2007. 이 책에 실린 하우봉의 「개항기의 수신사의 일본인식」과 이영호의 「동학·농민의 일본 인식과 '보국안민' 이념」, 유영렬의 「한말 애국계몽언론의 일본인식」 등을 들 수 있다.

을 전후한 시기, 청일전쟁과 대한제국 시기, 러일전쟁 이후 보호국 시기 등으로 분류할 수 있을 것이다. 강화도조약 체결 시기를 다룬 허동현과 하우봉의 연구는 조사시찰단과 수신사의 보고서류를 주로 이용하였다. 청일전쟁과 대한제국기에는 동학농민군 자료와 『독립신문』과 『皇城新聞』 등을, 보호국시기에는 신문과 계몽활동을 수행하였던 학회 관련 자료 등을 주로 이용하였다.

그간의 연구가 주로 개항의 자율적 성격에 주목하여 국내 개항론의 형성과정에 주목하였으나, 이 글은 조선이 일본과 서구에 대해 개항을 결정하였던 시기(1876~1882)를 대상으로 정책결정과정에 참여하였던 세력의 일본인식에 초점을 맞추어 분석을 시도하였다. 대내적으로 재야지식인 및 하층민의 사이에 광범위하게 퍼져 있었던 개항 반대 여론과 저항에 직면한 집권층이 개방과 개혁으로 나아가는 과정을 그들의 세계인식과 일본인식의 변화와 관련하여 해명한 것이다. 본론의 전반부는 1871년부터 강화도조약 체결까지, 후반부는 강화도조약 이후 조선정부의 초기 근대화정책이 모습을 드러냈던 1881년 전후를 다루었다. 주요자료로 고종을 비롯한 개항 추진 세력의 일본과 서양에 대한 인식은 관찬 사료인 『承政院日記』·『日省錄』『實錄』 등을 이용하였고, 개방에 반대하는 세력에 대해서는 대표적인 인물의 개인 문집류 등을 이용하였다.

Ⅱ. 강화조조약(1876년)과 일본인식: 왜와 양은 다르다.

메이지유신 이후 조선은 왕정복고를 통고하는 일본정부의 외교문서 접수를 거부함으로써 영국관계는 단절이 계속되고 있었다. 1869년 7월 일본정부는 외무성 창설을 계기로 대마도들 매개로한 조선과의 교섭을 청산하고 외무성이 직접 담당하는 것으로 전환하였다. 1870년 초 외무성은 사다하쿠보, 모리야마 시게루, 사이토사카에 등 외무성 관료를 조선에 파견하였다. 2월 22일 부산의 초량 왜관에 도착한 이들은 그간 대마도를 통한 교섭 과정을 검토하고 〈조선국 교제시말 내탐서〉(4월 9일) 작성하여 제출하였다. 보고서는 조선과 일본의 전통적인 의례관계를 비롯하여, 조선이 러시아의 보호를 의뢰한다는 소문과 울릉도와 독도가 조선에 부속하게된 전말 등 전체 14개항으로 이루어져 있었다. 보고서내용의 핵심은 조선교제는 대마도의 사교이기에 폐지하고 정부의 직접교제와 무역을 위한 약조가 필요하다고 주장하는 것이었다. 정식보고서 작성에 앞서 사다와 모리야마 등은 군대와 함께 황사를 파견하여 조선을 정벌해야 한다는 이른바 황사파견론을 제기하였다.[3)]

사절단의 의견서를 바탕으로 외무성은 교착 상태에 빠진 조선문제를 해결하기 위한 방안으로 다음과 같은 세가지 안을 마련하였다. 제1안은 조선과 단교하여 사태를 방임한다는 단교론, 2안은 '황사'를 파견하여 '개항 개시와 양국 왕래자유'를 보장하는 조약 체결을 요구하는 안으로 조선측이 거절한 경우 무력을 사용한다는 안, 끝으로 3안은 대청교섭선행론으로 조선과 의교섭에 앞서 청국과 대등한 관계를 구축한 다음 조선과 교섭한다는 안이었다. 3안에 의해 청국과의 관계가 정리될 경우 군대를 동원하더라도 청국이 개입하지 않을 것이라고 보았다.[4)]

1871년 7월의 청일수호조규 타결 이후 일본은 조선정책의 변화를 시도하였다. 1872년 8월에는 외무대승 하나부사요시모토(花房義質)가 부산에 파견된 뒤 외무성관리가 왜관을 접수하고, 1873년 4월 1일 조선정부와 상의없이 일방적으로 왜관을 일본 공관으로 개칭하고 점령하였다.[5)] 대체로

---

3) 전성현, 『국역 조선사무서(1) 해제』 부산광역시, 2021, 41쪽.

4) 최덕수, 『한국사 37 서세동점과 문호개방』(강화도조약과 개항), 국사편찬위원회, 2000, 225~226쪽.

1871년을 전후하여 기존의 외교통로를 폐지하고 일본정부가 직접 외교를 장악하기 시작하였고, 1873년 여름 이른바 무력정벌론(征韓論)이 중앙정부의 정책으로 구체화되기 시작하였다. 일본정부 내에서 정한론을 둘러싼 '內治派'와 '外征派'의 대립은 사이고다카모리를 포함한 6대신이 사직하는 이른바 '明治6年政變'(1871.10.24)으로 비화하였다.

정한론을 둘러싼 일본정부 내의 정치세력 갈등이 표면화하였던 시기 조선에서도 집권세력의 교체되는 큰 정치적 변동이 있었다. 고종은 1873년 11월 최익현(崔益鉉)을 승정원 동부승지로 임명하였는데, 최익현은 동부승지를 사직하는 상소에서 대원군의 치세 전반에 대해 총체적으로 비판하였고, 상소 이후 조정 내 대원군 지지세력이 축출되었다. 고종의 친정이 시작된 것이었다.

고종 친정 이후 조정은 대외적으로 일본과의 관계 개선을 추진하였다. 고종은 친정체제를 굳히는 가운데 이유원(李裕元)과 박규수(朴珪壽)를 중용하고, 군권의 장악에 주력하는 한편 다음해에는 각 지방에 암행어사를 파견하여 중앙정부의 지방 통제를 강화하였다. 이시기 암행어사 파견의 정치적 목적은 크게 두 가지 점이었던 것으로 보이는데, 대원군의 심복으로 경상도관찰사 김세호(金世鎬), 동래부사 정현덕(鄭顯德), 왜학훈도 안동준(安東畯) 등 대일외교를 담당했던 관료들에 대한 조사와 다른 하나는 부산에 설치되어 있었던 왜관주재 일본관리와의 접촉이었다. 대일외교 정책의 변화조짐은 공식적인 접촉 또는 개인적인 친분을 통해 그리고 지방관 차원에서도 다양하게 전개되었다. 그 결과 일본정부가 조선에 파견하였던 관리와 동래부 관리 사이에 1875년 2월 하순부터 부산에서 교섭이 시작되었다. 동래부의 보고에 대해 조정에서 회의가 열렸다.

---

5) 현명철, 『근대변혁기 한일관계사연구』(제2부 메이지정권과 왜관 3장 기유약조 체제 붕괴 과정에대하여), 경인문화사, 2021, 236~266쪽 참조.

> 상이 이르기를, "올라온 서계(書契)를 끝까지 받아 보지 않는다면 자못 성신(誠信)의 도리가 아닌 듯하다. 또한 저 왜인이 받아 본 뒤에 만일 따르기 어려운 일이 있으면 비록 백 번을 물리치더라도 마땅히 도로 받아서 가겠다고 약조를 하였으니, 이번에는 가져와 보게 해서 실로 격식을 어긴 점이 있으면 다시 물리치는 것이 불가하지 않을 듯하다." (중략) 상이 이르기를, "장계(狀啓)가 올라온 지 이미 여러 날 되었으니 즉시 품처하지 않으면 안된다. 왜인의 실정은 별로 의심할 만한 것이 없음을 분명히 알 수 있겠다." (『承政院日記』, 고종 12년 2월 5일)

1868년 메이지정부 수립 이후 일본에서 보내온 서계에 대한 접수 거부 논의와 다른 점은 외교문서를 일단은 접수하여 검토해보자는 입장이 새로 나타났다고 할 것이다. 주목되는 점은 이와 같이 서계를 접수하여 적극적으로 대일외교를 풀어가자는 입장의 선두에 고종이 있다는 점이라 할 것이다. 고종은 서계의 내용에 문제가 있다하더라도 서계 접수 거부는 '誠信에 어긋난다', '왜인의 실정은 별로 의심할 만한 것이 없음을 분명히 알 수 있겠다'라고 함으로써 서계접수를 주장하고 있다. 고종은 개인적으로 적극적인 태도를 분명히 하였으나, 이후에도 조정대신들의 여론은 여전히 서계 접수를 거부하는 쪽이 다수였다. 고종은 5월 10일에 시원임대신과 6조의 3품이상 고위관직자 전원이 참석하여 회의를 진행하였다. 이날의 조정회의의 기록(『承政院日記』, 고종 12년 5월 10일)을 검토해 보면 참여하였던 35명 가운데 박규수·이최응(李最應) 등 5명은 서계 접수에 동조하였으나, 김병국(金炳國) 등 7명은 반대, 나머지 23명은 유보하거나 분명하지 않은 태도를 보이고 있다. 일본의 무력시위가 시작된 이후에도 조정대신들의 주류의 입장은 여전히 서계 접수를 거부하는 것이었다. 서계접수를 주장하는 박규수 등도 가장 중요하게 내세웠던 근거는 무력분쟁을 피하기 위해서 서계를 일단 접수해야 한다는 것이었다.

고종 친정 이후 일본정부의 기대와 달리 조선과의 교섭이 의례문제 등 여러 장애에 봉착하였다. 1871년 외무성에서 파견하여 부산에 주재하고 있던 외무성관리 히로츠노부히로는 조선정부 내의 동향을 보고하면서 다음과 같이 무력을 동원한 개방정책을 제안하였다.

「군함을 파견하여 쓰시마 근해를 측량케 하면서 조선의 내홍에 편승하여 우리들의 협상에 대한 후원을 해 줄 것을 청하는 일」6)

(전략)……상황이 그러하므로 지금 저들이 서로 싸우고 쇄국파가 아직 그 기세를 되찾지 못하고 있을 때 힘을 사용한다면 가벼운 힘의 과시로도 목적을 이루기 쉽다고 봅니다. 지금 우리 군함 한 두 척을 급파하여 쓰시마와 이 나라 사이에 드나들게 하고, 숨었다 나타났다 하면서 해로를 측량하는 체 하면서 저들로 하여금 우리가 의도하는 것을 헤아리지 못하도록 하는 한편, 가끔 우리 정부가 우리 사신의 협상처리의 지연을 힐책하는 듯한 기색을 보임으로써 저들에게 위협적으로 받아들여질 언사를 구사한다면, 안팎으로부터의 성원을 방패로 삼아 일처리를 다그칠 수 있을 것입니다. 뿐만 아니라 국교 체결상 어지간한 권리를 틀림없이 얻어낼 수 있습니다. 미리 저들의 바다를 측량해 두는 것은 훗날에 일이 있을지의 여부에 관계없이 우리에게 필요한 일입니다.

우리의 힘을 저들에게 행사할 수 있는 절호의 시기는 바로 지금입니다. 이처럼 무력시위를 요청하는 이유는 오늘 한 두 척의 작은 출동으로 능히 훗날 대규모의 출동을 하지 않을 수 없는 사태를 미연에 방지하고자 하는 것이지, 결코 경솔하게 이웃나라를 흉기로 농락하려는 생각 때문은 아닙니다. 삼가 이상과 같이 상신하오며, 지체 없이 영단을 내려주시기를 간절히 청합니다.

메이지 8년 4월

외무성 6등 출사 히로츠 히로노부

위의 보고서는 무력을 동원하여 현상타개를 주장한 것으로, 서구 열강의

6) 「朝鮮國內訌ニ際シ交涉促進ノ爲 軍艦派遣アリ度旨具申ノ件」, 『日本外交文書』 권8, 문서번호29, 71~72쪽.

포함외교에 의해 개항하였던 일본의 경험을 조선에 적용한 것이었다. 일본정부는 이와 같은 건의를 받아들였다. 이 결정에 따라 9월 20일 오후 4시 30분 운요호가 초지진에 출현하였고 교전하였다. 일본정부는 운양호 사건을 빌미로 조선외교문제를 해결하기 위해 쿠로다 일행이 출발하기에 앞서 청국이 종주권을 구실로 개입할 것을 우려하여 청국과 교섭하였고, 서구 각국의 공사들에게 이를 알리고 동의를 얻었다. 운요호사건에 이어 일본함대의 출현으로 항간에서는 위기감이 확산되었고, 정부는 대응책을 마련에 고심하였다. 조선정부는 일본의 무력시위에 직면하여 급히 접견대관과 부관을 임명하여 일본의 전권대신을 만나게 하였다. 의정부는 두 차례 서양 열강의 무력침공에서 공적이 있었던 무관 신헌(申櫶)을 접견대관으로 선정하였다. 당시 조선정부는 쿠로다 일행의 출현 의도를 파악하지 못하고 있었다. 전권대신 신헌에게는 조약체결을 전제로 한 권한이 주어지지 않았고, 파견 당시 그들의 유일한 임무는 일본인들을 접견하고 돌아와 조정에 보고하는 것이었다.

회담은 공식적으로는 3차에 걸쳐 진행되었다. 1차 회담에서 일본측은 운요호사건에 대한 책임을 제기하고, 2차 회담에서 운요호사건에 대한 해결책으로 조약체결을 요구하였다. 3차 회담에서 일본은 일본의 제안에 대한 회답이 지연될 경우 무력을 사용할 수 있음을 통고하였다. 일본측의 조약체결 요구에 대하여 2월 14일 고종은 영돈령부사 김병학(金炳學), 영중추부사 이유원 , 판중추부사 홍순목(洪淳穆)과 박규수, 그리고 영의정 이최응, 우의정 김병국(金炳國) 등 시원임대신들을 소집하여 대응책을 논의하였다.

김병학은 일본의 태도와 행동으로 보아 그 목적은 修好에 있는 것이 아니라 戰爭을 도발하는 데 있는 것이라고 비난하였고, 이유원·홍순목·이최응 등도 이에 동의하였으나, 누구도 구체적인 대응책을 제시하지 못하였다. 다만 "일본이 수호를 칭하면서도 군함과 군사를 대동하고 왔으니 그 의도를 파악하기가 쉽지 않다. 그러나 수호를 위한 사신이라고 말하고 있으니 우리가 먼저 이를 공격할 수는 없는 일이다. 만약 예상치 못한 사태가 발생한다면 병사를 동원할 수밖에 없을 것"이라는 박규수의 주장은 일본이 무장호위병을 대동하고 강화부에 들어와 조약체결을 요구하고 있는 상황에 대해, 그들을 힘으로 제압할 수 없는 조선의 입장을 보여주고 있다. 회의는 우의정 김병국의 제의에 따라 접견대관 신헌의 보고를 기다려 대책을 결정하기로 하였다.

제3회 회담에 관한 접견대관의 보고와 일본측의 조약안 한문번역본이 다음날 보고되고, 사흘 뒤 의정부는 조약 체결 요구를 받아들일 것을 접견대관에게 통보하였다. '皇'과 '勅' 등의 용어와 新印 사용 등 외교문서의 형식이 문제가 되어 8년 간 타협점을 찾지 못하던 조선과 일본과의 외교 교섭이 새로운 전환점을 맞이한 것이었다. 서계문제와 운요호사건 이후 일본측의 조약체결에 대해 정부의 공식적인 회의에서는 여전히 외교문서의 접수 거부를 주장하는 논의가 대세를 이루고 있었던 점을 감안한다면 이와 같은 결정은 돌출적인 사건으로 비추어질 수도 있는 것이었다. 전권대신의 보고를 접하고 조약체결을 결정을 확정하기까지 사흘이 걸렸고, 이 기간동안 공식적인 회의는 개최된 적이 없었다.

고종과 시원임대신 회의에서 개항에 대해 논의하기 시작했을 때 대원군 세력 및 재야유림측에서 개항을 반대 움직임이 나타났다. 대표적인 인물로는 최익현과 前司諫 장호근(張皓根) 등이었다. 고종 친정의 결정적 계기를 마련했던 최익현(催益鉉)이 고종이 선도하고 있는 대일수교에 적극적으로 비판을 하고 나선 것이었다. 최익현의 개항 반대 상소('五不可疏')는 '倭洋一體論'이 핵심이었다. 최익현은 상소에서 "전하의 뜻으로는 '어찌 저들 온 자는 왜인이고 양인이 아니며, 그 거듭 말하는 것이 이미 수호라 하였으니 왜인과 修舊하는 것이 무엇이 해로운가' 하시지 않겠습니까."라고 하여 고종의 개항 명분을 정면으로 비판하는 것이었다.

최익현의 이와 같은 비판에 대해 고종 다음과 같이 자신의 입장을 분명히 하고 있다.

> 전교하기를, 왜인을 제어하는 일은 왜인을 제어하는 일이고, 양인을 배척하는 일은 양인을 배척하는 일이다. 이번에 왜선이 온 것이 양인과 합동한 것인 줄 어떻게 확실히 알겠는가. 왜인이 양인의 척후라 하더라도 각각 응변할 방도가 있을 것이다.(『承政院日記』, 고종 13년 1월 27일)

고종은 '양인'은 '양인'이고 '왜인'은 '왜인'이다. 즉 '倭洋一體'를 부인하는 것으로 '倭'와 '洋'을 분리하였다. 이와 같은 '倭洋分離論'이 입각한 고종의 조일조약에 대한 견해는 '조일수호조규'의 前文에서 조약체결의 배경을 '重修舊好'(大日本國 與大朝鮮國素敦友誼 歷有年所 今因視兩國情意未洽 欲重修舊好 以固親睦)에서 찾고 있다. 당시의 기록에 나타나는 고종의 '조일수호조규'에 나타난 일본 인식은 전통적인 교린관계의 연장이었다고 평가할 수 있을 것이다.

Ⅲ. 초기개화정책(1881년)과 일본인식: '結日'인가 '반일'인가?

고종은 재야의 '왜양일체'를 부인하고 왜와 양을 분별하여 개항을 강행하였다. 즉 조일수호조규를 전통적인 교린관계의 연장으로 수용한 것이었다. 조선은 일본과 조약체결 이후 일본측의 요구에 응하여 수신사를 임명, 파견하였으나, 1차와 달리 2차 수신사 파견은 1880년에 가서야 이루어졌다. 기존의 연구에서도 주목하고 있는 바와 같이 조선의 개화정책 추진과정에서 2차 수신사행은 대단히 중요한 전기를 마련한 것으로 평가할 수 있다.

강화도조약 이후 조선정부의 개혁정책 추진에 필요한 정보 유입의 창구 역할을 하였던 것은 일본에 파견되었던 외교사절들의 보고였다. 조선정부는 개항 직후 金綺秀를 修信使로 파견하였으나 개혁의 계기가 된 것은 1880년과 1881년에 각기 修信使와 朝士視察團으로 일본에 파견되었던 사절들의 보고였다. 1차 수신사 김기수 일행의 파견 목적이 신조약 체결을 기념하기 위한 儀禮的인 것이었던 것과는 달리, 1880년 2차 수신사 일행은 당시 조일간의 외교적 현안이었던 인천개항 및 무관세조항 개정 등의 해결이라는 구체적인 목적을 가지고 도일하였다. 수신사 金弘集과 그 수행원들도 1차 때와 달리 적극적으로 활동하였다.

김홍집은 東京에 있는 동안 淸國公使 何如章, 參贊官 黃遵憲 등과의 회담을 통해 세계의 대세와 앞으로의 조선외교의 방향에 대해 깊이 있는 논의를 진행하였다. 당시 청국이 권고하는 조선외교의 방향을 황준헌은 김홍집의 귀국에 앞서 《私擬朝鮮策略》으로 정리하여 제시하였다. 《私擬朝鮮策略》은 조선 외교의 중심축으로 '親中國·結日本·聯美國'을 제시하였다. 청국의 대조선정책은 미국을 비롯한 서구 열강과 일본에 대해 조선정부가 적극적으로 개방정책을 추진함으로써, 러시아의 남진에 대비하는 한편 일본에 대해서도 견제하는 것이었다.

이와같이 1880년을 고비로 조선정부의 대내적인 개혁정책과 대외개방정책이 적극화하기 시작하였을 때 일본정부의 대조선정책 또한 이에 대응하여 추진되었다. 수신사 김홍집의 보고에 뒤이어 1881년 1월 일본에 파견하였던 朝士視察團은 정부가 개혁정책의 필요성을 절감하고 지속적인 개혁추진을 위한 인재양성과 정보수집을 위해 계획적으로 준비하여 파견한 최초의 대규모 해외파견 사절이었다. 이 시찰단의 파견에 일본은 계획 입안때부터 적극적으로 협조하였다. 12명의 朝士와 수행원들로 이루어진 사절단은 약 5개월 간 일본에 체재하면서 일본정부의 안내로 文敎·內務·農商·外務·大藏·軍部 등 각 省과 稅關·造幣局 등을 두루 살펴보았을 뿐 아니라 시부자와에이이치(澁澤榮一), 후쿠자와유키치(福澤諭吉) 등 재야인사들과도 폭넓게 접촉하였다.

적극적인 대한접근정책의 결과, 일본은 조선정부의 근대화정책 추진에 직접 간접으로 참여하였다. 예를 들면 조선의 초기 근대화정책의 핵심이었던 軍備强化策의 일환으로 설치된 別技軍의 훈련을 일본인 교관이 담당하였던 사실 등이 그러하다. 특히 사절단의 대표격인 魚允中은 수행원이었던 兪吉濬, 柳定秀, 尹致昊 등을 慶應義塾과 同仁社에 留學시키기도 하였다. 조선정부의 개혁정책에 관한 정보수집의 통로가 주로 일본파견 사절단이었던 관계로 자연히 조선 내 개혁세력과 일본의 대한정책 수립에 영향력을 행사하던 인물과 세력들 간에 다각적으로 교류가 이루어지기도 하였다.

이 시기 일본정부의 對韓政策은 구미열강과 청국의 적극적인 견제가 없는 가운데 강화도조약에 근거하여 개항장의 신설과 개항장에서의 무역액이 크게 늘어나는 성과를 거두었다. 조선정부의 개혁정책은 외교정책면에서는 크게 청국의 영향을 벗어나지 못하였으나, 실제 대내적인 개혁정책을 추진하는 과정에서는 일본이 개혁의 모델로서 인식되기에 이르렀다. 2차 수신사 김홍집의 활동 가운데 특기할 사항은 귀국 후 《私擬朝鮮策略》을 둘러싸고 재야유생층의 개방정책에 대한 반대 움직임이 현재화하였다. 이른바 영남만인소로 대표되는 개항 반대 움직임이었다. 황준헌은 《私擬朝鮮策略》(이하 「책략」으로 기술함)에서 제국주의 열강의 동아시아침략 상황과 관련한 조선의 대외정세를 다음과 같이 요약하였다.

> 조선이라는 땅은 실로 아시아의 요충에 놓여 있어서 반드시 다투어야 할 요해처(要害處)가 되고 있다. 조선이 위태로우면 중국과 일본의 형세도 날로 급해질 것이며, 러시아가 영토를 공략하려 한다면 반드시 조선으로부터 시작할 것이다. 아! 러시아가 이리같은 진(秦)과 교체하여 힘써 정복하고 경영해 온지 3백여 년, 그 처음은 유럽이었고 이어서 중아시아였으며, 오늘에 와서는 다시 동아시아로 옮겨져 마침 조선이 그 피해를 입게 된 것이다. 그러므로 조선의 오늘의 급무를 계책할 때 러시아를 막는 것보다 더 급한 것

이 없을 것이다.

러시아를 막는 계책은 어떠한가? 중국과 친하고(親中國) 일본과 맺고(結日本) 미국과 이음(聯美國)으로써 자강을 도모할 따름이다.

기존 연구는 「책략」에 대해 조선이 이미 1876년 일본과 강화도조약을 체결한 상황이었으므로 새로운 정책은 연미에 있다고 파악하여 연미론에 대해 분석을 집중하였다. 그러나 「책략」에서 황준헌은 제국주의 시대의 한가운데에 처한 한반도의 전략적 중요성을 언급하고, 러시아의 남진에 즈음하여 조선이 취할 수 있는 방책으로 미국과의 연대를 논하기에 앞서 메이지 유신 이후 일본의 상황에 대해 상세하게 언급하면서 이른바 '결일'도 강조하였다. 조선내부의 사정을 잘 알고 있었던 황준헌은 「책략」에서 조선의 상황을 염두에 두고 일견 논리적으로 그의 주장을 전개하였다. 「책략」은 겉으로 황준헌 개인의 의견으로 제시되었지만, 이것은 곧 당시 청국의 대조선정책을 대변한 것이었다. 이에 대해 「만인소」는 다음과 같이 8가지 이유를 들어 조목 조목 이를 비판하였다.

청하옵건데, 臣들은 다시 이른바 그 「私擬書」에 관하여 條目을 들어 아뢰고자 하옵나이다. 그의 논의에 『朝鮮의 오늘날의 다급한 정세는 러시아를 방어하는 것보다 더한 것은 없으며, 러시아를 방어하는 計策은 中國과 친하고, 日本과 맺고, 美國과 이어지는 것보다 더 급한 일은 없다』고 하였나이다.

대저 中國이란 우리가 신하로서 섬기는 바이오며 해마다 玉과 비단을 보내는 수레가 遼東과 薊州를 이었나이다. 삼가 信義와 節度를 지키고 屬邦의 직분에 충실한 지가 벌써 二白年이나 되었나이다. 그러하오므로 「皇」 또는 「朕」의 두 尊稱을 하루아침에 쉽사리 받아들이고 그 사신을 容愛하는 한편, 그 글을 간직해 두었던 것이옵나이다. 그러하온데 이제 무엇을 더 친할 것이 있겠나이까. 만일 이것을 잡고 말을 만들어서 번거롭게 굴고 問責하는 일이 있다면, 殿下께서는 장차 어떻게 이를 해결하시겠나이까. 이것이 利害가 분명한 사실이 첫째이옵나이다.

日本이란 우리에게 매어 있던 나라이옵나이다. 三浦倭亂의 지난 일이 어제같고 壬辰倭亂의 宿怨이 가시지 않았아온데, 그들은 이미 우리 關門의 좁은 목과 땅의 험하고 평탄함을 잘 알고 水陸要衝을 점령하였나이다. 그들은 본래 우리 種族이 아니므로 그 마음 또한 반드시 다를 것이옵나이다. 어느 때라도 과연 저들이 날뛰는 날이면 어찌 마음대로 침입할 기회가 없겠나이까. 만일 지방마다 방비를 하지 않았다가 저들이 산돼지처럼 함부로 돌진해 오면 殿下께서는 장차 어떻게 이를 제어하시겠나이까. 이것이 利害가 분명한 사실의 둘째이옵나이다.

美國이란 우리가 본래 모르던 나라이옵나이다. 갑자기 黃遵憲의 慫慂을 받고 우리 스스로가 끌어들여서, 그들이 風浪을 몰고 험한 바닷길을 건너와 우리 臣下를 괴롭히고, 우리 財產을 쉴새없이 빼어가거나, 또 만일 저들이 우리의 허점을 엿보고, 우리의 빈약함을 업신여겨서, 들어주기 어려운 청을 강요하고, 감당하지 못할 책임을 지운다면, 殿下께서는 장차 어떻게 이에 대응하시겠나이까. 이것이 利害가 분명한 사실의 셋째이옵나이다.

러시아는 본래 우리와는 嫌疑가 없는 나라이옵나이다. 공연히 남의 이간을 듣고 우리의 威信을 손상시키거나 遠交를 핑계로 近隣을 배척하오면, 행동과 措置가 顚倒되고 虛와 靜이 앞뒤가 뒤바뀌게 될 것이옵나이다. 만일 이것을 구실삼아 분쟁을 일으킨다면, 殿下께서는 장차 어떻게 이를 구제하시겠나이까. 이것이 利害가 분명한 사실의 넷째이옵나이다.

하물며 러시아·美國·日本은 같은 오랑캐이옵나이다. 그들 사이에 누구는 후하게 대하고 누구는 박하게 대하기는 어려운 일이옵나이다. 또한 豆滿江 일대는 國境이 서로 맞닿아 있아온데, 저들이 日本에서 이미 시행한 예를 따라 美國이 신설한 條約을 근거로, 터전을 요구하여 거기에 와서 살고 물품을 요구하여 交易을 독점한다면, 殿下께서는 장차 어떻게 이를 장악하시겠나이까. 이것이 利害가 분명한 사실의 다섯째이옵나이다.

더욱이 海內外에 널리 깔린 日本·美國같은 나라가 수를 헤아릴 수 없이 많사온데, 만일 저마다 이를 본받고 저마다 이익을 추구하여 땅이나 물품 요구하기를 마치 日本과 같이 한다면, 殿下께서는 어떻게 이를 막아내시겠나이까. 허락하지 않으시면 지난날의 恩功이 모두 없어지고 뭇 원망이 집중하여 한 구석 朝鮮 三千里강토에 장차 용납할 곳이 없어질 것이옵나이다. 이것이 利害가 분명한 사실의 여섯째이옵나이다.

> (중략) 殿下께서는 어찌하여 이처럼 百害는 있으되 一利도 없는 일을 거론하서서, 러시아의 마음에 없는 마음을 터 주시고, 美國의 일 없는 일을 발생시켜서 오랑캐로써 오랑캐를 부르시고 살을 긁어서 부스럼을 만드시옵나이까.

실로 1880년과 1881년은 조선사회가 근대자본주의 시장체제를 받아들이느냐 아니면 거부하느냐를 결정짓는 중요한 시기였다. 앞에서도 언급한 바와 같이 1880년대에 접어들면서 열강의 개방요구에 응해야 한다는 권고가 조선과 외부세계를 연결하던 두가지 통로를 통해서 거의 동시에 전달되었다. 하나는 청국을 통해서이고, 다른 하나는 일본을 통한 미국의 개방 요구였다. 일단 조선정부는 이에 대해 거부 의사를 전달하였지만 조선의 개방은 피할 수 없는 상황으로 몰리고 있었다. 그리고 결과적으로 「책략」의 유입 이후 조정의 분위기도 급선회한 것으로 보인다.

1880년 고종이 출석한 시원임대신회의(9월 8일)에서 영의정 이최응은 책략의 대의가 '우리들의 심산과 부합'한다고 보고하고 있고, 고종 또한 이들의 미국인식에 대해 동의하고 있었다. 뿐만 아니라 고종은 시원임대신 회의에 앞서 승려 출신 이동인을 일본에 밀사를 파견하였는데, 이동인은 10월 17일 청국 공사 하여장을 만나 조선이 미국과의 수교를 희망하고 있다는 사실을 전하고 대책을 요청하고 있었다. 조선정부의 대외정책은 「책략」전래 이후 종래의 정책을 버리고 적극적인 개방과 개혁정책을 추진하였다. 1880년 말 근대화정책을 추진하는 기구로 설치하였던 통리기무아문을 구성하였던 12개 기관은 대외개방에 대비한 기구와 다른 하나는 국방부분에 대한 개혁을 위한 것이었다. 실제 개혁정책의 결실은 국방력을 강화하기 위해 청국으로는 무기제조 학습을 위해 영선사를 파견과 일본인 교관을 초빙하여 별기군을 창설로 드러나기 시작하였다. 이와같이 1881년은 조선정부가 개방 이후 국내외 정세의 변화에 대응하여 구체적인 대안을 마련하기 위해 고심하였던 시기였다. 영선사와 달리 일본에 파견하였던 조사시찰단은 영남만인소로 대변되는 개혁에 대한 저항이 분출하였던 상황이어서, 동래부 암행어사라는 명분으로 외부에 알리지 않고 서울을 출발하였다.

이만손은 상소의 말미에서 그들의 생각과 태도를 다음과 같이 천명하고 있다.

> (중략) 비록 우리 殿下께서 넓으신 도량으로 생을 사랑하시는 덕을 베푸시와 狂妄의 罰을 내리지 아니하시고 용서하신다 하더라도, 신들은 차라리 바다 물을 딛고 죽을 지언정, 차마 禽獸 犬羊으로 더불어 함께 어울려서 구차히 살 수는 없나이다. 사람과 귀신이 오늘날에 판가름되고, 중화와 오랑캐가 이번 길에 구별될 것이옵나이다.

그런대 상소에 대한 고종의 답변은 다음과 같은 것이었다.

> 상소를 보고 잘 알았다. 사교를 물리치고 정도를 지키는 것[闢邪衛正]은 어찌 그대들의 말을 기다리겠는가. 다른 나라 사람이 사사로이 모의한 글에 이르러서는 애당초 족히 깊이 연구할 것도 못되거늘 그대들이 또 잘못보고서 들추어낸 것이다. 이것을 구실삼아 또 번거롭게 상소를 올린다면 이는 조정을 비방하는 것이니, 어찌 선비로 대우하여 엄중히 처벌하지 않겠는가. 그대들은 그리 알고 물러가도록 하라.(『承政院日記』, 고종 18년 2월 26일)

벽사위정은 조정은 변함없는 정책이며, 「책략」은 다른 나라 사람의 사사로운 글로서 애초 깊이 연구할 가치도 없는 것는 것으로, 유생들이 사태를 잘못 파악하고 있는 것이라고 부인하고 있다. 고종은 유생들의 만인소를 근거 없는 것이라고 물리치며 이후의 상소는 조정을 비방하는 것이므로 엄중히 처벌 할 것이라고 경고하였다. 그러나 재야의 개방 반대상소는 계속되었다. 3월에는 홍시중(3월 23일)이 5월에는 경상도의 김진순, 경기의 유기영, 충청도의 한홍렬 등이, 윤7월에는 경기의 신섭, 강원도의 홍재학 충청도의 조계하, 전라도의 고정주가 각기 소두가 되어 복합상소하였다. 조정은 이들을 모두 유배 등으로 처벌하였고, 특히 홍재학은 서소문 밖에서 능지처참에 처함으로써 정부는 적극적으로 상소운동에 재갈을 물렸다.

'영남만인소'를 비롯한 개방 반대세력의 저항에도 불구하고 조선정부의 개혁과 개방정책에 대한 의지는 확고하였다. 그 결과 조선정부는 미국과 수호통상조약체결을 강행(1882. 4. 6)하였다. 미국과의 수호통상조약 체결로부터 2개월 뒤 서울에서 무위·장어 2영의 군인들이 급료체불과 급여양곡의 변질되어 지급된 것을 기화로 집권세력에 대한 무장시위(임오군란)를 전개(1882. 6. 9)하였다. 구식군인들에 의한 반란은 곧 서울의 빈민층으로 확산되어 고종은 대원군의 복권을 통해 겨우 이를 수습하였다. 대원군의 재집권은 일시 개혁정책의 중단을 초래하였으나, 청국이 신속하고도 즉각적으로 무력을 동원하여 개입한 결과 서울은 평온을 되찾았다.

일본 또한 임오군란을 계기로 국내에서 대외위기 상황을 강조함으로써 계엄령과 징발령 등 전시체제를 조성하면서 군대를 파병(1882. 7. 2)하였다. 제물포에 청일 양국의 군함이 대치하고 서울 장안에 청국군과 일본군이 주둔한 상황에 이르러 고종은 조선정부의 개방정책에 대한 의지를 표명하였다. 즉 신미양요 이후 전국에 세웠던 척화비를 뽑아 버릴 것을 지시한 것이었다.

> 전교하기를, 우리 동방은 바다 한 구석에 위치해 있어 외국과 교섭을 한 적이 없다. 따라서 견문이 넓지 못한 채 삼가고 단속하면서 나라를 지켜온 지 거의 500년이 되었다. 교린의 방도가 있다는 것은 경전에 게시되어 있는데, 오활하고 꽉 막힌 儒者들은 송 나라 조정이 화약을 맺었다가 나라를 그르친 것만 보고 제멋대로 끌어다 비유하면서 걸핏하면 斥和論을 들먹이고 있다. 그들은 상대편에서 화해하자고 왔는데 우리쪽에서 싸우자고 덤빈다면 천하 사람들이 장차 우리를 어떤 나라라고 할는지는 생각지 않는단 말인가. 孤立無援한 상황에서 세계 만방과 갈등을 빚어내어 공격의 화살이 우리에

게 집중되면 패망의 길로 접어들게 되리란 것을 분명히 알면서도 조금도 후회하지 않는 것, 이것이 과연 어떤 의리에 근거한 것인가.

이러쿵저러쿵 떠들어 대는 자들은 또 서양의 여러 나라와 수호를 맺는 것을 가지고 장차 邪敎에 물들게 될 것이라고 말하고 있다. 이는 실로 우리 유학을 위해서나 세상의 교화를 위해서나 심원하고 장구한 염려이다. 그러나 수호를 맺는 것은 수호를 맺는 것이고 사교를 금하는 것은 사교를 금하는 것으로, 이는 별개의 문제이다. … 근자에 교화하기 어려운 자들을 익히 보고 백성들의 뜻이 안정되지 않아 마침내 6월의 변고가 있게 되었다. 그 결과 이웃 나라에 신용이 떨어지고 천하에 웃음거리가 되었다. 국세는 날로 위태로워지고 배상금은 수만에 이르게 되었으니, 어찌 한심하지 않겠는가. 일본인들이 우리나라에 들어와 언제 우리를 학대하고 모욕하며 우호 조약을 어그러뜨린 일이 있었는가. 그런데도 우리 군민들은 함부로 의심하고 저해하며 분노하는 마음을 품고서 이렇게 아무 이유도 없이 먼저 건드리니, 너희들도 생각을 해 보라. 그 허물이 누구에게 있는지.

이제 다행스럽게도 어느 정도 일이 처리되어 예전의 우호관계가 다시 회복되었고, 영국, 미국 등도 장차 줄지어 이를 것이다. 조약을 체결하고 통상하는 것은 세계 만국의 통례로 우리나라에서 처음 실시되는 것이 아니니, 결코 경악할 일이 아니다. 너희들은 두려워하지 말고 안심하라. 선비들은 부지런히 공부하고 백성들은 마음놓고 농사를 지어, 다시는 '양(洋)'이다. '왜(倭)'다 하면서 소란을 피우며 와전시키지 말라. 항구와 가까운 지역에서는 외국인들이 간간이 다니는 일이 있더라도 이를 단지 일상적인 것으로 간주하며 무덤덤하게 보아넘기고 혹시라도 먼저 건드리는 일이 없도록 하라. 만약 저쪽에서 능멸하는 일이 있다면 마땅히 조약을 살펴 징계해서 결코 우리 백성들에게 피해가 가고 외국인들을 보호하는 일이 없게 할 것이다. (中略) 그리고 이미 서양과 수호를 맺은만큼 경외(京外)에 세운 척양(斥洋)에 관한 비석들은 상황이 달라졌으니 모두 뽑아버리도록 하라. 너희 사민들은 각기 이런 뜻을 잘 양지하라는 내용을 의정부로 하여금 게시하고 팔도(八道)와 사도(四都)에 행회하도록 하라.(『承政院日記』, 고종 19년 8월 5일)

이 지시에 나타난 고종의 세계인식 곧 일본과 미국 청국에 대한 인식은 대체적으로《朝鮮策略》의 연장선에 있었던 것으로 평가할 수 있다. 고종은 서두에서 조선이 개국 이래 외부세계와 단절해 왔음을 밝히고, 그러나 최근의 세계대세는 춘추전국시대를 방불케 하는 시대로 공법에 의거하여 각국이 부국강병을 추구하는 상황이라고 지적한 뒤, 조선도 이와 같은 시대를 맞이하여 일본과 우호통상조약을 체결하였음을 지적하였다. 일본과 조약체결 이후 국내에서는 척화론에 입각한 저항도 있었지만 그와 같은 염려는 기우에 불과하였다고 평가하고, 이를 바탕으로 서양과의 교류를 공개적으로 주장하고 있다.

고종의 이와 같은 대외인식은 강화도조약체결 당시의 '倭는 倭이고 洋은 洋이다'라고 주장하였던 '倭洋分離論' 단계를 넘어 통상과 개항이 거스를 수 없는 大勢임을 밝히고 있다. 정치와 통상을 분리하고, 정교분리를 분리하여 사교 금압에 대한 자신감을 표방하면서 개방이 대세임을 주장하고 있다. 적어도 표면적으로는 척화비의 척결로 조선정부는 대외정책에 있어 명분과 실제가 일체를 이루었다고 평가할 수 있을 것이다.

Ⅳ. 맺음말

개항기 조선인의 일본인식 분석에 앞서 이 글은 조선의 개항과정에 나타난 특수성을 먼저 제시하였다. 조선은 동아시아의 인접국 청국 일본과 달리 19세기 중엽 서구 열강의 무력 압박에 굴복하여 국내 시장을 개방한 이후에도 20년 이상 기존의 질서를 완강히 유지하였다. 또한 일본과 근대적인 형식의 조약을 체결한 이후에도 10여 년간의 시차를 두고 서구 제국과 교류를 단계적으로 이행하였다. 1876년 일본과의 조약체결을 눈앞에 둔 시점에서도 국내에서는 집권관료들의 대부분과 재야지식인 및 그리고 하층민 사이에서는 광범위하게 개항 반대론이 존재하였다. 이와 같이 광범위하게 개항반대론이 존재하고 저항이 있었음에도 불구하고 고종을 중심으로 집권 세력이 개항을 추진하였던 근거는 어떤 것이었는가?

이 글에서는 1866년 병인양요와 신미양요를 거치면서 조선정부의 개방 반대 정책의 상징이었던 척화비와 임오군란 이후 척화비 폐기 조칙을 비교하였다. 친정 이후 고종은 일차적으로 재야의 이른바 '倭洋一體論'에 대해 '倭'와 '洋'을 分離하여 일본과의 수교하였고, 서구와의 교류에 대해서는 '수호를 맺는 것은 수호를 맺는 것이고 사교를 금하는 것은 사교를 금하는 것'이라는 명분으로 개방을 추진하였다.

개항 이후 조선 정부는 일본을 같은 문명권의 전통적인 관계의 연장이라는 명분으로, 서구 열강에 대해서는 정치와 통상을 분리함으로써 수교를 추진하였다. 한편 전통적으로 조선의 외교정책을 견인하였던 청국은 <조선책략>에서 한일 양국 관계를 '輔車相依'로 규정하며 '결일'을 주장하였다. 같은 시기 조선정부의 정책 결정 과정에 참여하였던 인물들이 교류하였던 일본에서도 이른바 서양의 침략에 동아시아 삼국의 연대를 주장하는 '아시아주의'를 강조하고 있었다. 아시아주의의 입장에선 자료들에서 흔히 양국관계를 '脣亡齒寒', '一衣帶水', '同文同種' 등으로 표현하였다. 조선이 오늘과 같은 규모의 세계와 처음으로 만났던 시기 주변국으로부터 제시되었던 이와 같은 세계인식은 개항 이후 '병합'에 이르는 전시기를 관통하면서 이른바 조선의 근대화를 추동하였던 세력의 '동양평화론'적 사고와 '인종론적 세계관'의 바탕이 되었다.

〈토론문〉

〈개항기 일본·일본인 인식〉에 대한 토론문

김세민 | 전 하남역사박물관 관장

이 논문은 시기적으로 1868년 메이지정부 수립 이후 한일 간의 접촉으로부터 조선정부의 서계거부, 운요호사건, 강화도조약, 1881년 김홍집의 제2차 수신사와 『조선책략』 유입 등의 기간을 대상으로 하고 있고, 내용의 핵심은 2장. 강화도조약과 일본인식(왜와 양은 다르다), 그리고 3장. 초기 개화정책과 일본인식(결일인가 반일인가)이라고 보인다. 발표자인 최덕수 교수님께서는 다년간 이 분야에 대한 연구를 해 오시고, 최근에는 저서 『근대 조선과 세계』(2021)로도 출간하신 바가 있기 때문에 토론자로서 특별히 다른 의견을 갖고 있지는 않다. 다만 오늘 토론자로 참여했기 때문에 한 두가지 궁금한 점을 여쭙는 것으로 역할을 마치고자 한다.

첫째, 이 논문에서 일본에 대한 고종의 인식이 나타나는 것은 『承政院日記』 1875년 2월 5일이다. 〈상이 "올라온 書契를 끝까지 받아 보지 않는다면 자못 誠信의 도리가 아닌 듯하다. 또한 받아 본 뒤에 만일 따르기 어려운 일이 있으면 비록 백 번을 물리치더라도 마땅히 도로 받아서 가겠다고 약조를 했으니, 이번에는 가져와 보게 해서 실로 격식을 어긴 점이 있으면 다시 물리치는 것이 불가하지 않을 듯하다"〉는 내용에 대해, 발표자는 〈1868년 메이지정부 수립 이후 일본에서 보내온 서계에 대한 접수 거부 논의와 다른 점은 일단 외교문서를 접수해서 검토해보자는 입장이 새로 나타났다고 할 것이고, 주목되는 점은 서계를 접수하여 적극적으로 대일외교를 풀어가자는 입장의 선두에 고종이 있다는 점이다.〉라고 했는데, 그렇다면 이때 고종이 선두에 선 이유는 무엇인지?

여기에는 고종이 〈서계 접수 자체를 거부하는 것은 '誠信에 어긋난다.'고 하여 서계의 접수를 주장〉한 것 외에도, 고종은 〈"동래 부사의 장계에 대해 아직도 回啓하지 않는 것은 무슨 까닭인가?" 하니 이최응이 "이는 交隣의 大事에 관계되는 일이기 때문에 시임, 원임 대신들이 의논해 사리에 맞는지 깊이 고찰한 뒤에 회계하겠습니다" 하자, 상이 "속히 회계하고 이어 三懸鈴으로 알리도록 하라."〉고 하여, 시급성을 강조하였다.

심지어 고종이 〈"이번의 서계는 개수한 곳이 있다고 하자, 김병국이 이번의 서계 가운데는 단지 '天子'란 두 자만 삭제하고 '皇' 자와 '大' 자는 끝내 고치지 않았다고 하였으나, 그럼에도 고종은 동래는 여기에서 천 리나 되니 關文을 보낼 때는 三懸鈴으로 하여 밤낮을 가리지 말고 내려가게 하는 것이 좋겠다."〉고 재차 시급성을 강조해 서두르게 하였다.

둘째, 발표자는 〈고종과 시원임대신 회의에서 개항에 대해 논의하기 시작했을 때, 최익현의 개항반대론, 즉 '倭洋一體論'이 나타나자, 고종은 『承政院日記』, 고종 13년 1월 27일에서 "왜인을 제어하는 일은 왜인을 제어하는 일이고, 양인을 배척하는 일은 양인을 배척하는 일이다. 이번에 왜선이 온 것이 양인과 합동한 것인 줄 어떻게 확실히 알겠는가. 왜인이 양인의 척후라 하더라도 각각 응변할 방도가 있을 것이다"라고 하여 '倭洋一體'를 부인하는 것으로 '倭'와 '洋'을 분리하였다고 하였다.〉고 하였다.

'왜와 양이 다르다'는 고종의 '倭洋分離論'은 일본과의 개항과 강화도조약을 앞둔 시기에 이를 반대하는 보수파의 '倭洋一體論'의 대응논리에서 나온 것으로, 개항을 해야 하는 고종의 상황 판단이자, 정치적 수단으로도 보인다. 당시 이미 서양화된 일본에 대해 보수파들 눈에는 왜와 양이 같은 것으로 비춰질 수밖에 없었고, 이들의 주장도 일정 부분 옳은 부분이 있었는데, 고종은 정말 왜와 양이 다르다고 생각한 것인지?

예를 들면, 고종은 〈"이번의 差倭는 火輪船을 타고 왔다고 하는데 이는 洋夷와 더불어 서로 통하기 때문이다. 그러나 이는 먼저 캐물을 것은 아니다"〉라고 하여, 일본이 서양의 상징이라고 할 수 있는 화륜선을 타고 온다는 것과 양이와 서로 통하고 있다는 것도 알고 있었다. 이것은 고종이 '왜와 양이 같다'는 倭洋一體論이 틀리지는 않지만, 중요하지 않다고 생각하는 것은 아닌지?

이에 대해 김병국은 "전에 차왜가 왕래할 때는 매번 飛船을 탔었으니 이번에 화륜선을 타고 온 것이 어찌 보고 듣기에 놀랍지 않겠습니까. 비록 철저하게 캐물을 필요는 없더라도 또한 내버려 두고 묻지 않아서는 안 됩니다."라고 주장하자, 고종은 〈"화륜선은 근래 중원에서도 쓰는데 물에서 매우 빨리 간다."〉고 하여 1875년의 시점에서 서양 화륜선의 실용적인 면을 언급하고 있다.

셋째, 1880년 제2차 수신사 김홍집에 의해 『조선책략』이 유입되었는데, 이 책의 핵심은 러시아의 남하정책을 방비하기 위해서 親中國, 結日本, 聯美國이었다. 고종은 이에 의해 서양과 조약을 맺고 개방하기로 결심하지만, 이때에도 조야에서는 역시 반대론이 일어났다. 고종은 〈"수호를 맺는 것은 수호를 맺는 것이고 사교를 금하는 것은 사교를 금하는 것으로, 이는 별개의 문제이다"〉라고 수호와 사교를 분리했다. 『고종실록』 고종 17년 9월 8일 고종과 이최응의 대화를 보면, 이최응은 "지난 6월 미국 사람들이 동래부에 왔었는데, 미국은 본래 원수진 나라가 아니었으므로 그들이 만약 서계를 동래부에 바친다면 동래부에서 받아도 잘못될 것은 없으며, 예조에 바친다고 한다면 예조에서 받아도 역시 괜찮았을 것입니다"라고 하여 서계는 접수해야 한다고 주장했다.

이에 고종은 "우리나라의 풍습이 본래부터 이러하므로 세계의 웃음거리가 된다. 서양은 본래 서로 은혜를 입은 일도 원한을 품은 일도 없었는데, 애당초 우리나라의 간사한 무리들이 그들을 끌어들임으로써 강화도와 평양의 분쟁을 일으켰으니, 이는 우리나라가 스스로 반성해야 할 바이다. 대체로 洋船이 우리 경내에 들어오기만 하면 대뜸 邪學을 핑계 삼지만, 서양 사람이 중국에 들어가 사는데도 중국 사람들이 모두 사학이라고 말하는 것은 아직 들어보지 못하였다. 이른바 사학이란 배척해야 마땅하지만 불화가 생기게까지 하는 것은 옳지 않다."고 하였다. 고종은 서계를 받는 것은 받는 것이고, 사학을 배척하는 것은 배척하는 것으로 역시 분리하여 대응했고, 상황이나 대응이 모두 1875년과 매우 흡사함을 알 수 있다.

재일한국인의 일본, 일본인 인식
- 고권삼, 김두용, 다케다 세이지의 경우를 중심으로 -

김인덕 | 청암대학교 교수

Ⅰ. 머리말

김문준이라는 일제강점기 대표적인 반일투사는 『民衆時報』의 「발행취지 및 강령」에서, 현재 일본 내에 거주하는 조선인은 게이한신 지방만으로도 30만 명을 헤아리고 있다. 언어·습속의 차이와 무지, 문맹, 빈곤, 분산, 무권리(無權利)의 특수성이 가져온 생활문제로부터 조선인 자신들의 언론기관을 요구하는 절실함은 누구나 다 긍정할 것이다. 그러나 그 출현은 항상 자력(資力)의 결핍으로 제약되고 있다. 이에 대해서 우리 동인 일동은 좌기(左記)의 강령 하에서 미충(微衷)을 경도(傾倒)하여, 본보(本報)를 발행하려고 있다. 다행이 만천하의 민중의 절대(絶大)한 지원과 편달이 있기를 바라는 바이다. 1. 우리는 일본 내에 거주하는 조선인 민중의 생활 진상과 여론을 보도하는 불편부당적(不偏不黨的) 언론기관으로서 존립과 성장발전을 기한다. 1. 우리는 일본 내에 거주하는 조선인 민중의 생활 개선과 문화적 향상의 촉진을 기한다. 1. 우리는 일본 내에 거주하는 조선인 민중의 생활권 확립과 그 옹호·신장에 이바지할 것을 기한다.[1](강조 : 필자)”[2]라고 했다. 이렇게 『民衆時報』는 재일한국인[3]의 생활, 생활권의 확립과 옹호 그리

---

1) 朴慶植 編, 『朝鮮問題資料叢書』 第5卷, アジア問題硏究所, 1983, 531쪽.
2) 『民衆時報』, 朴慶植 編, 『朝鮮硏究資料叢書』 5, 三一書房, 1983, 참조.

고 문화적 향상을 촉진하고자 그 강령에서 피력했다. 이런 모습만이 재일한국인의 일제강점기 모습일까.

역사적으로 볼 때 재일한국인은 도시 하층 사회에 편입되었다. 이들은 부락민과 동등한 수준이거나 이를 밑도는 빈곤층으로 존재했다. 이들 재일한국인의 삶은 시작부터 트라우마였다. 일상에서 이들이 안정적인 거주 공간을 확보하는 것은 절대 쉽지 않았다. 그렇다면 재일한국인은 사회복지의 대상으로 존재해야 했다. 그러나 조선 출신인 재일한국인은 구조적, 본질적으로 차별 당했다. 사회복지라는 이름은 유명무실했던 것이다. 결국 재일한국인은 사회복지와 의료의 사각지대에 존재해야 했다. 이 모습의 기저에는 일본 사회와 일본인이 존재했다고 하면 과언일까.

본 연구는 재일한국인의 역사적 접근을 통해 다양한 일본, 일본인 인식의 모습을 보고자 해서 작성된다. 일본 사회의 대세는 아니지만 일찍이 후세 다츠지(布施辰治)는 적극적인 조선에 대한 현실적 인식 내용을 서술하고 제국주의에 대한 비판적 인식의 틀을 보여주고 있다. "한일합방은 어떠한 미사여구로 치장하더라도 실제로는 자본주의적 제국주의의 침략이었다. 오늘날 입본 자본주의 아닌 세게 자본주의는 아직 무너지지 않고 더욱 단말마적인 폭위를 떨치고 있다. 자본주의적 제국주의로 인해 침략당한 조선 민중이 더욱 착취당하고 억압받는 것은 당연한 귀결일 것이다."[4)]

본 연구에서 필자는 선택적 글쓰기를 위해 택스트를 통한 개인의 일본에 대한 인식의 틀을 살펴보고자 한다. 대표적인 친일파로 잘 알려져 있지 않으나 중요한 서적인 있는 사람, 그 친일파의 체계적으로 정리한 저서를 쓴 사람, 그리고 이를 보면서 현재를 사는 사람으로 저서를 갖고 있는 사람으로 고권삼, 김두용, 다케다 세이지를 선택했다. 그리고 이들의 저작 한 권을

---

3) 본고에서는 일본에 사는 한민족을 재일한국인, 재일조선인, 재일동포 등의 용어를 혼용한다.

4) 『赤旗』 1923년 4월.

중심으로 그들의 논리를 통해 다양한 재일한국인의 역사 속 일본, 일본인 인식을 살펴보고자 한다. 재일한국인에 인식에서 일본, 일본인에 대한 인식으로 지형 확장을 시도해 보겠다.[5)]

Ⅱ. 고권삼의 일본, 일본인 인식

1. 누구인가?

고권삼(高權三)은 1901년 5월 31일 제주도 남제주군 성산읍(城山邑) 온평리(溫平里)에서 태어났다.[6)] 본관은 제주(濟州)이다. 할아버지는 정의현감(旌義縣監)과 고창현감(高敞縣監)을 지낸 고계정(高啓正)이다. 1920년대에 제주에서 청년 운동을 펼친 고은삼(高殷三)의 동생이다. 일본 오사카에서 태어나고 자란 농학 박사 고태보(高泰保)가 아들이다. 1919년 일본으로 유학했다가 개인 사정으로 1921년 9월 귀국하였다. 이후 다시 유학하여 1927년 3월 와세다대학교 정경학부를 졸업하였다. 졸업 후 한때 제주 공립농업학교와 국방청년학교에서 교사로 근무하였다. 와세다대학교 재학 중에는 고향인 제주 성산읍과 연계하여 청년회를 조직하는 등 계몽 운동을 전개하여 일제 경찰의 '요시찰인'으로 감시를 받기도 했으며, 아리랑 연구에 몰두하는 등 민족주의적 성향을 보이기도 했다. 이후 일본 오사카에 머무르면서 친일 성향의 저술 활동에 종사하였다.

1930년대에 『近世朝鮮興亡史』를 비롯해 다수의 서적을 출판했다. 이를 계기로 와세다대학에서 정치학을 강의했고, 주로 국방이나 군사에 중점을

5) 본격적인 재일한국인의 보편적인 일본, 일본인에 대한 인식은 별도의 연구가 필요하다고 생각한다.

6) 『친일인명사전』, 민족문제연구소, 2009, 국제고려학회 편, 정희선·김인덕·신유원 역, 『재일코리안사전』, 선인, 2012.

둔 일간지 『국민신문』의 논설을 담당했다. 고권삼의 저서들 가운데 가장 주목을 받은 것은 『大阪と半島人』(東光商會, 1938)이다. 오사카에 사는 조선인에 관한 에세이 성격의 책인데, 당시 오사카에서 조선인 시장의 활황(活況)을 묘사하는 등 다소 흥미로운 서술들이 포함되어 있다. 일제 말 전시체제기에는 이른바 어용적인 '황도(皇道)' 철학을 고취하는 논설을 다수 발표하였다. 대표적으로 「왕도 철학과 황도 철학」이 있는데, 이에 따르면 일본 고유의 황도 철학이 중국의 왕도 철학보다 우월함을 주장하면서 일본을 중심으로 대동아 공영권을 완성해야 한다는 내용이다. 이 밖에도 '한일합병'에 대해서는 "우리 내선의 동포는 물론, 전 아시아 민족이 경의할 만한 역사적 사업 그 자체"이며, "동아 영원의 평화와 아시아인에 의한 아시아 건설"이라고 평가했다. 이러한 친일적인 저술 활동으로 인해 2009년 민족문제연구소에서 발간된 『친일 인명사전』에 등재되었다.[7)]

고권삼의 주변 관련해 아들의 행적을 살펴 볼 필요도 있다. 아버지의 뒤를 이어 학자의 길을 갔던 고태보가 있다. 아들 고태보에 대한 행적을 정리해 보자. 형이 고태길이다. 그는 1939년 7월 25일생이다. 영화로도 만들어진 소설 『血と骨』의 무대였던 오사카시(大阪市) 히가시나리구(東成區)에서 일본의 5형제 중의 차남으로 태어났다. 작가 양석일(梁石日)과 이웃에 살았다. 이로 인해 어머니의 일상의 모습이 『피와 뼈』에 묘사되어 있는 것은 유명하다. 아버지 고권삼과는 잠시 살았던 것 밖에 없었다고 한다. 아버지가 한국에 돌아가고 형이 일찍 사망하여 어머니와 남은 일본의 형제와 살았다. 극빈한 생활을 하여 어머니가 자는 모습을 한 번도 본 적이 없었다.

고권삼의 시점은 왜곡된 관점 속에서 그의 지향점만 확인된다고 보인다. 그는 외형적인 일상만을 보고 있다. 『大阪と半島人』에서 오사카에 사는 재일한국인에 관해 정리하고 있다.[8)] 전술했듯이 당시 '조선시장'의 활황을 묘

7) 김인덕, 「재일코리안의 민속·생활의 변용: 高權三과 『大阪と半島人』을 통한 猪飼野의 일상」, 『재일코리안의 생활 문화와 변용』, 선인출판사, 2014. 10, 참조.

사하는 등 일단 흥미롭다. 정치적으로는 민족독립을 확실하게 내세우지 않고 오히려 일본제국의 시책을 기본적으로 긍정하는 입장을 주장했다. 단 식민지 하에서도 조선민족의 독자성을 부정하려 하지는 않았으며, 여기에서는 일제도 그것을 인정해야 한다고 주장했다.

2. 『大阪と半島人』의 인식

본 도서는 총 21개 주제를 선정해 서술하고 있다. 기본적으로 '반도인'이라는 용어를 통해 내선융화적 입장을 견지하면서 서술을 전개하고 있다. 고권삼은 책의 목적을 "내선동포 결속에 일조하는 것"이라고 했다. 그 내용을 정리하면 다음과 같다.[9)]

첫째, 조선인의 사상 동향을 거론했다. 오사카 조선인의 사상을 다루면서 김문준을 대표적인 인물로 거론하면서 사회주의와 공산주의 등의 이른바 '위험사상'을 갖고 있는 사람은 소수라는 것이다. 그리고 조선인 사상 전향을 거론하면서 국방헌금, 부인들의 비녀 헌납과 같은 일이 각지에서 나타난다면서 사상이 변하고 있다는 것이다. 또한 종국적 목표를 완전한 '내선동체'가 되는 것으로 설정했다.

둘째, 오사카 조선인 사회의 규모와 구성에 대해 언급하여, 인구분포를 통해 오사카 조선인은 평양인구 보다 많다는 사실을 분명히 했다. 특히 이카이노(猪飼野)의 경우 조선인이 길을 다니는 사람 가운데 약 2/3를 차지한다는 것이다. 여기에서는 이카이노의 특수성을 주목하고 있다.

셋째, 오사카와 조선의 역사를 언급했다. 여기에서는 1650년 전부터 온

8) 『재일코리안사전』, 선인, 2012, 32쪽.
9) 이하의 내용은 필자의 선행 연구를 참조한다(김인덕, 「재일코리안의 민속·생활의 변용: 高權三과 『大阪と半島人』을 통한 猪飼野의 일상」, 『재일코리안의 생활 문화와 변용』, 선인출판사, 2014. 10).

조선인 도래인(渡來人)의 역사를 통해 오사카와 고대 한일관계에 대해 서술했다. 오사카 시내 시텐노지(四天王寺)를 건립한 사람이 조선에서 온 사람이라고 했다.

넷째, 조선인의 일상을 정리해 서술하고 있다. 특히 이카이노쵸(猪飼野町)의 조선인 어린이를 언급했다. 여기에서는 다수 조선 어린이의 일본어 습득 상황, 스포츠 선수로서의 활동, 조선어 구사능력, 생활 등의 조선 어린이 일상의 모습을 구체적으로 보여 주고 있다. 고권삼은 이들의 일상에서의 빠른 적응을 다른 어떤 것보다 중시했다. 실제로 어린이의 경우 2년이 되지 않아 조선어를 잊는다는 것이다. 일본어 공부를 열심히 하는 이유는 성적 때문이라고 했다. 아울러 '조선시장'을 소개하면서 공설시장으로의 승격을 통한 내선일체의 구현, 경성의 7배 인구 거주지 상인의 박리다매로 인한 오사카의 싼 물가를 소개했다.

그리고 오사카 조선인의 다양한 직업으로 이사, 관리, 사무원, 상점 외판원, 생명사 외무원 등과 오사카 각종 학교의 조선인 고학생, 조선인 넝마주의, 고물상, 카페의 조선여성 등도 소개했다.

다섯째, 오사카의 일본인, 주요 조선인 인물에 대한 소개를 하고 있다. 먼저 조선경무국장 출신 이케다(池田)부지사를 소개하면서, 조선을 잘 알고 반도인을 잘 이해하는 인물로 평했다. 또한 조선인을 언급하면서 먼저 이선홍의 근황으로 중의원 의원선거에서 낙선한 사실을 들고 있다. 특히 박춘금과 대비적으로 그를 평가했다. 반도 출신의 소학교 선생님으로 정필화(鄭畢和)를 사진과 함께 소개하고 있다. 정필화의 경우 전체 수석을 했던 수재라고 소개하는데, 아버지는 정규영(鄭圭永)이라고 했다. 아울러 성공한 大阪 조선인으로 상인 정재관, 고철 상인이었던 양상림, 셀루로이드 공장주 이한명 등이 소개되고 있다.

여섯째, 오사카협화회(大阪協和會)의 융화운동을 소개하고 있다. 구체적으로는 오사카부협화회(大阪府協和會)의 국어 일본어 사용 장려, 일본 옷,

신발 장려 등의 일상의 융화운동과 교풍회, 계명회 등의 단체운동, 동양철선(東洋鐵線)과 협화법랑제작소의 조선인 노동현실 등을 소개했다.

일곱째, 제주도와 오사카의 관련성에 주목했다. 필자의 고향이기도 한 제주도를 소개하고 역사적으로 1250년 전부터 제주도의 “왕족 고씨”가 오사카에 갔던 일을 서술하고 있다. 여기에서 오사카와 제주도의 관계가 시작되었다고 한다. 특히 제주 여성의 왕성한 활동력에 주목하고 있다. 아울러 통항조합을 통한 제주도 사람의 활동을 거론했다.

또한 고권삼은 오사카의 조선인이 내선동포의 선두에 서자고 하면서 제국통치에 대한 ‘비애국적 행동’에 대한 응징을 거론했다.

이렇게 고권삼은 『大阪と半島人』에서 재일한국인의 사상을 다루면서 ‘김문준을 대표적인 인물’로 거론하고 ‘사회주의와 공산주의 등의 이른바 ‘위험사상’을 갖고 있는 사람’이 소수라면서 특히 김문준에 주목했다. 어떤 한 사실의 왜곡과 일본주의적 모습을 그대로 보여주는 대목이다.

황도철학을 갖고 있던 그는 재일한국인의 사상 전향을 거론하면서 ‘국방헌금, 부인들의 비녀 헌납과 같은 일이 각지에서 나타난다면서 사상이 변하고 있다’는 것이다.[10] 또한 종국적 목표를 완전한 ‘내선동체’가 되는 것으로 설정했다. 이런 표피적, 지극히 정치적인 재일조선인 사회에 대한 인식은 그의 일련의 행동을 규정하고 있다고 판단하게 만든다.[11]

---

10) 高權三, 『大阪と朝鮮人』, 東光商會書籍部, 昭和13年, 4쪽.

11) 고권삼은 大阪의 일본인, 주요 조선인 인물에 대한 소개를 적극 하고 있다. 먼저 조선경무국장 출신 이케다(池田)부지사를 소개하면서, 조선을 잘 알고 반도인을 잘 이해하는 인물로 평했다. 또한 조선인을 언급하면서 먼저 이선홍의 근황으로 중의원 의원선거에서 낙선한 사실을 들고 있다. 특히 박춘금과 대비적으로 그를 평가했다. 반도 출신의 소학교 선생님으로 쓰루하시고등소학교의 선생님 정필화(鄭畢和)를 사진과 함께 소개하고 있다. 정필화의 경우 부립이쿠노고등여학교에서 전체 수석을 했던 수재라고 소개하는데, 아버지는 정규영(鄭圭永)이라고 했다. 아울러 성공한 大阪 조선인으로 상인 정재관, 고철 상인이었던 양상림, 셀루로이드 공장주 이한명 등이 소개되고 있다(김인덕, 「재일코리안의 민속·생활의 변용: 高權三과

이런 고권삼은 오사카협화회의 융화운동을 적극 소개하고 있다. 구체적으로는 오사카부협화회의 국어 일본어 사용 장려, 일본 옷, 신발 장려 등의 일상의 융화운동과 교풍회, 계명회 등의 단체운동, 동양철선과 협화법랑제작소의 조선인 노동현실 등을 서술하기도 했다. 동시에 그는 오사카의 조선인이 내선동포의 선두에 서자고 하면서 제국통치에 대한 '비애국적 행동'에 대한 응징을 거론했다. 그에 따르면, 1934년 오사카는 동화정책의 공간이었다. 당시 오사카는 오사카협화회의 주도로 구조적으로 조선옷 착용 금지, 국어인 일본어 상용 장려 등 이른바 '행정당국'에 의해 계속 지도되고 있었다. 고권삼은 '내선동포'가 정말로 자각을 한다면 옷이나 언어는 아무래도 상관없지만, 같은 국민이면서 차별 관념을 갖고 있기 때문에 협화회에서도 여러 가지 미묘한 연구와 상당한 노력을 기울이고 있는 것 같다면서 본질을 흐리는 반민족성을 드러내고 있다. 그는 과학이 아니라 정치, 융화정치를 하고자 했던 것이다.[12] 여기에서 나악 일본에 대한 적극적 평가를 시도한다.

즉, 재일한국인의 공간에 대한 고권삼의 시각은 일본적이었다. 고권삼은 『大阪と半島人』에서 '이카이노는 공설시장(公設市場)이 아니었다. 1920년대 초 처음 여기에 시장이 섰을 때, 경찰이 길을 더럽히고 교통에 방해를 준다고 하여 시장 형성을 반대'했다는 것이다. 그러나 동시에 '어려서부터 먹던 익숙한 음식이 있고, 어려서 입던 옷이 있어서, 이것을 구할 수 있는 곳은 조선시장' 말고는 쉽지 않았다고 했다.[13]

『大阪と半島人』을 통한 猪飼野의 일상」, 『재일코리안의 생활 문화와 변용』, 선인출판사, 2014. 10, 참조).

12) 김인덕, 「재일코리안의 민속·생활의 변용: 高權三과 『大阪と半島人』을 통한 猪飼野의 일상」,『재일코리안의 생활 문화와 변용』, 선인출판사, 2014. 10, 참조.

13) 高權三, 『大阪と半島人』, 東光商會書籍部, 昭和13年, 35~36쪽. 실제로 1930년대 중반에는 큰 길가인 御幸森상점가도 상점가 뒷골목에 있는 '조선시장'도 번성했다. (임승연, 이영민, 「오사카 한인타운의 장소성과 재일한인 정체성의 관계적 특성 연구」, 『로컬리티 인문학』(5). 4, 99쪽) 태평양 전쟁이 끝날 무렵에 이곳에는 공설시

Ⅲ. 김두용의 일본, 일본인 인식

1. 누구인가?

김두용은 근대 한국문학사에서 거론되어 문학사적으로 유명하다.[14] 그리고 최근에는 필자의 연구와 함께 후지이시 다카요(藤石貴代)의 연구도 나왔다.[15] 필자와 마찬가지로 재일조선인 운동사 속에서 김두용의 역할에 주목한 후지이시 다카요의 연구는 필자가 보지 못한 관련 기록과 인터뷰를 통해 초기 활동, 특히 교토(京都) 삼고(三高) 시절의 활동을 보다 구체적으로 서술하고 있다. 아울러 몇몇 대목에 있어 필자가 쓴 논문의 내용을 새롭게 정리하게 하는 부분들이 있다. 이에 필자는 본론에 앞서 연보와 그의 주요 저작을 다시 정리하고자 한다.

먼저 식민지시대 그의 연보를 다시 확인해 보면 다음과 같다.

(김두용 연보)
함경남도 함흥 출생/ 京都三高 졸업/ 東京帝大 미학과 중퇴
新人會 가입/ 反帝同盟 참가
조선프롤레타리아예술동맹 동경지부 결성
無産者社 조직/ 위원장/ 재일본조선노동총동맹의 일본노동조합전국협의회로의 해소 주도

장에 일본인과 조선인 상점이 혼재하게 되었다(이상봉, 「오사카 조선시장의 공간정치-글로벌화와 장소성의 변용-」, 『한국민족문화』(41), 2011, 240쪽).

14) 그에 대한 주요 문학사적 연구를 들면 다음과 같다. 정홍섭, 「1920~30年代 文藝運動에 있어서의 方向轉換論 硏究」, 서울대석사, 1989; 유문선, 「정치적 과제와 문학운동-김두용론」; 김윤식·정호웅 편, 『한국문학의 리얼리즘과 모더니즘』, 민음사, 1989; 김외곤, 「1930년대 후반의 한국문학과 반파시즘 인민전선」, 『외국문학』, 1991, 9; 任展慧, 『日本における朝鮮人の文學の歷史 -1945年まで-』, 法政大學出版局, 1994.

15) 藤石貴代, 「金斗鎔と在日朝鮮人文化運動」, 大村益夫, 『近代朝鮮文學における日本との關連樣相』, 綠蔭書房, 1998.

당재건 사건 관련 1차 투옥/ 출옥 후 일본프롤레타리아문화연맹 조선협의회 위원장/ 『우리동무』 편집장
同志社 결성/ 2차 투옥
『生きた新聞』, 『文學評論』 등에 원고 집필/ 朝鮮藝術座 창립, 위원장/ 3차 투옥

이러한 김두용의 연보에서 문제가 되는 것은 전향 사실이다. 필자는 이미 발표했던 글에서 권일의 회고를 통해 사실 확인을 시도했다. 여기에 대해서는 보다 자세한 자료 조사가 필요한 것으로 판단된다. 주요 저서로는 『日本における反朝鮮民族運動史』(鄕土書房, 1947), 『朝鮮近代社會史話』(鄕土書房, 1947) 『조선민족해방투쟁사』(공저, 1949) 등이 있다.

김두용은 무산자사와 노동계급사에서 주도적으로 활동하면서, 당시 주요 논객이자 한국사 연구자였던 이북만, 이청원 등과 교류를 갖고, 그들의 문건을 통해 조선사에 대한 인식의 지평을 넓혔다. 이러한 결과 해방과 함께 단행본으로 자신의 근대사에 대한 인식을 체계화시킨 것이 『朝鮮近代社會史話』이다. 『朝鮮近代社會史話』는 1946년 우리 역사 강의를 요청 받고 집필한 책이다. 이에 앞서 김두용은 1930년 1차 투옥 때 조선에 대해 구체적인 지식을 갖지 못한 것을 부끄럽게 느끼고, 1934년 출옥과 동시에 삼일서방(三一書房)으로부터 조선에 대한 알기 쉬운 독본의 집필을 의뢰 받고 초고를 썼으나, 1936년 2차 탄압으로 초고가 압수되기도 했다.[16)]

2. 『일본에서의 반조선민족운동사』

김두용은 일본은 '군사적 경찰적 지배를 특징'으로 하는 사회라는 것이 기본적인 관점이다. 이에 따라 다른 나라에 비해 민주적이지 않다고 보았다.

---

16) 金斗鎔, 『朝鮮近代社會史話』, 鄕土書房, 1947, 1~2쪽.

이에 따라 조선인에 대해 일본인에 비해 군사적 경찰적 테러가 격렬했다.17)

그는 「재일조선인 반동단체의 죄악상」의 결론에서 다음과 같이 얘기하고 있다.

> 이상과 같은 것이 일본에 있어서의 친일파 민족반역자들의 반동단체들의 주류이다. 이 반동단체와 그 반동단체에서 책동하고 음모하던 주요한 친일파 민족반역자들은 지금 어떻게 되었는가? 반동단체는 해체되었다. 그러나 그들의 전부는 일제의 주구로서 반동의 길을 걷고 있다가 1945년 10월에는 건국촉진청년동맹, 건국촉진동맹을 조직하고 1946년 6월에는 과거의 무정부주의자 박열 … 일본에 있는 조선동포들을 해롭게 한 친일 민족반역자 박춘금을 비롯한 일본의 친일파 민족반역자들은…18)

분명히 김두용의 친일파론은 재일본조선인연맹의 조직적 강화와 관련해 정리되었다. 천황의 일시동인의 사상에 근거해 조선의 식민지화 일본 사회를 바라보았다.19)

일제강점기 일본지역에서의 친일파를 거론할 때는 박춘금과 이기동을 먼저 얘기할 수 있다. 김두용은 박춘금에 대해 다음과 같이 그의 역할을 규정했다.

> 상애회라고 하면 곧바로 박춘금과 이기동을 생각하는 사람이 많을 것이다. 이기동이 어떤 사람인지 몰라도 박춘금이라고 하면 조선인이면서 일본의 대의사가 된 저명한 친일파로 오늘날 민족반역자라고 하는 것은 누구도 알고 있을 것이다. 이 박춘금이야말로 일본에서의 조선인반동단체의 두목으로 종전에는 조선에 가서 대의단을 만들어 조선내 조선인 혁명가를 일망타진할 계획을 세웠을 정도이고 나아가 시종일관 일본군국주의에 협력하는 것

---

17) 金斗鎔, 『日本における反朝鮮民族運動史』, 鄕土書房, 1947, 1쪽.
18) 金斗鎔, 「在日朝鮮人 反動團體의 罪惡相」, 『歷史諸問題』(8), 1949. 7, 47쪽.
19) 金斗鎔, 『日本における反朝鮮民族運動史』, 鄕土書房, 1947, 11쪽.

을 즐긴 사람이다. 이 자가 상애회를 만든 장본인이다.[20]

상애회의 활동에 있어서 우두머리는 박춘금[21]과 이기동이었다. 이들은 1920년대 초부터 반일주구배로 이름을 날렸던 자로 재일조선인은 친일 테러의 선봉대장으로 그들을 기억하고 있다. 1936년 협화회는 정식으로 출범했다. 여기에 대해 김두용은 출발의 논리를 정리했다.

> 일본에 살고 있는 조선인에 대한 반동단체로는 상애회가 존재하는데 이것이 일선융화를 위한 민간단체로 강력하게 활동해 왔다. 그러나 정세는 이러한 일선융화의 사업을 단순히 민간에게 위임해서는 안 되고, 오히려 정부가 주도해서 강력하게 추진해야만 했다. 왜냐하면 당시에는 거의 일본이 특별히 지나사변을 계획하고 이와 관련하여 일본 내에서 반전분자를 철저히 탄압할 필요가 생겼기 때문이다.[22]

즉 일제는 1934년부터 중국침략을 위한 준비로 상애회보다 강력한 반동주구 단체가 현실적으로 필요했다. 이 문제를 해결하기 위해 일제는 적극적으로 나서, 1934년 4월에는 오사카부에 내선융화사업조사회라는 것을 만들어 구체적인 안을 만들기 시작했다. 일련의 사회복지적 단체를 만들어 갔으나 일본 사회속 조선인 사회는 소외의 대상 그 이상이 아니었다. 외형적 민간문제로 식민지 출신의 조선인을 대상화하고자 했다.[23]

김두용은 일본에 대한 절대적 비판의 칼날을 갖고 있었다, 김두용은 일본지역에서 생활했기 때문에 친일의 역사를 거론하기 보다는 주류적인 일

---

20) 金斗鎔, 『日本における反朝鮮民族運動史』, 鄕土書房, 1947, 3쪽.

21) 박춘금의 행적에 대해서는 다음의 글 참조. 松田利彦, 「朴春琴論」, 『在日朝鮮人史研究』(18), 1988, 小熊英二, 「朝鮮生まれの日本人-朝鮮人衆議院議員·朴春琴-」, 『コリアン·マイノリテイ研究』(1), 1998. 1.

22) 金斗鎔, 『日本における反朝鮮民族運動史』, 鄕土書房, 1947, 19쪽.

23) 金斗鎔, 『日本における反朝鮮民族運動史』, 鄕土書房, 1947, 21쪽.

본에서 사는 친일의 역사를 서술했다. 철저하게 그는 일본자본주의의 매판성을 잊지 않고 이를 전제로 노동력의 필요로 조선인이 일본에 갔다는 것이다.24)

한편 김두용은 일제강점기 조선 사회의 성격을 자본주의 사회로 규정하고, 농촌에서는 봉건적인 유제가 일본보다도 훨씬 농후하고 강력하게 잔존해 있다고 보았다. 그는 인류의 역사는 노예제, 농노제, 임금노동제로 변천해 왔는데, 그 변천과 발전에 있어 구체적인 모습은 각 나라가 처한 조건과 시기에 따라 달랐다면서 일본이 조선에서 구한 것은, 일본이 필요로 하는 식량과 공업원료의 획득, 상품판매, 투자시장, 대륙으로의 발전을 위한 군사적 기지의 이용에 있었다는 사실을 분명히 지적했다.

아울러 이것은 일본자본주의의 발전과 강화를 초래했다면서, 일본자본주의의 제국주의적 속성을 지적했다. 따라서 일제의 통치정책은 조선 민족 대다수를 점하는 노동자·농민의 불평불만과 반항을 낳았는데, 심각한 경제적 착취가 자행된 때 반드시 착취로부터 도피하려는 인민의 저항이 잉태됨은 당연하고, 이것을 탄압하기 위해 강력한 권력으로 군대와 경찰을 일제는 창출했다고 지적했다. 아울러 무단정치와 문화정치의 성격을 다음과 같이 했다. 그는 한일합병 후 최초의 10년은 일본이 무단정치를 공언하고, 무력에 의한 전제정치를 조선에 실시했으며, 경찰제도도 실시하지 않고 군대와 헌병을 갖고 조선민족의 모든 반항을 탄압했다면서, 일본의 문화정치는 강력한 경찰테러와 내지연장주의, 일선융화일시동인이라는 이름 아래, 정신적으로 조선 민족의 독립을 말살하려는 교육 내용을 통해, 수행되었다는 것이다.25)

24) 金斗鎔, 『日本における反朝鮮民族運動史』, 鄕土書房, 1947, 7쪽.
25) 金斗鎔, 『朝鮮近代社會史話』, 鄕土書房, 1947, 참조.

Ⅳ. 다케다 세이지의 일본, 일본인 인식

1. 누구인가?

또 한 사람의 재일한국인으로 다케다 세이지(竹田青嗣), 강수차(姜修次)가 있다. 그는 1947년 10월 29일 오사카부에서 태어났다. 평소에 쓰는 한국 이름은 강수차이지만, 호적상의 이름은 강정수(姜正秀)이다. 다케다 세이지(竹田青嗣)라는 이름은 다자이 오사무의 소설 "죽청"에서 따온 이름으로 별명, 필명일뿐만 정식 일본 이름은 아니다. 와세다대학교 정치 경제학부를 졸업했고 메이지학원대학교 국제 학부 교수를 거치고, 현재는 와세다대학교에서 국제 교양 학부 교수로 재직하고 있다.[26)]

주저로는 최근작 『욕망론』(제1권, 제2권)이 있다. 국내에 번역 소개된 저서로는 『언어적 사고의 수수께끼』, 『처음 시작하는 철학공부』, 『재일이라는 근거』,[27)] 『한눈에 들어오는 서양철학사』, 『어리석은 자의 철학』, 『니체 다시 읽기』, 『태초에 철학이 있었다』, 『현대사상의 모험』 등이 있다.

독학으로 철학, 현대 사상을 배웠고, 특히 에드문트 후설의 현상학에 관심이 있어 왔다.

그의 생각의 편린은 재일(在日)에 주목해 보자. 그에게 재일이란 재일한국인 사이에서 채용되는 개념으로 근대 일본의 침략행위가 가져온 결과로서 발생한 현상을 의미한다고 할 수 있다.[28)] 그들의 아이덴티티는 '생활 가운데 저 너머로부터 저절로 찾아온다'[29)]고 보기도 하나 현재를 사는 재일한국인의 존재는 식민주의적 잔재와 아직도 무관하지 않은 것은 분명하다. 일본 사회는 이를 전면적으로 인정하지 않고 있다.

---

26) 위키백과(https://ko.wikipedia.org/wiki/%EA%B0%95%EC%88%98%EC%B0%A8) 참조.
27) 다케다 세이지 저, 재일조선인문화연구회 역, 『재일이라는 근거』, 소명출판, 2016.
28) 다케다 세이지 저, 재일조선인문화연구회 역, 『재일이라는 근거』, 소명출판, 2016, 258쪽.
29) 다케다 세이지 저, 재일조선인문화연구회 역, 『재일이라는 근거』, 소명출판, 2016, 267쪽.

나아가 오늘날의 고도 소비 사회는 1960년대 이후 대중사회로 진입했고 그 연결 선상에서 현재는 부끄러움을 모르면서 존재하고 있다.[30] 이런 가운데 일상의 모습은 대중사회를 보는 장치였으나 우리는 이를 보지 못했다. 이 모습은 재일한국인의 사회에도 해당된다고 생각해 본다.

2. 『재일이라는 근거』

이 책의 목차는 다음과 같다. 한국어판 서문/역자 서문에 뒤이어 다음과 같이 목차를 구성되어 있다.

---

30) 타케다 세이지 저, 김원구 역, 『현대사상의 모험』, 우석, 1995, 28쪽.

출판사 서평은 다음의 세 가지로 그의 논점을 정리하고 있다.[31] 첫째, '재일'이라는 존재, 그 위치. 『'재일'이라는 근거』는 1983년에 간행된 다케다 세이지의 최초의 평론집 『〈在日〉という根』를 번역한 것이다. 1983년의 초판을 가필 수정하여 새로 2부와 3부의 글을 추가 수록한 것이 증보판이다. 둘째, 재일조선인 작가의 작품으로 살펴본 '재일'의 근거들이 정리되어 있다. 이 책은 크게 3부로 구성되어 있다. 1부는 이회성, 김석범, 김학영 등 대표적인 재일조선인 작가들의 작품을 중심으로, 그들이 놓인 '재일'의 근거들을 면밀히 고찰하고 있다. 「이회성」에서는, 재일 2세대가 민중, 민족내셔널리즘에 근거한 재일 1세대의 '집'과 대립하는 근대적 규범의식으로서 '전후민주주의'를 호출하고 그와 결합하는 방식, 그리고 이러한 자아발견과 주체형성의 과정이 '청춘소설' 3부작을 통해 '일본인→반조선인→조선인'이라는 이념적 노정 위에서 재일의 '위기'를 해소해 나가는 관념극(劇)으로 연결되는 양상, 마지막으로 작가가 한국 방문 이후 '통일조국'이라는 새로운 이념을 성숙시켜내기 위해 문학적 고투를 감행하는 과정을 분석했다. 셋째, 재일조선인—사상의 출발점. 재일조선인은 자신이 왜 재일조선인으로 태어났는지 묻고 있다. 작가 이회성, 김석범, 김학영이 먼 곳에 있는 '재일작가'가 아니라는 사실을 전하고자 했다.

이런 그에게 일본, 일본인은 무엇일까. 대상으로 존재하는 삶의 공간 속 인간임은 분명할 것이다. 그러나 자신도 일간이고 일본인도 인간임을 전제한 그는 존재적 가치의 동일함을 추구하고자 했다. 특히 민족운동의 오랜

31) 소명출판사(https://somyungbooks.modoo.at/) 참조.

경험이 있어 그에게 이는 절실했을지도 모른다. 그러나 그는 일본 이름으로 사는 존재이다.

> 나는 '본명', '일본명', '통명' 그리고 '필명'이라는 여러 개의 이름을 가지게 되었다. 하지만 이것들에 대해 모두 말 할 필요는 없다. 몇 개의 내 이름 가운데 사람들이 부르지 않아 친숙하지 않은 것은 없어졌고, 친밀감과 애정을 담아서 부른 이름에는 저절로 애착이 생겨난다. 어느 것이나 나의 이름인 것이다. 거꾸로 말하면 이것이야말로 나에게는 자신의 진짜 이름이라는 것이 없는 이유다. 그것으로 만족, 살아가는 데 있어서 불편함은 특별히 없다.---지금 내가 생각하기에 아이덴티티라는 것은 결국 자기 마음대로 되지 않는다. 그것은 생활하는 가운데 저 너머로부터 저절로 찾아온다. 아이덴티티를 확립한다고 말하는 것은 기묘한 것이다. 그것은 오직 자기 안에서만 확립할 수 있는 것이다.[32)]

다케다 세이지의 존재에 대해 친한 사람은 민족적 관점에서의 논의를 거부하는 듯하다. 그러나 그는 민족을 완전히 버리지 못했던 실존주의자이다. 일본 속에서 사는 한 자신의 존재적 위치를 고민했고 그것이 그의 철학으로 나타난 모습이라고 생각해 본다.

다케다 세이지의 일본 사회에 대한 인식은 민족적 문제와 무관하지 않다. 이회성의 소설 "가야코를 위하여"에서 일본인 가야코와 '조선인' 상준의 연애라는 설정 그 자체가 민족적 동일성을 과제로 하는 주인공에게 위험한 것이라는 점은 말할 필요도 없다고 다케다 세이지는 생각했다. 여기에서 재일의 현실을 깊이 파고들려고 할 때 이 문제를 피할 수 없는 벽으로 직관하고 있었다고 보인다.[33)] 실제로 그는 일본 사회 속 존재임을 자인하고 있기

---

32) 다케다 세이지 저, 재일조선인문화연구회 역, 『재일이라는 근거』, 소명출판, 2016, 266~267쪽.

33) 다케다 세이지, 「제1부 '재일'이라는 근거」, 다케다 세이지 저, 재일조선인문화연구회 역, 『재일이라는 근거』, 소명출판, 2016, 63쪽.

도 하다. " '역사'와 '민족'을 선험적 현실로 인식하며 출발하는 한 우리들은 시간이 흘러도 언제까지나 '생활방식'의 '진리'를 둘러싼, 혹은 '사회'의 추상적 욕망을 둘러싼 언설의 영역 내에 머루를 수밖에 없다."[34]

그러나 그는 일본 사회 속 존재의 본질에 대해서 다음과 같이 인식하고 있었다.

> 일본 사회에서 '재일'로 산다는 것은, 크든 작든 저 '불우의식'을 사는 것에 다름 아니다. 이 감수성의 상처는 '아버지' 혹은 '집'을 심정적으로 부정하게 하고, 자기의 새로운 원리로 등장하는 '사회'에 대한 강한 욕망을 '재일'의 자식에게 불어넣는다. --- 일본 사회의 저편에 있는 '조국'을 상상하며, 다른 한편으로는 국적과 민족으로 인한 차별 없는 사회를 상상하는 회로가 열리지만[35]

트라우마를 경험하는 일본 사회에서 또 다른 공감인 조국을 생각하는 것은 다케다 세이지에게도 당연한 것으로 수용되어 있는지 모르겠다. 재일에 대한 멸시를 부당하다고 그는 생각했다.[36] 여기에서 더 나아가 일본인에 대한 인식의 편린을 표현한다.

> 일본인의 민족적 멸시도, '재일'이라는 상황 그 자체도, 실은 한일의 불행한 역사에서 유래하며 게다가 그 과실을 당연히 받아들여야 하는 것은 일본인 쪽이다. 이러한 차별은 실은 전도되어 있다. 죄를 진 것은 일본 사회이고, 근대의 억압에 관계하지 않았던 것이 조선 민족이다.[37]

---

34) 다케다 세이지, 「제1부 '재일'이라는 근거」, 다케다 세이지 저, 재일조선인문화연구회 역, 『재일이라는 근거』, 소명출판, 2016, 189쪽.
35) 다케다 세이지, 「제1부 '재일'이라는 근거」, 다케다 세이지 저, 재일조선인문화연구회 역, 『재일이라는 근거』, 소명출판, 2016, 197쪽.
36) 다케다 세이지, 「제2부 고통의 유래」, 다케다 세이지 저, 재일조선인문화연구회 역, 『재일이라는 근거』, 소명출판, 2016, 197쪽.
37) 다케다 세이지, 「제2부 고통의 유래」, 다케다 세이지 저, 재일조선인문화연구회 역,

역사적 존재인 조선인은 한국과 일본의 불행한 역사 속에서 대상화되었던 것이다. 이를 다케다 세이지는 차별의 전도를 지적했다. 좀 더 논의가 필요하겠지만 그의 경우 일본은 현존하는 실체이다. 그리고 일본인은 현존하는 존재 그 자체임을 우리는 이전해 주어야 할 것이다.

그는 "재일조선인과 재일한국인에게 '재일'이란 근대일본의 침략 행위가 가져온 결과[38]"라는 것이다. 재일하는 재일한국인에게 일본은 모순이 가득 찬 사회라고 다케다 세이지는 생각했다.[39] 현대 자본주의의 모순에 대한 분명한 인식에서 사회의 모순을 바로 보고자 한 것이 다케다 세이지이다.[40]

Ⅴ. 맺음말

재일한국인의 역사는 식민지 과거에서 출발했다. 그리고 지금도 계속되고 앞으로도 이어질 것이다. 이런 과정 속에서 한일의 역사 화해를 거론하는 것은 재일의 다양한 모습과 역사적 함의를 동시에 정리하는데서 시작할 필요가 있다. 그리고 재일한국인의 역사 연구의 기저를 조성한 박경식을 거론함은 역사학적 의미 그 이상의 함의를 갖는다고 생각한다.

해방 이후 70여 년 동안의 연구에 기초하여 최근에는 재일조선인운동사 연구회와 몇몇 연구자들에 의해 지역사를 중심으로 연구가 진행되고 있다. 현재 일본 내의 연구는 식민지시대 조선 민족해방운동사 연구와는 일정하게 거리를 두고 진행되고 있다.

『재일이라는 근거』, 소명출판, 2016, 197쪽.

38) 다케다 세이지, 「제2부 고통의 유래」, 다케다 세이지 저, 재일조선인문화연구회 역, 『재일이라는 근거』, 소명출판, 2016, 258쪽.

39) 다케다 세이지 저, 재일조선인문화연구회 역, 『재일이라는 근거』, 소명출판, 2016, 309쪽.

40) 小熊英二 外著, 『在日二世の記憶』, 集英社, 2016, 5쪽.

박경식에서 본격적으로 시작된 재일조선인사에 대한 연구는 이후 일본에서 姜在彦, 金森襄作, 水野直樹, 梶村秀樹, 樋口雄一, 山田昭次 등과 堀內捻, 外村大, 金浩, 金光烈, 長澤秀 등이 성과를 올렸다.41) 이들의 연구를 논의하면서 박경식의 연구의 특장을 거론할 수 있다고 판단되는데. 대표적인 재일한국인 역사학자인 박경식 연구는 다음과 같은 학문적 성과를 통해 학계에 기여했다.

첫째, 정열적인 재일조선인사 연구의 모습을 보였다. 둘째, 역사 연구의 초석을 만들었다. 각종 자료와 선구적인 연구가 그의 연구를 기억하게 한다. 셋째, 과학적 실증 연구를 통해 구체적인 역사적 사실에 대한 독자적인 평가를 시도했다. 넷째, 민족 해방에 대한 사실 정리에 기여하면서 동시에 냉전과 분단체제 극복의 역사학으로서의 자리매김을 하고 있다고 생각된다.

재일한국인은 일본, 일본인에 대한 인식은 기본적으로 비판적, 부정적이었다고 보인다. 물론 일본을 선택해 귀화한 경우는 별도이지만 말이다. 본 연구는 3인의 대표적인 역사 속의 큰 족적을 남기 사람들의 저작을 통해 이들의 일본, 일본인 인식에 주목해 보았다. 본질적으로는 동일하지 않았나 생각해 볼 수 있다. 반면에, 고권삼의 경우 식민지민으로서의 출발선이 보다 강했던 점, 현실의 실존에 주목한 다케다 세이지의 경우, 많은 혁명의 동지를 갖고 있던 김두용의 경우 국제주의적 시점에서 제국주의 국가 일본에 대한 비판적 인식은 당연하다고 생각해 본다.

한편 국제화시대에 경계가 없다는 것은 타자, 즉 다른 사람, 물건, 문화 등과 빈번하게 만나는 현상이라고 전제하고 타자 사이의 상호이해, 상호존중, 인권사상에 기반하고 있다고 하면서 다른 존재 사이의 조정과 공통사항의 구축은 국제인권법에 의해 유지된다고 한다.42) 이런 입장은 오랜 운동

41) 일본에서의 연구 성과는『在日朝鮮人史研究』, 『海峽』, 『季刊三千里』, 『季刊青丘』, 『朝鮮研究』, 『部落解放研究』, 『勞動運動史研究』 등의 잡지를 통해 참조할 수 있다.
42) 朴鐘鳴, 『在日朝鮮人の歷史と文化』, 明石書店, 2006, p.7.

과 역사 연구의 결과 몸으로 느끼는 차별의 재일의 공간에서 현실적인 대안적 모습으로 제기한 사상이라고 할 수 있다.

이런 생각을 갖고 있던 재일한국인 역사학자가 박종명이다. 그는 몸으로 민족을 지키고 역사를 연구한 재일한국인이다. 현장주의자로 민족교육의 중심에 오랜 시간 사리하고 내중강의에 시종일관했다. 삶이 곧 실천이었고, 역사와 대중이 갖고 있는 의미의 본질을 깊이 생각했던 사람이다. 그는 재일한국인의 역사는 무겁게 오랜 시간이 흘렀고 1세대는 감성적, '피부 감각적' 그리고 물리적으로 오래 살아와 '본국'에서 교육받은 사람과 다르다는 전제 아래 재일조선인의 문제를 시작하고자 했다.[43] 나아가 '본국'의 분단으로 차별과 편견, 무시의 존재로 일본에서 살아왔다는 것이다.

박종명의 죽음은 김동학(金東鶴)의 「박종명(朴鐘鳴) 선생님을 추모」[44]이라는 기사를 통해 알려졌다. 간단히 그 내용을 소개해 보면 다음과 같다. "박종명 선생님, 사춘기에서 활동가 또한 교원으로서 재일조선인 운동에 전심전력을 기울여 인생 후반부에는 조선의 고대사 조일 관계사 연구자로서 대학 강단을 비롯한 많은 장소에 초대되어 강사를 해 왔다. 박종명 선생님이 지난 4월 16일 별세했다. 향년 89이다. 본인의 강한 뜻에서 가족장이 되었기 때문에 그 사망에 대한 내용이 잘 알려지지 않았다. 선생님만의 삶의 마무리 방식이다. 같은 생각이 들었다. 일반적인 장례를 하면 대단한 숫자의 참석자가 된 것이다. 하지만 그것을 오히려 꺼려하는 미학이 거기 있는 것처럼 생각된다. 내가 박 선생님을 처음 만난 것은 지금으로부터 약 30년 전, 대학 3학년 때였다. 장소는 효고현 아마가사키시에 있던 금수문고. 지금은 없는 이 한반도와 재일조선인에 관한 많은 서적 등의 자료를 모아 놓은 도서관의 이사장을 선생님이 하셨다."

박종명은 다음과 같이 조선인과 일본인을 언급했다. "하지만 가장 위험

43) 朴鐘鳴, 『在日朝鮮人の歴史と文化』, p.11.
44) 『조선신보』 2018.09.12.

한 곳, 가장 힘든 곳은 조선인이 담당했어요. 뭔가 불문율처럼. 일본인은 뒤에서 지시하는. 우리는 얼굴 없는 숫자에 불과했다. 식민지시대부터 변하지 않는군요."45)

다양한 재일한국인의 일본에 대한 생각이 현존하는 모습을 우리 사회는 어떻게 보아야 할지 또 하나의 숙제가 아닐지 모르겠다. 역사는 현재한다.

45) 「世界」の第4回連載「思想としての朝鮮籍」, 『世界』, 2015. 10, 11월호, p.251. (이후 中村一成 著, 『ルポ思想としての朝鮮籍』(岩波書店, 2017)로 정리).

〈토론문〉

「재일한국인의 일본, 일본인 인식」에 대한 토론 요지

한상도 | 건국대학교 명예교수

오늘 '한국인의 일본, 일본인에 대한 인식'이라는 주제로 한 '한·일 국제학술회의'에서, 김인덕 교수님의 「재일한국인의 일본, 일본인 인식」이라는 발표논문을 듣고 많은 공감과 깨우침을 얻었습니다.

한·일 양국 간의 갈등과 양 국민의 불신이 여전한 상황에서, 갈등과 불신의 시발점이 되었다고 할 수 있는 일본의 한국 식민지배 시기, 식민지 본국에 살았던 재일한국인들의 일본 및 일본인에 대한 인식을 살펴보는 일은 식민지 시기 재일한국인의 삶의 모습에 접근하는 작업이 될 뿐 아니라, 향후 한·일 양국민의 소통과 이해의 폭을 넓히는 데에도 도움을 줄 수 있을 것으로 기대해 봅니다.

되돌아보건대, 일본이 한국을 식민 지배했던 시기, 식민지 본국인 일본에 살던 재일한국인들이 직면한 사회적·역사적 환경은 식민지 한국인의 그것보다 가혹하고 곤혹스러웠을 것임은 상상이 가능합니다.

이러한 상황을 배경으로 하여, 발표자께서는 식민지 시기 재일한국인을 크게 민족주의 입장을 견지하다가 일제 말기에 친일로 선회한 유형, 사회주의 노선을 견지한 유형, 자발적으로 '內地化' 한 유형으로 나누어, 이들의 의식 및 시각 등을 통해 일본 및 일본인에 대한 인식을 살펴보고자 하신 것 같습니다.

그리하여 高權三, 金斗鎔, 다케다 시이지(竹田青嗣, 한국이름: 姜修次)라는 세 인물의 저작 등을 분석의 대상으로 활용하셨습니다. 발표내용을 통해 이들의 생각 및 의식의 편린은 어느 정도 접근이 가능해졌습니다만, 이를 식민지 시기 재일한국인의 인식으로 일반화하기에는 다소 아쉬움을 느낍니다. 그리하여 아래의 몇 가지 질문을 통해 이해의 폭을 넓혀보고자 합니다.

첫째, 그들의 의식이나 입장이 표출되기까지의 과정에서 엿보이는 한 인간으로서의 '自我'라고 할까? 고민이라고 할까? 이런 부분은 발견되지 않는지요. 지배민족이라고 할 일본인이 주류를 이루고 있는 일본사회에서 피지배민족 및 마이너리티로서 살아가야 하는 현실이 그들의 의식 및 입장 형성에 적잖이 영향을 끼쳤으리라고 유추되기 때문입니다

둘째, 같은 맥락에서 이들의 입장이나 의식 형성 과정 등에 대한 접근 결과 등이 함께 고려되었더라면, 식민지 시기 재일한국인의 일본 및 일본인에 대한 인식의 좀더 선명히 드러날 수 있지 않을까 하는 생각이 듭니다. 아울러 이들 세 사람 나름 각자의 논리가 있었을 터인바, 그것이 갖는 지향과 한계의 측면도 함께 지적되었으면 하는 아쉬움도 느낍니다.

셋째, 이들의 글이나 저작에 대한 당시 일본사회의 반향이나 평가 등은 어떠했는지, 즉 재일한국인의 일본 및 일본인에 대한 인식을 같은 시기 일본인 및 일본사회가 재일한국인을 바라본 시선이나 인식과 비교해 볼 수 있다면, 재일한국인의 일본 및 일본인에 대한 시각이나 의식을 보다 심층적으로 이해할 수 있을 것 같다는 생각이 듭니다.

이상 세 가지 질의에 대한 발표자의 의견을 듣는 것으로 저의 토론을 마치겠습니다. 감사합니다.

한일관계에서 보는 현대 한국의 일본 인식

오가타 요시히로(緒方義広) | 후쿠오카대학 교수*

Ⅰ. 들어가며

지금까지 한국과 일본은 '떼려야 뗄 수 없는 관계', '가깝고도 먼 나라'라고 불려왔다. 양국은 가장 가까운 이웃나라이며, 조선통신사나 식민지 지배와 같은 역사를 언급할 필요도 없이 서로 큰 영향을 주고받아 온 관계이다. 식민지 해방 이후 특히 1965년 국교정상화부터 지금에 이르기까지 대한민국 또는 한국사회에서 일본이라는 국가 또는 사회의 존재는 작지 않다. 그것은 식민지배라는 역사는 물론 반공산주의 자유주의라는 미국을 중심으로 한 동아시아 국제질서에 의한 정치외교 관계에서부터 경제무역 관계, 지정학적 관계, 그리고 물리적인 이웃나라라는 관계성에서 기인하는 문화적 및 인적 교류에 이르기까지 다양한 측면에서 그렇다고 말할 수 있다.

최근 한일관계는 '국교정상화 이후 최악'이라고 불리고 있으나, 한편으로는 '한일관계가 좋았던 때가 얼마나 있는가' 하는 냉소적인 지적도 있다. 실제 한일관계는 14년이나 걸린 국교 정상화의 교섭과정에서부터 우여곡절을 겪어왔다. 1965년에 국교정상화를 맞은 이후에도 1980년대 교과서 문제를 비롯해 1990년대에는 일본군 '위안부' 문제, 2000년대에는 야스쿠니(靖國) 신사 참배 및 합사 문제, 욱일기 문제 등 어느 현안도 제대로 해결을 봤다

---

* 일본 福岡大學 人文學部 東アジア地域言語學科 准教授. 정치학박사.
국제 학술회의발표 당시 홍익대학교 경영대학 조교수. 2022년 4월부터 현직.

고 할 수 없는 상태로 지금에 이르렀다.

한편으로는 한일 우호관계 촉진의 국면들도 있었다. 1998년 김대중 대통령과 오부치 게이조(小渕惠三) 총리는 '21세기 새로운 한·일 파트너십 공동선언'(김대중·오부치 공동선언)을 발표해 새로운 한일관계 구축의 기초를 마련하려고 했고, 과거 연간 1만 명이었던 양국 간의 인적 왕래는 이제 하루 1만 명에 달하는 시대에 접어들었다. 2021년 현재 시점에서 코로나(COVID19) 사태의 영향으로 인적 왕래는 정체되어 있지만, 포스트 코로나 시대에는 어느 정도 인적 왕래가 회복할 것으로 예측된다.

본고는 이러한 한일관계에 대해서, 특히 한일 간의 외교관계가 악화된 최근 몇 년 사이의 상황을 중심으로 현재 한국사회가 일본을 어떻게 인식하고 있는지 검토하고자 한다. 근년 한국의 눈부신 경제적, 문화적 발전과 일본의 국제적 위상 저하로 인해 그 관계에 변화가 나타나고 있는 것은 분명하다. 하지만 한국에서 일본이라는 존재는 여전히 그 의미가 작지 않다. 본고는 먼저 최근에 실시된 한 여론조사 결과를 살펴보고 한일 양국의 일반 국민이 서로를 어떻게 인식하고 있는지 그 현황을 파악한다.

세계를 휩쓸고 있는 코로나 사태로 인해 2021년 현재 시점에서 한일관계가 특별한 주목을 받을 기회는 감소하고 있으나, 2019년을 전후로 악화된 한일관계가 결코 개선된 것은 아니다. 한편, 정치외교 관계와 달리 일본에서는 K-POP과 한류 드라마, K문학 등 '제4차 한류 붐'이 도래하면서 한일 간의 문화적 거리는 점점 좁혀지고 있는 것처럼 보인다.

그러면 지금 한국에게 일본은 어떠한 존재인가. 일본에서 한국은 '반일 국가'이고 문재인 정권은 '반일 좌파'임이 자명한 것처럼 묘사되고 있는데, 과연 한국에 대한 그러한 이미지가 객관적이고 타당한 평가라고 할 수 있는가. 본고에서는 '반일'이라는 키워드를 중심으로 역사인식 문제에 초점을 맞춰 현대 한국사회의 일본 인식을 검토하고자 한다.

Ⅱ. 한일 간 상호인식 현황

1. 한일관계 악화를 둘러싼 양국 여론

2013년부터 한국의 동아시아연구원(EAI)과 일본의 겐론(言論) NPO는 공동여론조사를 실시해왔다. 가장 최근의 조사는 2021년 8, 9월에 한일 양국의 국민 약 1,000명씩을 대상으로 이루어졌다.[1] 이 조사에 따르면 현재 한일관계에 대해 "매우/약간 나쁘다"고 응답한 비율은 한국 국민이 81.0%, 일본 국민이 52.7%로 나타나, 2020년의 조사결과보다 다소 개선되었지만 한일관계에 대한 현상 인식이 부정적인 것을 확인할 수 있다. 앞으로의 한일관계에 대해서도 "(약간) 좋아질 것"이라는 응답은 한국 국민이 18.4%, 일본 국민이 17.2%에 불과해 대부분이 비관적이다.

〈표 1〉에서는 과거 9년 동안 한일 간의 상호인식 추이를 확인할 수 있다. 2013년부터 매년 시행되고 있는 이 조사에 따르면, 한일 간의 상호인식은 역사인식문제로 한일관계가 좋지 않았던 2015년 즈음을 포함해 2019년 상반기까지 점차 좋은 방향으로 나아가고 있었다. 2019년 6월 조사에서 일본에 대해 "좋은 인상을 갖고 있다"고 응답한 한국 국민은 31.7%로 이전 7년을 통틀어 가장 높은 수치였고, "좋지 않은 인상을 갖고 있다"고 답한 한국 국민은 49.4%로 가장 낮은 수치를 나타냈다. 일본 국민의 한국에 대한 인식은 별로 큰 변동을 보이지 않았지만 "좋은 인상을 갖고 있다"는 응답이

1) 한국 측 조사의 유효 회수 표본수는 1,012명, 일본 측은 1,000명이다. 일본 측 조사에서는 60세 이상이 38.7%로 비율이 높고, 한국 측 조사의 28.7%에 비해 연령 구성에 약간의 편차가 보인다(동아시아연구원(EAI) 홈페이지 http://www.eai.or.kr/new/ko/event/view.asp?intSeq=20799&board=kor_event [2021/10/01 검색]). 해당 공동여론조사의 결과는 겐론 NPO의 홈페이지(https://www.genron-npo.net)에도 공개되어 있다. 이하 본고에서 이 공동여론조사 결과와 관련된 통계치와 분석 도표는 EAI 홈페이지에서 인용한 것이다.

〈표 1〉 상대국에 대한 인상

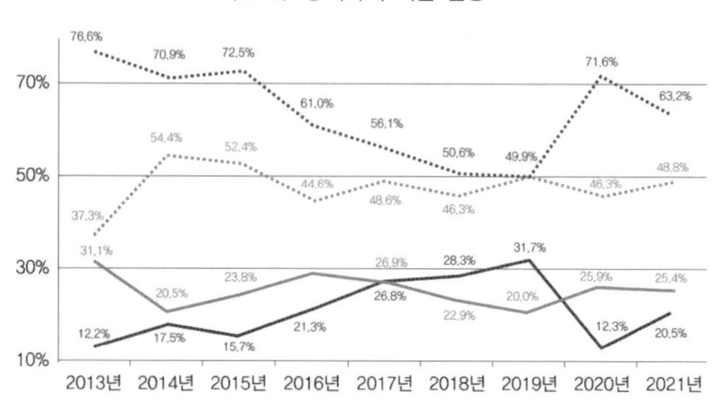

20.0%로 그다지 높지 않은 반면, "좋지 않은 인상을 갖고 있다"는 응답은 49.9%로 한국 국민의 일본 인식과 같은 수치를 보여 한일 양측의 인식 차는 좁혀져 왔다고 볼 수 있는 상황이었다.

그러나 2019년 7월 일본 정부의 한국에 대한 사실상의 수출규제가 시작되자 한국 국민의 일본 인식은 단숨에 악화됐다. 2019년 하반기 정세가 반영된 것으로 보이는 2020년 조사에 따르면 일본에 대해 "좋지 않은 인상을 갖고 있다"고 응답한 한국 국민이 71.6%까지 급상승했으며, 일본에 대한 호의적인 인식은 지난 8년간을 통틀어 최저 수준의 수치(12.3%)를 나타냈다

그런데 2021년에 실시된 최신 조사에 따르면 한국 국민의 일본 인식은 다시 개선될 조짐을 보이고 있다. 일본에 대해 "좋은 인상을 갖고 있다"고 응답한 한국 국민의 비율은 20.5%까지 회복됐으며 "좋지 않은 인상을 갖고 있다"고 응답한 비율은 63.2%로 떨어졌다. 2020년부터 시작된 코로나 사태로 인해 한일관계 악화의 정세가 주목을 받지 못하게 된 상황도 하나의 요인이라고 생각된다. 코로나 사태가 진정되기 시작할 무렵에는 어떠한 추이를 보일지 알 수 없지만, 현재로서 2019년에 한창이었던 일본에 대한 반발 여론은 다소 진정되었다고 볼 수 있다.

〈표 2〉 한일관계 악화가 상대국 대중문화 소비에 영향을 미치는 여부

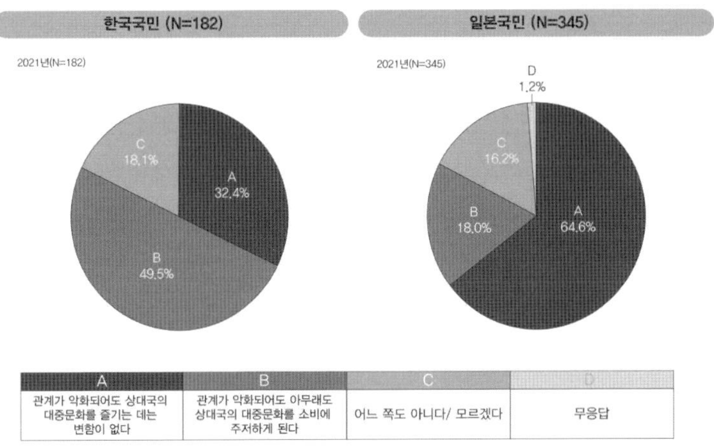

A	B	C	D
관계가 악화되어도 상대국의 대중문화를 즐기는 데는 변함이 없다	관계가 악화되어도 아무래도 상대국의 대중문화를 소비에 주저하게 된다	어느 쪽도 아니다/ 모르겠다	무응답

또한, 2021년 시점에서 상대국을 우호국이라고 생각하는지 여부에 대한 조사에서는 한국 국민이 일본을 "우호국"으로 간주하는 비율은 5.4%에 불과하고, "예전부터 우호국이라 생각했던 적이 없다"는 응답이 과반수(54.9%)를 차지했으며, "예전부터 우호국이었지만 현재는 그렇지 않다"(19.9%)는 응답까지 포함하면 부정적 응답이 70%를 넘는다. 일본 국민의 경우에도 한국을 "우호국"으로 인식하고 있는 비율이 8.7%에 불과하고, 현시점에서 "우호국"이라고 생각하지 않는다는 부정적 응답은 총 40.9%였다.

한편, 〈표 2〉를 보면 일본 국민은 문화와 정치를 별개의 것으로 보는 경향이 한국에 비해 강한 것으로 보인다. "한일관계 악화가 상대국 대중문화 소비에 영향을 미치는 여부"를 질문하는 설문에는 일본 국민의 64.6%가 "상대국의 대중문화를 즐기는 데는 변함이 없다"고 답해 "아무래도 상대국의 대중문화 소비에 주저하게 된다"(18.0%)라는 대답을 크게 웃돌았다. 이에 반해 한국 국민은 "대중문화를 즐기면서 갖게 된 상대국에 대한 인상"에 대한 설문에서는 "(대체로) 좋은 인상을 갖게 된다"고 응답한 비율이 67.0%로 높았고, "한일관계 악화가 상대국 대중문화 소비에 영향을 미치는 여부"

에 관해서는 "상대국의 대중문화를 즐기는 데는 변함이 없다"는 응답이 32.4%에 그쳤으며, "아무래도 상대국의 대중문화 소비에 주저하게 된다"는 응답이 49.5%에 달했다. 일본 제품 불매운동과 같은 현상에서 확인할 수 있듯이 일본에 비해 한국에서는 한일관계의 악화가 개개인의 문화 생활에까지 영향을 미치고 있는 모습을 엿볼 수 있다.

상대국의 사회 및 정치체제에 대한 인식을 묻는 설문을 살펴보면, 한일 양국은 서로 비현실적이고 부정적인 이미지를 가지고 있다는 것을 알 수 있다. 2021년 조사에서 일본 국민이 한국사회 및 한국의 정치체제에 대해 "민족주의"(49.9%), "국가주의"(37.9%)라고 응답한 비율이 "민주주의"(32.8%)라는 응답을 웃돌았다. 그리고 한국 국민도 일본에 대해 "군국주의"(50.6%), "패권주의"(36.3%), "국가주의"(35.3%), "대국주의"(31.7%), "민족주의"(30.0%)라고 응답한 비율이 "민주주의"(21.8%)라는 응답을 역시 웃돌았다. 한일 양국에서 상대국에 대한 부정적 인식 또는 경계심을 보이고 있다.

덧붙여 과거 조사 결과와 비교했을 때 한국 국민의 응답에서 주목할 만한 것은 2019년부터 2020년까지는 "군국주의"(49.1%→59.9%)라는 응답이, 2020년부터 2021년까지는 "자본주의"(24.1%→40.8%), "국가주의"(27.0%→35.3%)라는 응답이 각각 크게 증가하고 있다는 점이다. 2019년 일본 정부가 한국에 대한 보복성 수출규제정책을 취한 것과 2020년부터 코로나 사태가 계속되고 있음에도 불구하고 일본이 도쿄올림픽을 강행한 모습이 각각의 요인이 된 것이 아닐까 짐작할 수 있다.

한편 한국을 "자본주의" 국가로 간주하는 일본 국민은 2019년 19.5%, 2020년 28.0%, 2021년 30.5%로 증가하는 추세를 보이고, 한일관계 악화에도 불구하고 한국에 대한 "좋지 않은 인상"이 2019년 이후에도 큰 변동이 없으며 오히려 "좋은 인상"이라는 응답이 2020년에 상승(20.0%→25.9%)하고 있다는 점(〈표 1〉)을 함께 고려하면, 이른바 K-POP과 같은 한류의 영향이 있었던 것으로 짐작할 수 있다. "(한국의) 대중문화를 즐기면서 갖게 된 상대국에 대한 인상"을 묻는 질문에 "(대체로) 좋은 인상을 갖게 된다"고 답한 비율이 일본 국민 중 81.2%라는 것에서도 그 영향을 알 수 있다. 한일관계가 악화됨에 따라 일본에 대한 인식 또한 크게 악화된 한국 국민의 응답과는 대조적이다.

2. 한일 상호인식의 불균형

한일 양국 국민의 상대국에 대한 인식은 불균형적이다. 〈표 3〉을 보면 "한일 양국이 대등한 관계가 되어가고 있다고 생각하는지 여부"에 대해 한국 국민의 절반 가까이(44.0%)가 "그렇다"고 답했고, "대등한 관계는 아니지만 그러한 방향으로 움직이고 있다고 본다"는 응답 44.2%와 합치면 90%에 가까운 한국 국민이 한일관계가 과거와 달리 대등해졌음을 감지하고 있다는 것을 알 수 있다. 한편, 한일관계가 대등하다고 생각하는 일본 국민은 15.7%로, 대등한 방향에 가까워지고 있다고 답한 비율(26.5%)과 합해도

〈표 3〉 한일 양국이 대등한 관계가 되어가고 있다고 생각하는지 여부

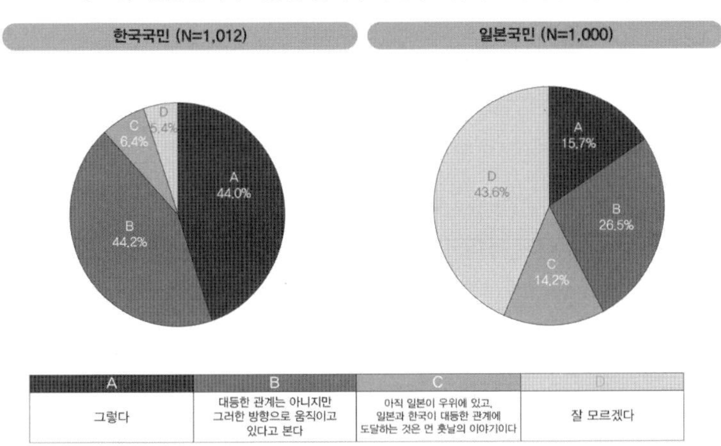

42.2%에 불과해 한국과 큰 차이를 보인다. 그리고 이 설문에서 일본 국민의 절반에 가까운 43.6%가 “잘 모르겠다”고 답했다. 최근 많이 지적되고 있는 점이기도 한데, 경제적으로 발전한 한국이 자신감을 키우고 있는 한편, 그 현실을 그다지 직시하고 싶지 않은 일본의 모습을 읽을 수 있는 대목이다.

이러한 한일 간의 인식 차이는 경제 관계에 관한 설문에서도 바로 찾아볼 수 있다. 일본에서는 한국의 경제발전이 “이득이며 필요하다”(21.4%)는 응답보다 “(굳이 말하자면) 일본에게 위협이 된다”(41.1%)는 응답이 많은 것에 반해, 한국에서는 한일 양국 경제에 대해 상호 경쟁적이며 윈윈(win-win) 관계를 구축하는 것이 어렵다고 생각하는 국민(40.8%)과 상호 보완적이며 윈윈 관계를 구축하는 것이 가능하다고 생각하는 국민(43.2%)이 비슷한 수준으로 존재한다. 그리고 향후 한일 경제협력의 중요성에 대해서도 “필요하다고 생각한다”고 응답한 국민이 44.0%에 머무는 일본에 비해, 한국은 “중요하다”고 답한 국민이 80.4%로 압도적이다. 2019년 일본 정부의 수출규제정책에 직면하면서 한국은 일본에 의존하지 않을 수 있는 기술력을 갖추었다는 인식이 한국 내에서 확산된 상황에서도, 적지 않은 한국 국민들이 한일 경제협력의 필요성을 제기하는 모습은 향후 한일관계 개선을 위한 긍정적인 요소로 볼 수 있다.

경제 관계에 대한 인식의 불균형은 한일 간의 지정학적 입장차가 크다. 한일 양국에게 미국과 중국이 중요하다는 것은 공통되지만, 한국 국민이 미국과 중국에 이어 일본을 중요한 지역으로 인식하는 것에 반해, 일본 국민은 한국보다 ASEAN 국가 및 인도를 더 중요한 지역으로 간주한다. 이는 안전보장 분야에 관한 인식에서도 유사한 양상을 보인다. 한일 양국은 북한에 대한 위협을 공유하고 있지만 중국에 대한 인식에는 한국 국민(61.8%)과 일본 국민(70.5%)의 위협 인식에서 다소 차이를 보이며, 한국은 일본에 대해서도 군사적 위협을 느끼고 있다는 응답이 38.6%에 이른다.[2)]

2) 일본의 경우 한국을 위협으로 보는 국민이 12.5%에 머무른다.

또한 미국과 중국의 대립관계에 대해서도 한국에서는 중국(25.0%)보다도 미·중 양측(64.4%)에 원인이 있다고 보는 국민이 압도적으로 많다.[3] 지정학적 관점에서 한국에게 중국이 결코 경시할 수 없는 존재로 인지되고 있다. 다만, 한국에서도 중국에 대한 군사적 위협 인식(61.8%)이 과거(2019년 45.2%, 2020년 44.3%)보다는 높아지고 있어 일본과 한국의 인식차가 좁혀지고 있음을 알 수 있다.[4] 이 점과 관해서 대북관계라는 현안을 안고 한미관계를 소홀히 할 수 없는 한국 입장을 고려해도 동아시아 내 중국의 패권에 어느 정도 경계심을 가지는 것이 어쩌면 당연한 일일 수 있다.

한편, 한일관계 악화에 대해서는 관계의 "개선을 위해 노력할 필요가 있다"는 응답이 한국 국민의 경우 71.1%, 일본 국민의 경우 46.7%로 다행히 각각 다수를 차지한다. 한일관계의 중요성에 대해서도 "(비교적) 중요하다"는 응답이 한국 국민의 경우 79.1%, 일본 국민의 경우 46.6%로 역시 다수이다.[5] 이런 점을 고려하면 양국 국민이 한일관계를 결코 경시하고 있지 않다고 볼 수 있다. 다만, 한일 양국 국민들 사이에서 〈표 4〉와 같이 한일관계의 중요성과 관련한 인식이 서서히 저하되고 있는 모습을 확인할 수 있고, 앞서 살펴본 한일 상호인식의 불균형에서도 알 수 있듯이 앞으로 한일관계는 낙관할 수만은 없는 상황이다.

그렇다면 한일관계를 저해하는 가장 큰 요인은 무엇일까? 역시 역사인식 문제를 언급하지 않을 수 없다. 역사인식 문제는 한일 간에서 항상 현안이었다는 사실을 아무도 부정할 수 없고, 공동여론조사의 양국 국민들 응답에서도 그것이 잘 나타나 있다. 한일관계 개선을 위해 양국이 해야 하는 일로,

3) 일본의 경우 미·중 대립의 원인이 중국에 있다고 보는 국민이 32.8%, 미·중 양측에 있다고 보는 국민이 43.8%이다.

4) 일본의 대중 군사 위협 인식은 2019년 46.1%, 2020년 63.4%, 2021년 70.5%이다.

5) 이들 조사에서 일본 국민은 전반적으로 "어느 쪽도 아니다", "잘 모르겠다" 등 태도를 유보하는 경향이 보이고, 한일관계 개선을 위한 노력에 대해서도 "모르겠다"가 31.6%, 관계의 중요성에 대해서도 "잘 모르겠다"는 응답이 30.3%로 나타났다.

〈표 4〉 한일관계의 중요성

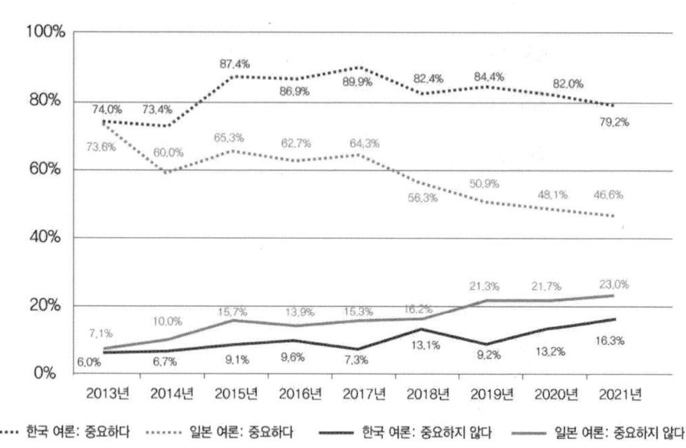

한일 양국 국민들이 가장 많이 꼽은 것이 바로 "역사문제 해결"(한국 76.7%, 일본 65.7%)이다. 이어서 "독도(다케시마)문제 해결"(한국 66.7%, 일본 42.8%), "역사인식 및 교육문제 해결"(한국 52.0%, 일본 40.5%)이 뒤를 잇고 있어, 한일 양국 국민들이 비슷하게 인식하고 있음을 알 수 있다.

그리고 "반일을 부추기는 언론 보도나 정치인의 발언 자제"(한국 19.0%, 일본 39.0%), "반한을 부추기는 일본의 언론 보도나 정치인의 발언 자제"(한국 20.7%, 일본 17.6%) 등의 응답을 통해, 언론이나 정치인들의 발언으로 인해 역사인식 문제가 국민감정을 자극하고 있다는 인식이 양국 국민에게 있는 것을 확인할 수 있다.

한일 양국 국민의 상호인식을 살펴본 조사에서 상대국에 대해 좋지 않은 인상을 가지고 있는 이유로 한국에서는 "한국을 침탈한 역사를 제대로 반성하지 않고 있어서"(66.7%)라는 응답이 가장 많고, 일본에서는 "역사문제 등으로 일본을 계속 비판하기 때문에"(44.9%)라는 응답이 가장 많았다. 즉, 한일관계 개선을 위해서는 역사인식 문제를 어떻게든 해야 한다는 인식이 양측에 있음에도 불구하고, 한국 국민들은 일본, 혹은 일본 정부가 과거사

문제에 제대로 대처해주기를 바라는 반면, 일본 국민들은 그런 한국의 요구 자체를 부당하다고 보고 있음을 알 수 있다. 이에 더해서 한일 양측의 언론이나 정치인이 자국의 민족주의 또는 내셔널리즘을 부추기는 듯한 보도나 발언을 하기 때문에 현재 한일관계는 더욱더 복잡해지고 있다는 것이 한일 양국 국민의 인식이다.

Ⅲ. 한국은 '반일'인가

1. 한국정부의 대일 내셔널리즘

여기서는 한국정부가 지금까지 어떠한 자세를 취해왔는지를 확인해 둔다. 때로 한국정부는 여론의 대일감정을 이용하는 측면이 있었다. 현재 문재인 정부에 대한 비판 중에서도 '반일감정을 이용하고 있다'는 지적이 자주 들린다. 문재인 정부뿐만 아니라 한국이라는 나라는 반일감정으로 가득 차 있고, 한국정부는 항상 정권 지지율 제고를 위해 반일감정을 이용한다는 식의 인식이 일본 언론보도에서 자주 보인다.

앞서 공동여론조사에서도 역사인식 문제를 해결하는 데 있어 무엇이 중요한지를 묻는 질문에 대해 한일 양국에서 "위안부 문제"(한국 67.1%, 일본 40.0%)와 "일본의 전쟁 배상, 강제노동 등에 대한 배상 문제"(한국 54.3%, 일본 25.0%)라는 응답이 많았다. 반면, 일본에서는 "한국의 반일교육 및 교과서 내용"(56.6%)과 "일본과 역사문제에 대한 한국인의 과도한 반일행동"(53.7%)이라는 응답이 두드러져 한국의 '반일'을 문제시하고 있는 모습을 알 수 있다.[6)]

실제로 1970, 80년대의 한국, 즉 박정희, 전두환 그리고 노태우 정부 시

---

6) 참고로 한국에서는 "일본의 역사교과서 문제"(67.4%)라는 응답이 가장 많았다.

절에는 대북정책의 영향 혹은 일본으로부터 경제협력을 이끌어내기 위한 방안으로, 또 인권문제 등의 정부 비판을 피하기 위한 정책적 수단으로 반일감정을 동원·조장 혹은 관리·통제해 왔다.

기미야 다다시(木宮正史)는 한국의 내셔널리즘을 설명하는 가운데, 역대 한국정부의 반일감정 활용에 대해 다음과 같이 설명한다. 한국의 대일 내셔널리즘은 일본을 이용하는 '용일(用日)' 내셔널리즘과 일본을 경계하고 결코 방심해서는 안 될 존재로 보는 '항일(抗日)' 내셔널리즘 사이를 오갔다, 혹은 구분해 사용해 왔다. 식민지 독립 과정이 연합국의 승리와 일본의 항복에서 시작되었기 때문에 한반도는 하나의 내셔널리즘 밑에서 하나의 국가로 성립되지 못했고, 미·소 분할점령 아래 놓였다. 그 결과, 한반도 남쪽에서 좌파 '항일' 내셔널리즘이 탄압을 받아 우파의 '항일' 내셔널리즘과 '용일' 내셔널리즘의 연합세력이 권력을 장악하고, 대한민국이라는 분단국가가 형성됐다는 것이다.[7)]

1951년에 시작된 한일교섭에서 당시 이승만 정부는 일본에 대해 강경 자세를 보였다. 당초에는 연합국의 일원으로서 대일 강화조약에 참가할 것을 요구했던 이승만은 식민지배에 상응하는 배상을 일본에 요구했다. 36년에 걸쳐 식민지배를 당한 한국 입장에서는 당연한 자세였으나, 어디까지나 미국을 비롯한 연합국과의 태평양전쟁에서 패배했을 뿐이라고 인식했던 일본의 입장과는 큰 괴리가 있었다. 결과적으로 일본의 식민지배 책임 문제는 샌프란시스코 대일 강화조약에서 다뤄지지 않았고, 한일 간의 직접 교섭으로 넘어갔다.

그런데 샌프란시스코 강화조약의 틀 안에서 진행된 한일교섭에서도 이승만 정부는 일본의 식민지배 책임을 충분히 묻지 못했다. 그럼에도 타협하는 일 없이 이승만이 보였던 '반일'의 태도는 바로 '항일' 내셔널리즘이었다고 볼 수 있다. 독립주권 국민국가로서의 대한민국을 형성해 나아가야 했던 시

---

7) 木宮正史(2018),『ナショナリズムから見た韓國·北朝鮮近現代史』(東京: 講談社), pp.202~209.

기에 '반공'이 절대적인 자기규정이었던 것처럼, '항일'로서의 '반일' 또한 한국 입장에서는 정통성을 나타내는 요소, 곧 국가 정체성이기도 했음을 지적할 수 있다.

그러나 대일교섭에서 성과를 내지 못한 이승만이 물러난 뒤, 박정희 정부는 '항일' 내셔널리즘을 '용일' 내셔널리즘으로 전환함으로써 한일교섭을 마무리하고 일본과의 국교정상화에 이르렀다.[8] 박정희 정부는 대북 체제경쟁에서 불리한 상황에 놓여 있던 가운데, 일본으로부터 경제협력을 얻어냄으로써 열세를 만회하겠다는 선택을 한 것이다. 물론 일부 국민은 강력히 반발했다. 하지만, '강한 한국'을 위한 '용일' 내셔널리즘은 권위주의독재정권하에서 결과적으로 받아들여졌고, 이후 정권에서도 이어졌다. 다만, 한일 국교정상화에 반대한 한국사회의 '반일'에는 '항일' 내셔널리즘의 측면과 함께 박정희 정부의 개발독재에 대한 이의 제기라는 측면도 있었다는 지적도 가능하다.[9] 즉, 국민 여론과 정부의 '반일' 내셔널리즘의 태도가 엇갈린 상황에서도 권위주의독재정권 시대에서 그것이 현저히 드러날 일은 없었던 것이다.

그 후, 1990년대에 들어서 세계적인 냉전의 종언을 배경으로 한국이 경제발전과 민주화를 이룸으로써 대북 체제경쟁에서 승리했고, 한국의 '반일'에도 변화가 생겼다. 김영호(金榮鎬)가 지적한 바로는 1990년대 말 이후부터 2000년대까지는 한국정부가 경제협력, 정권 부양 등의 목적으로 여론의 반일감정을 외교카드로 전략적으로 활용한 사례는 볼 수 없게 됐을 뿐더러, 대통령선거나 국회의원선거에서 일본과 관련된 문제가 쟁점이 될 일은 없어졌다. 물론 2017년 대선에서 '위안부' 합의가 비판의 대상이 되었으나 쟁점은 '적폐청산'이었고 대일 정책은 논의 대상이 아니었다는 것이다.[10]

---

8) 木宮正史(2018), 앞의 책, pp.210~215.

9) 高原基彰(2006), 『不安型ナショナリズムの時代—日韓中のネット世代が憎みあう本当の理由』(東京: 洋泉社), p.156.

1990, 2000년대에는 1970, 80년대와 달리 대북 체제경쟁의 종식으로 한국이 '용일' 내셔널리즘을 발휘할 필요성이 사라졌다. 특히 2000년대에 들어서는 그러한 동아시아 국제정세 변화에 따라 경제적으로도 정치적으로도 비대칭적이고 상호 보완적인 분업관계에 있던 한일관계가 대칭적이고 상호 경쟁적인 관계로 변모했다. 그 결과, 한국의 저류에 있던 '항일' 내셔널리즘의 연장선상에서 일본과 경쟁해 승리한다는 '경일(競日)'이라는 새로운 내셔널리즘이 부상하게 되었다. 이 '경일' 내셔널리즘이란 1980년대에 전두환 정부가 내세운 '극일(克日)'과 유사한 태도로 볼 수 있다.[11]

한편, 한국정부가 정권의 지지율 상승을 목적으로 반일감정을 이용한다고 보는 시각은 2000년대 이후부터 현재 상황까지도 여전히 자주 등장한다. 특히 한국정부의 대일 정책을 비판하는 가운데 반일감정을 이용한다는 문제제기가 그 정책의 합리성과 타당성을 부정하는 역할을 한다. 또한 '보수는 친일, 진보는 반일'이라는 인식 프레임에서 한국의 좌우 대립을 이해하려는 시각도 자주 접할 수 있다. "외교전쟁 불사" 발언으로 대일 강경 자세를 보였던 노무현 대통령 이후 이명박 대통령의 당선으로 다시 보수정권이 탄생했을 때, 일본정부 관계자들 사이에서 일종의 안도감이 있었던 것도 이러한 인식에서 비롯된 것이다.

하지만 노무현의 경우, 대통령 취임 즈음 '반일'을 포퓰리즘의 도구로 삼지 않겠다는 인식을 보인 적이 있다.[12] 보수정권 이명박 대통령은 정권 말기에 '독도 상륙'과 '천황 사죄 발언'으로 일본의 큰 반발을 불러일으켰고, 박근혜 대통령은 취임 직후부터 위안부 문제에 관해 강경한 태도를 보이며 취임 후 3년 가까이 일본과 정상회담을 갖지 않는 사태를 초래했다. 그리고

---

10) 金榮鎬(2018), "日韓關係における安全保障と歷史認識: 同盟のジレンマと移行期正義の視点から" 廣島市立大學國際學部『廣島國際研究』第24卷, p.16.

11) 木宮正史(2018), 앞의 책, pp.148, 215~217.

12) 小針進(2004),『韓國人は、こう考えている』(東京: 新潮新書), p.193.

한국에서 첫 진보정권이 된 김대중 정부는 1998년 10월 김대중·오부치 공동선언을 발표했고, 그동안의 한일관계를 총괄함과 동시에 안보와 경제, 문화 등 폭넓은 분야에서 이른바 '미래지향적' 협력관계를 쌓아갈 것을 강조했으며, 그 가치는 지금도 퇴색되지 않았다. 즉, 한국정부의 대일정책은 반드시 보수정권이냐 진보정권이냐 하는 차이에 의해 정해지는 것은 아님을 알 수 있다.

다만 앞서 살펴본 '경일' 내셔널리즘이라 할 수 있는 대일 인식은 여전히 존재하는 것으로 보인다. 대통령을 비롯한 정치인들의 대일 강경 발언과 '반일' 불매운동 등은 정치적으로 큰 의미를 가지는 경우는 적었으나 자주 발생해 온 것이 사실이다. 하지만 최근에 나타나는 '반일' 현상은 과거와 달리 국민여론에서 나와 정치인을 움직이게 하는 측면이 더 강하다는 점에 주목해야 한다. 2000년대 들어 한일관계가 과거의 수직적 관계에서 수평적 관계로 변화하는 가운데, 과거의 '반일'은 '항일' 내셔널리즘에서 '용일' 내셔널리즘을 거쳐 '경일' 내셔절리즘으로 바뀌어 갔다는 점을 앞서 설명했으나, 지금의 '반일'은 정부가 동원하거나 조장하는 것은 물론 관리 및 통제하기도 쉽지 않다.

과거 한일 간에는 정부 간 외교채널 이외에 한일의원연맹이나 민간 차원의 한일협력위원회, 한일친선협회 등, 한일관계에 영향을 주는 많은 채널이 공식, 비공식으로 존재했고, 한일 간의 다양한 현안 해결 과정에서 큰 의미를 가졌다. 그런데 세계적인 냉전 종언과 함께 민주주의의 발전, 나아가서는 정보 네트워크의 발달, 국경을 초월한 인적교류의 활성화 등으로 인해 세계화시대 국가 간의 관계는 정부나 경제계와 같은 국가 차원의 교류뿐만 아니라 민간·시민 차원의 교류나 여론의 영향을 무시할 수 없게 되었다.

현재 한국에서 '반일'이란 정부가 의도하고 선택할 수 있는 대일 자세라기보다는 여론을 무시할 수 없는 세계화시대에 국민여론에 의해 흔들리는 '반일'이다. 다음으로, 2019년 전후부터 현재에 이르는 한일관계 악화를 둘러싼 한국의 일본 인식에 대해 보다 자세하게 살펴보고자 한다. 현재 한국의 대일 역사인식 문제는 한국의 과거사 청산, 즉 '전환기 정의(transitional justice)'의 문제로 볼 수 있다는 점을 지적하겠다.

2. 역사인식 문제를 둘러싼 내셔널리즘

앞서 살펴보았듯이 역시 한국 국민의 일본 인식에 있어서 큰 요소를 차지하는 것은 역사인식 문제이다. 특히 지금 주목받고 있는 것은 일본군 '위안부' 문제와 '징용공' 강제노동 문제이다. 위안부 문제는 2011년 8월 30일에 헌법재판소가 한국정부의 '부작위'를 지적하면서 한일 간의 외교문제로 본격화되었다. 같은 해 12월, 당시 이명박 대통령은 한일 정상회담 자리에서 문제제기를 했고, 이에 노다 요시히코(野田佳彦) 일본 총리가 "인도적 견지(見地)에서 지혜를 짜내 (대응하자)"고 응했으나,[13] 일본정부는 그 후 '1965년에 이미 다 해결되었다(すでに解決済み)'는 입장으로 일관하며 아무런 대책을 강구하지 않았다.

징용공 문제는 2018년 10월 30일에 있었던 대법원 판결이 큰 계기가 되었다. 한국정부도 1965년 청구권협정으로 해결되었다고 간주해 온 사안에 대해 일본기업을 상대로 한 원고 피해자들의 배상책임 청구를 법원이 인정한 것이다. 이 판결에 대해서는 박근혜 정부의 사법농단 의혹으로 문재인 정부가 적극적인 대응을 도모할 여지가 이미 없었다. 문재인 정부는 삼권분립 원칙을 이유로 투 트랙(two track) 외교로 일본정부와의 전면대립을 피하려 했으나, 일본정부의 반발은 상당했다. 일본정부 입장에서 해당 사법 판결을 받아들인다는 것은 '65년체제'의 부정을 의미하는 것이 되기 때문이다.

일본에서 아베 신조(安倍晋三) 정권에 의해 새롭게 제시된, 한국에 대한

13) 《朝日新聞》 2011년 12월 18일, "李大統領「慰安婦問題、優先的に解決を」 日韓首脳會談" http://www.asahi.com/special/minshu/TKY201112180072.html (2021/10/10 검색).

"국제법 위반[14]"이라는 인식 프레임의 근거는 역사인식 문제가 '1965년에 이미 다 해결되었다'는 인식이다. 또한 일본정부가 한국정부에 대해 마치 사법개입을 요구하는 듯한 강경 자세를 보인 것도 한국 사법부의 판단이 기존의 '65년체제'의 틀을 깨뜨리는 것, 다시 말해서 한일 간에 맺어진 약속을 어기는 것이라는 인식에 바탕을 둔 것이다. 다시 말해서 2011년 위안부 문제의 한국 헌법재판소 판단과 2018년 징용공 문제의 대법원 판결은 한일 국교 정상화로 인해 성립된 기존의 '65년체제'라는 틀에서 벗어난다는 해석이다.

한편, 국제사회의 새로운 조류를 감안했을 때 다른 해석도 제기가 가능하다. 1990년대 이후 국제사회가 힘써 온 전시 성폭력 문제나 식민지배에 의한 피해자의 구제, 전환기 정의와 화해를 둘러싼 노력, 그리고 차별이나 인권을 둘러싼 저항의 움직임 등 국제사회의 새로운 인식을 배경으로 본다면 한국의 사법 판단들은 반드시 '국제법 위반'이라고 단정할 수 있는 것이 아니다.

또한 '65년체제' 틀에서 보더라도 한국 사법부가 제시한 판단을 '국제법 위반'이라고만 단정할 수는 없다. 많은 전문가들이 지적하듯 제2차 세계대전 시기의 개인청구권은 소멸되지 않았다는 것이 일본정부의 공식 견해이기 때문이다. 엄밀히 말하자면 개인청구권은 소멸되지 않았으나 그에 부응할 의무는 이제 없다는 의미에서 '이미 다 해결되었다'고 하는 것이 지금 일본정부의 논리이다. 본고의 취지는 이 논의를 더욱 심화시키는 것은 아니기 때문에 한일 양국 정부의 법적 해석은 지금까지 변천을 거쳐왔고, 양측의 주장 모두 반드시 일관된 것은 아니었다는 점만 지적해 두겠다.[15]

---

14) 《朝日新聞》 2018년 10월 31일, "元徵用工への賠償、命令 韓國最高裁、日本企業に 安倍首相「あり得ない」" https://digital.asahi.com/articles/DA3S13747706.html?iref=pc_ss_date (2021/10/10 검색).

15) 山本晴太 외(2019), 『徵用工裁判と日韓請求權協定 -韓國大法院判決を讀み解く』(東京: 現代人文社), pp.128~134. 국제법학자 아베 고키(阿部浩己)는 한일 양국 정부의

한국정부 또한 '65년체제'를 부정하는 입장을 취하고 있지 않는다. 2015년에 징용공 문제는 이미 해결되었다는 것을 확인한 바 있다. 그리고 2019년에 이낙연 당시 총리가 일본을 방문했을 때, "일본이 그런 것처럼, 한국도 1965년 한일기본관계조약과 청구권 협정을 존중하고 준수해 왔으며 앞으로도 그렇게 할 것"이라고 언명했다.[16] 이낙연 총리의 이 발언에 대해 당시 조세영 외교부 제1차관이 바로 "일본이 '한국은 약속을 지키지 않는 나라'라는 메시지를 발신하고 프레임을 형성해 온 면이 있는데, 그 프레임을 끊어야겠다고 생각했다"라며, "'우리는 약속을 지키지 않은 게 없다'는 걸 강조하려고 했다."고 덧붙이기도 했다. 한국정부가 '65년체제' 틀에 변경을 줄 수 있는 국내 사법부의 판단에 부심하고 있는 모습을 엿볼 수 있는 대목이다.

2021년 1월 18일 신년 기자회견에서 문재인 대통령이 위안부 문제 관련 재판에서 원고 피해자 편에 선 판결에 대해 "솔직히 조금 곤혹스러운 것이 사실[17]"이라고 발언한 것도 그 방증이라고 볼 수 있다. 이 발언을 놓고 많은 언론이 문재인 정부의 방침 전환을 지적했지만, 필자는 다소 다른 견해를 가진다. 문재인 대통령은 대통령 후보 때부터 일관되게 2015년 위안부 합의를 '파기하겠다'고는 주장하지 않았다. 어디까지나 "재검토"를 주장해 왔을 뿐이다. 실제로 취임 직후에 직속 태스크포스(TF)를 통해 합의과정에 문제가 있었음이 드러났을 때도 합의 파기를 부인했다. 이후 '화해·치유 재

입장이 바뀌어 온 모순을 지적한다. 한편, 한국 사법부 판단과 관련해서 "한국의 젊은 재판관들은 유엔에 자주 가서 국제적 교류에 적극적으로 참여해 국제사회에서 자신들이 어떻게 평가받고 있는지를 잘 듣고 있습니다. 그렇기 때문에 세계적 흐름을 사법판단에 잘 적용할 수 있습니다"라고도 평가하고 있다. 阿部浩己·鄭榮桓「國際學部の扉」 2019년 1월 13일 "特集 徵用工判決" http://mswwres.meijigaku-in.ac.jp/~yisa/dw/?p=514 (2021/12/04 검색).

16) 《한겨레》 2019년 10월 25일, "이낙연·아베 "한일관계 어려운 상황 방치 안돼" https://www.hani.co.kr/arti/politics/bluehouse/914504.html (2021/09/19 검색).

17) 《YTN》 2021년 1월 18일, "문재인 대통령 2021 신년 기자회견 ④" https://www.yt-n.co.kr/replay/view.php?idx=21&key=202101181142442525 (2021/10/03 검색).

단' 해산 등을 놓고 많은 전문가와 언론이 '사실상의 합의 파기'로 평가하게 됐으나, 문재인 정부는 대일관계와 국내 여론, 특히 2015년 합의를 비판하는 자신의 지지층 사이에 끼어 발언 그대로 "곤혹스러워"해 왔다고 보는 게 적절하다고 본다.

하지만 일본정부 역시 문재인 정부가 합의를 파기하려 하고 있다고 간주했다. 또한 징용공 문제를 포함해 한국은 정권이 바뀔 때마다 입장을 바꿔 약속을 저버린다며 강하게 비판했다. 다만 한국정부로서는 할 수 있는 일에 한계가 있는 것도 현실이었다. 국내 여론의 곱지 않은 시선은 물론 피해자들의 구제 요구, 민사소송이라는 점, 또한 기금을 설립해 보상한다 하더라도 보상액을 비롯해 다른 국가폭력 피해자들과의 형평성 문제 등 여러 가지 조정해야 할 관계나 문제가 얽혀 있었기 때문이다.[18]

이와 같이 한국정부는 '65년체제'를 유지하여 샌프란시스코 강화조약 체제 아래 동아시아 국제질서를 깨뜨릴 생각이 없음에도 불구하고 우호적 대일 관계를 유지하지 못하고 있다. 한국 여론 또한 일본과의 관계를 중요시하고 있음에도 일본을 경계하고 부정적으로 보는 시각을 가진다는 점을 앞서 여론조사 결과를 통해서 확인할 수 있었다. 이와 같이 모순되는 것으로 보일 수 있는 한국의 역사인식 문제에 대한 태도는 이행기 정의의 관점에서 이해할 수 있다. 한국사회는 지금까지 과거사 청산을 추진해 왔다. 과거사 청산이란, 즉 전환기 정의의 실현이며, 그것은 애당초 대일 역사인식 문제에서부터 시작한 것도 아니었다.

국내 이행기 정의의 움직임에 앞선 것으로 1995년의 광주특별법 통과를 들 수 있다. 한국 현대사와 남북관계 및 한미관계가 재정립되는 과정에서 한국정부에 의한 과거사 청산이 추진된 것이다. 2000년대 이후, 김대중 정부 때부터 제주 4.3사건과 노근리사건의 진상규명조사 및 희생자 명예회복

---

18) 양기호(2020), "강제징용 쟁점과 한일관계의 구조적 변용: 국내변수가 양국관계에 미치는 영향을 중심으로" 현대일본학회 『일본연구논총』 제51호, pp.23~24.

을 위한 특별법 제정이 추진됐다. 이 같은 과거사 청산은 미국의 후견 아래 성립되어 얻은 반공산주의 권위주의 지배체제를 비판적으로 재해석하는 움직임으로 이어지기도 했다.[19)]

대한민국 출범 당시 이루지 못한 '친일 반민족 행위'의 청산 또한 과거사 청산의 하나이다. 2004년에 성립된 '일제강점하 친일반민족행위 진상규명에 관한 특별법'(반민족규명법) 등, 그 명칭 때문에 일본에서는 '반일 입법'으로 받아들여졌지만, 이것도 지금의 일본과는 직접적으로 아무 관련이 없는 한국사회의 과거사 청산 중 하나였다. 하지만 최근 한일관계에서는 '친일'이라는 역사적 용어와 함께 '반일'이라는 용어의 의미가 잘못 사용되고 있다. 수평적이고 대등한 한일관계가 실현되고 한국사회에서도 반일감정으로 인한 대일 자세를 자제하는 풍조가 만들어지면서, 동시에 '반일'과 '친일'을 둘러싼 국내 갈등이 눈에 띄게 되었다.

Ⅳ. '반일'/ '친일' 논쟁의 오류

1. 진영론에 휘말린 '반일'과 '친일'

앞에서 살펴보았듯 냉전 종식을 맞아 세계화가 진전된 1990년대 이후, 더 이상 '반일' 내셔널리즘은 정부에 의해 의도되거나 관리 또는 통제될 수 없는 시대를 맞았다. 그런데 '반일'을 대신해 첨예화된 것이 진보와 보수의 대립이라고 할 수 있다. 지금 한국에서 '반일'이라는 용어는 진보와 보수의 갈등에 휘말려 진보세력은 '반일'이고, 보수세력은 '친일'이라는 구도가 정착된 것이다. 물론 대한민국의 역사적 성립 과정을 고려하면 국민국가 형성기에 주류 세력으로서 반공정책을 추진하고, 나아가 경제발전을 이루기 위

19) 金榮鎬(2018), 앞의 논문, pp.1~24.

해 개발독재를 밀고 나갔던 보수세력이 얼핏 '친일파'로 간주될 근거가 있어 보인다.

하지만 엄격한 반공정책을 추진한 이승만은 자신이 독립운동에 몸을 던진 인물로 일본에 대해서도 '항일' 내셔널리즘의 자세를 그 어느 지도자보다 강하게 보인 대통령이었다고 할 수 있다. 또한 경제발전을 추진한 박정희는 일본 육군사관학교 출신이었다는 것과 일본의 식민지 책임을 충분히 묻지 않고 한일 국교정상화를 강행한 대통령이라는 점에서 '친일파'의 대표격인 인물인 것처럼 알려져 있다. 하지만 박정희의 대일 자세는 '친일'이라기보다 그야말로 '용일' 내셔널리즘이라고 할 수 있는 것이었다. 다시 말해 경제 발전을 이루고 대북 체제경쟁에서 이기기 위해 철저하게 일본을 이용하려 한 것이지, 결코 일본을 이롭게 하기 위해 '용일' 내셔널리즘을 동원한 것이 아니었다. 그럼에도 이승만이나 박정희를 상징하듯 보수세력은 무조건 '친일파'라는 인식과 진보세력은 '반일'이라는 인식이 함께 확산되고 있는 것이 현실이다.

원래 한일관계에서 '반일'이라는 말이 가지는 의미는 매우 광범위하다. 앞서 살펴본 것처럼 '항일', '용일', '경일'과 같이 한국사회의 본질을 나타내는 함의를 가진다. 더해서 일본에서 한국의 대일정책을 비판하기 위한 용어로도 사용되고 있고, 일본정부 비판의 입장을 취하는 일본인을 향해서도 비난하기 위해 '반일'이라는 용어가 쓰이고 있다.

일본에 대한 부정적인 반응을 단순히 '반일'이라고 칭하는 것에 대한 비판적 논의는 이미 꽤 오래전부터 있었으나,[20] 그러한 '반일'의 안이한 용법이 더욱더 확산되고 있는 것이 현재 상황으로 보인다. 더욱이 그와 같은 '반일'이라는 용어의 사용은 급기야 한국사회에서도 통용되고 있다. 근거도 없이 무분별하고 무책임하게 일본을 비판할 때 '반일'이라는 말이 쓰일 뿐

20) 西原正(1975), "反日論の國內的背景" 日本文化フォーラム 편『シンポジウム·反日感情の構造―アジアの反日論―』(東京: 自由社), p.59.

만 아니라, 한국 현 정부를 비판하는 도구로도 쓰이고 있다는 점은 주목할 만하다.

2019년 한일관계가 악화된 시점에 출간돼 베스트셀러가 된 이영훈의 『반일 종족주의』는 "한국의 거짓말 문화는 국제적으로 널리 잘 알려진 사실입니다[21]"라는 문장으로 시작되는 것에서도 알 수 있듯이 학술서라기보다 일반서적으로 보는 것이 적당할 책이다. 그 주장의 여러 문제점에 대해서는 이미 다양하게 지적된 바 있다.[22] 일본 식민지배의 공과에 대한 논의 영역을 넘어, 진보진영을 비판하기 위해 이승만의 '반일'을 도외시하는 등 정치적 목적을 위한 서술과 사실(史實) 자체를 왜곡하려는 듯한 주장을 펼치기 때문이다.[23]

이 책은 거의 같은 시기에 일본어판도 발간되었고, 일본에서는 한국 이상으로 많은 사람들이 읽었다. 이 책 출판에는 기획 단계부터 일본 산케이(産経)신문 기자인 구보타 루리코(久保田るり子)가 깊숙이 관여했다는 사실이 책에서도 언급되어 있다. 구보타는 『반일 종족주의』의 주장을 "한국은 반일의 정치 이용을 그만두고 반일의 역사에서 한국인을 해방할 필요가 있다."고 단적으로 지적하는 동시에, "문 정권은 반일을 사용하여 보수세력을 공격하고, '대한민국'을 부인하며 북한에 기대려고 한다."며 『반일 종족

21) 이영훈 외(2019), 『반일 종족주의: 대한민국 위기의 근원』(서울: 미래사).
22) 예를 들어 과거 "역사를 공부하는 데 있어 정치성을 배제하자는 취지에 공감해" 『해방전후사의 재인식』(서울: 책세상, 2006) 집필에 참여했던 연세대학교 법학전문대학원 교수 이철우는 다음과 같이 비판했다. "이 책이 노정하는 적나라한 정치적 목적과 선동적 표현은 존경 받을 만했던 저자들의 이전 연구 결과에 대한 학계의 신뢰에 칼질을 가하였다. 그런 점에서 저자들이 이 해괴한 책을 출간함으로써 스스로의 학문적 목숨을 끊는 선택을 한 것이 안타깝다." 《한국일보》 2019/08/26 "반일 종족주의, 선동 가득한 해괴한 책… 저자들 스스로 학문적 목숨 끊었다" https://www.hankookilbo.com/News/Read/201908231526743763 (2021/12/04 검색).
23) 강성현(2020), 『탈진실의 시대, 역사부정을 묻는다: '반일 종족주의' 현상 비판』(서울: 푸른역사).

주의』의 문제의식에 동조하고 있다.[24)]

일본에서『반일 종족주의』가 널리 환영받은 것은 "'한국인에 의한 반일 비판'에 카타르시스를 느끼는 사람이 많다는 것을 반영한 것"이라고 평가된다.[25)] 또한 "한국의 자발적인 혐한론"이고 "일본의 우익뿐만 아니라 진보 언론의 일부도" 거기에 편승한 결과라고 할 수 있다. 이 책이 강조하는 "'한국의 거짓말 문화'는 일본에서 혐한 넷우익의 상투적인 문구이며, 한국인 자신의 '자기 반성'은 일본의 중도 '지한(知韓)'파 인사들이 선호하는 모습"이라는 것이다.[26)]

다시 말해서 이 책이 일본에서 환영받을 수 있었던 것은 일본에 만연하는 혐한의 언설과 역사수정주의가 그 배경에 있었기 때문이다.『반일 종족주의』는 위안부 문제에 많은 페이지를 할애하며 지금까지 쌓아 온 위안부 관련 연구의 성과를 부정하고 있다. 이 책이 한일 양국에서 환영 받은 것은 위안부 문제를 둘러싼 백래시(backlash)로도 간주할 수 있는 대목이다.

일본에서는 1990년대에 모든 중학교 교과서에 그 사실이 게재되게 된 이후 '새로운 역사교과서를 만드는 모임'(새역모)를 비롯한 역사수정주의 움직임이 활발해지면서, 위안부 문제에 대한 기술이 교과서에서 다시 사라지게 됐다. 실제로는 역사수정주의 교과서가 많은 학교의 교과서로 채택되는 일이 없었음에도 불구하고 그 영향은 사회 전반에 깊숙이 침투했다. 또한 아베 총리가 '고노(河野) 담화'를 부정하려고 하는 등,[27)] 몇 번씩이나 위안

24) 久保田るり子(2020),『反日種族主義と日本人』(東京: 文藝春秋), pp.4~8.

25) 澤田克己(2020),『反日韓國という幻想: 誤解だらけの日韓關係』(東京: 毎日新聞社), pp.22~23.

26) 趙慶喜(2021), "否定の時代にいかに歷史の聲を聽くか—「反日種族主義」と韓國 / 日本" 早尾貴紀·吳世宗·趙慶喜『殘余の聲を聽く: 沖縄·韓國·パレスチナ』(東京: 明石書店), pp.135-151.

27) 아베 정권은 '고노 담화' 발표와 관련하여 진상 조사를 실시하였으나, 결과적으로 '고노 담화'자체를 부정할 수는 없었고, 결국 일본정부의 공식 입장으로서도 '고노 담화'를 유지하게 되었다.

부 문제에 대한 일본정부의 책임을 부인하려고 한 배경이 됐다.

다만 본고의 문제의식에서는 문제가 많이 지적된 서적임에도 불구하고 적지 않은 한국 시민들이 『반일 종족주의』에 공감했다는 점에 주목한다. 일본의 역사수정주의와 친화성을 지닌 이 책이 대중에게 수용된 이유는 무엇인가. 구보타가 설명하고 있듯이 『반일 종족주의』가 문제시하는 것은 진보세력의 '반일'이다. 이에 "문 정권에 의해 코너에 몰린 보수세력, 그중에서도 현실정치로 맞설 만한 힘이 없는 약소 그룹으로부터의 반격"이 시작된 것이라는 해석이 있다.[28] 당시 법무부장관 후보자였던 조국이 『반일 종족주의』를 "구역질 나는 책"이라고 평한 것은 그야말로 이 책의 사회적 위치를 나타내는 것이라고 할 수 있다. 『반일 종족주의』가 주장하는 하나하나의 역사적 평가보다도 이 책이 가지는 사회적 의미, 즉 '적폐청산'의 이름 하에서 행해지는 보수세력 공격에 대한 반감을 한국 사회의 적지 않은 사람들이 공감한 것이다.

2. 위안부 문제의 백래시와 '반일'

한편, 2020년 한국에서 위안부 피해자 중 한 명인 이용수의 기자회견을 계기로 피해자지원단체인 '일본군성노예제 문제해결을 위한 정의기억연대'(정의연)[29]의 문제가 큰 주목을 끌면서, 지금까지 피해자지원단체를 중심으로 쌓여 온 다양한 성과가 모두 부정되는 듯한 사태가 벌어졌다. 단체와 전 이사장이자 국회의원인 윤미향을 둘러싼 '의혹'에 대해서는 아직 법적으로 다투고 있는 안건도 있지만, 지나친 추측성 보도나 명백한 오보, 가짜뉴스가 다수 포함되었음에도 불구하고 사실 확인도 충분히 거치지 않은 비판 보도가 쏟아져 마치 '집단 공개 때리기'의 양상을 보였다. 무엇보다 일련의

28) 澤田克己(2020), 앞의 책, pp.18~27.

29) 한국정신대문제대책협의회(정대협)의 후속 단체.

과잉 보도는 오래된 위안부 문제 관련 활동의 본질을 왜곡시켰다. 그동안 한국 사회가 보여 온 위안부 문제 본질에 대한 낮은 관심도를 생각하면 이것도 역시 여성 인권문제를 둘러싼 백래시였다고 볼 수 있다.

적지 않은 논평가들이 위안부 문제 관련 시민단체가 '반일'을 이용해 사욕을 채운 것처럼 비난했다. 이것은 예전부터 일본에서 정의연을 '반일' 단체라고 불러 경계해온 것과 같은 인식이다. 정의연의 운동에 대해 "위안부 피해자의 '이상형(理想型)'을 만들어 냄으로써, 부지불식간에 할머니들의 행동을 구속했다."고 하여, 일련의 시민단체를 둘러싼 소동으로 위안부 운동은 이제 '성역'이 아니게 되었다는 평가도 나왔다.[30)]

그러나 정의연을 '반일' 단체로 규정하는 것은 빗나간 낙인 찍기에 불과하며, 정의연의 활동으로 피해자상이 고착화되어 왔다는 비판 역시 다양한 피해자의 존재를 밝혀 온 조사연구의 성과를 무시하는 부적절한 비판이다. 또한 정의연이나 그 주변의 관계자, 그리고 관련 전문가들이 많은 조사연구에 관여해 온 사실을 외면한 지적이기도 하다. 오히려 다양한 피해자의 모습이 알려지지 않았다고 한다면, 그것은 낮은 사회적 관심과 센세이셔널한 기사만 선호하는 언론매체, 즉 '반일' 프레임을 안이하게 활용해 온 일부 지식인의 발언과 한일 양국의 언론에 더 큰 문제가 있었던 것으로 보인다.

물론 위안부 문제와 관련해 정의연이라는 단체의 존재감은 크며, 그 존재가 위안부 운동 그 자체라고 해도 과언이 아닌 것은 사실이라고 본다. 따라서 그것이 가져올 문제 또한 있을 수 있다는 점을 부정할 수는 없다. 그러나 그만큼 위안부 운동을 둘러싼 환경이 취약하고, 정의연의 역할이 상대적으로 커질 수밖에 없었다는 것을 말해주기도 한다. 또한 이 문제가 만약 '성역'으로 여겨져 왔다고 한다면, 시민단체가 앓고 있는 문제와 함께 그들을 '반일'의 상징으로 추켜세우며 여론에게 받아들여지기 쉬운 정보만을 잘라 내보내 온 언론에 대한 검증 또한 필요해 보인다.

30) 심규선(2021), 『위안부 운동, 성역에서 광장으로』(서울: 나남).

필자는 2015년 12월 28일의 한일 외무장관 위안부 합의를 다룬 한국 주요 신문의 논조, 그리고 2019년 한일관계 악화에 대한 주요 신문의 논조를 분석하여, 한국 언론들이 여전히 역사인식문제로서의 위안부 피해에 그다지 관심을 가지고 있지 않음을 확인했다.[31] 진보, 보수 관계없이 한국의 주요 신문들이 위안부 문제를 통해 관심을 보인 것은 어디까지나 안보와 경제협력 측면에서의 한일관계이지, 피해자들의 존엄 회복이나 일본의 역사인식을 둘러싼 문제가 아니었던 것이다. 특히 2015년 한일 합의에 대해서는 발표 다음 날 이후, 피해자지원단체 등이 강력한 반발의 목소리를 내기 시작하면서 각종 언론도 부정적인 논조를 보였으나, 합의가 발표된 직후에는 한일관계 개선에 대한 기대를 내비치며 이를 환영하는 듯한 논조가 대부분이었다.

2015년 합의 내용은 일본 측에 유리한 것이기도 했고, 합의 성사는 당시 박근혜 정권에 대한 반발로 이어짐과 동시에 위안부 문제는 여성의 인권 문제라는 인식이 여론에 널리 확산되는 계기가 되었다. 그것은 예전부터 전문가들뿐만 아니라 정의연 등 위안부 운동 관계자들도 제기해 왔던 관점이었다. 결과적으로 박근혜 정권의 뒤를 이은 문재인 정부는 한일 합의가 '공식 합의'였음을 인정하고 있으나, 일본정부는 한국정부가 합의를 '사실상 파기'했다고 간주했고, 한국에서도 일본정부와 동일한 시각에서 현 정권을 비판하는 목소리가 있다.

의도를 떠나서 결과적으로 합의가 아무런 의미를 가지지 않게 된 것은 외교적 실책으로 보는 것이 타당하다. 다만, 2015년 합의를 둘러싼 외교적 관점의 논의와 평가에서 결여된 것이 바로 역사인식의 본질에 대한 관심이

---

31) 緒方義廣(2016), "12.28合意に見る「慰安婦問題」―「合意」直後の日韓主要各紙社説を手がかりに―" 한양대학교 일본학국제비교연구소 『비교일본학』 제36집; 緒方義廣(2019), "日韓關係悪化をめぐる兩國メディアの論調―2019年日韓主要新聞の社説を中心に―" 한국일본학회 『일본학보』 제124집.

다. 합의의 주제는 '위안부'라는 역사인식 문제이나, 관심의 중심은 안보와 경제 등 '국익'의 관점에서 본 한일관계 안정이다. 그러다 보니 피해자 구제는 그 범위 내에서만 허락되는 부차적인 관심 대상이 되었다. 그런 관심의 편중은 결과적으로 역사인식 문제로서 위안부 문제에 힘쓰는 사람들을 '반일'로 규정해 비판하고 있다.

최근 한국에서 '반일'이라는 말은 원래 의미와 다른 형태로 사용되게 되었다. 과거의 '항일'과도 또 다른 의미를 가지게 되었고, 한국의 진보세력과 보수세력의 대립에 이용되고 있는 측면을 지적할 수 있다. 마찬가지로 '친일'이라는 말 또한 한국사회의 정치적인 갈등에 휘말린 말이 되었다. 일부 진보세력에 의해 '친일'은 원래의 역사 용어로서의 의미에서 벗어나, 정적인 보수세력을 공격하는 데 사용하는 꼬리표가 되어버린 것으로 보인다. 한일 간의 역사인식 문제는 한국사회에서 이미 '항일'로서의 문제도, 반일감정으로서의 문제도 아니게 되었다. 앞서 살펴보았듯이 그것은 전환기 정의의 문제이고, 반드시 한일 간에만 한정되는 문제도 아니다.

특히 위안부 문제는 여성의 인권 문제로 인식되면서 국제사회의 공감을 불러일으키는 측면까지 있고, 이를 부정하는 일본정부의 로비 활동이 오히려 역효과로 작용해 문제의 본질을 부각시키고 있다. 미투(MeToo) 운동이나 인종차별 문제, 코로나 사태 속의 올림픽에 대한 일본의 대처 등, 국제사회 공통의 이슈가 이어지고 있는 최근, 일본의 식민지 책임 문제 또한 향후 보다 국제적인 관점에서 논의가 이루어질 가능성이 있다.

2019년 일본정부의 수출규제 문제를 둘러싸고 일어난 한국의 일본 제품 불매운동에서 한국 시민들이 "NO JAPAN"이 아닌 "NO ABE"를 선택한 것은 하나의 상징이라고도 할 수 있다. 물론 '한국은 반일'이라고 굳게 믿는 여론이 강한 일본에서는 한국 시민들이 일본의 현 정부와 그곳에 사는 사람들을 구별했다는 것의 의미를 잘 파악하지 못한 것으로 보인다. 하지만 한국사회의 일본 인식이 과거의 '반일'과는 확연히 달라졌다는 것을 확인할 수 있는 한 사례라고 하겠다.

Ⅴ. 나가며

향후 코로나 사태가 진정된 후, '전후 최악'이라 불렸던 한일관계가 과연 어떤 양상을 보일지 아직 알 수 없다. 일본에서는 문재인 정부에 대한 반감이 뿌리깊어 2021년 10월 현재 이미 차기 정권을 기대하고 있다. 앞서 살펴본 여론조사에서도 한일 양국 모두 지도자 교체에 대한 기대를 품고 있음을 확인할 수 있었다. 2021년 10월, 먼저 일본에서 기시다 후미오(岸田文雄) 총리로 교체가 이루어졌으나 자민당 정권이라는 점에는 변함이 없고, 본고를 집필한 2021년 10월 초 시점에서, 특히 한국에 대한 외교정책은 기시다 정권도 지난 스가 요시히데(菅義偉) 정권에 이어 아베 정권의 노선에서 크게 벗어나지 않을 것이라는 예상이 지배적이다. 또한 2022년 3월로 예정된 한국의 대통령 선거에서 누가 한국의 리더가 될지, 정권 교체는 일어날 것인지를 놓고 일본에서도 관심이 높다.

다만 앞서 살펴보았듯이, 한국의 일본 인식은 단순히 진보정권이냐 보수정권이냐에 따른 차이에서 오는 것이 아니다. 정권 입장에서도 이제 '반일'은 활용도가 높은 정치 카드가 아니다. 물론 대일 인식 문제가 대통령 선거의 쟁점이 될 수도 없다. 그럼에도 불구하고 한일 간에는 역사인식 문제가 여전히 존재한다. 문재인 정권이 남은 임기 동안 징용공 문제나 위안부 문제와 관련된 현안을 일본과의 관계를 통해 '해결'할 것이라는 전망도 없다. 애당초 무엇을 '해결'이라고 해야 할지 문재인 정부에게 구체적인 비전이 있는 것처럼 보이지도 않는다.

이제 한일관계는 한국정부와 일본정부, 또는 한국 국민과 일본 국민과의 대립 구조로만 파악되는 시대가 아니다. 한국 국민도 과거처럼 '반일'을 활용하는 정부의 대일 정책으로 움직일 정도로 단순하지 않다. 노골적인 '반일' 선동 자세에 대한 경계심도 존재한다. 특히 전환기 정의의 문제로 인식되는 식민지 피해 문제에 대해서는 이제 '반일' 프레임에 의한 접근에 거부감마저 느끼는 젊은 세대가 늘어나고 있다는 사실을 충분히 인식할 필요가 있다. 물론 국내의 정치적 분단에 얽힌 '반일'과 '친일'이 언제 어떤 형태로 한일관계의 변수가 될 지는 알 수 없다. 앞서 살펴본 것처럼 정부가 그것을 관리·통제할 수 있는 시대가 아니기 때문이다.

참고문헌

강성현, 2020,『탈진실의 시대, 역사부정을 묻는다: '반일 종족주의' 현상 비판』서울: 푸른역사.

심규선, 2021,『위안부 운동, 성역에서 광장으로』서울: 나남.

양기호, 2020, "강제징용 쟁점과 한일관계의 구조적 변용: 국내변수가 양국관계에 미치는 영향을 중심으로", 현대일본학회『일본연구논총』제51호.

이영훈 외, 2019,『반일 종족주의: 대한민국 위기의 근원』서울: 미래사.

李榮薰 편저, 2019,『反日種族主義: 日韓危機の根源』東京: 文芸春秋.

緒方義廣, 2019, "日韓關係悪化をめぐる兩國メディアの論調 —2019年日韓主要新聞の社説を中心に—", 한국일본학회『일본학보』제124집.

緒方義廣, 2016, "12.28合意に見る｢慰安婦問題｣—｢合意｣直後の日韓主要各紙社説を手がかりに—", 한양대학교 일본학국제비교연구소『비교일본학』제36집.

木宮正史, 2018,『ナショナリズムから見た韓國·北朝鮮近現代史』東京: 講談社.

金榮鎬, 2018, "日韓關係における安全保障と歴史認識: 同盟のジレンマと移行期正義の視点から", 廣島市立大學國際學部『廣島國際研究』第24卷.

久保田るり子, 2020,『反日種族主義と日本人』東京: 文藝春秋.

小針進, 2004,『韓國人は、こう考えている』東京: 新潮新書.

澤田克己, 2020,『反日韓國という幻想: 誤解だらけの日韓關係』東京: 毎日新聞社.

高原基彰, 2006,『不安型ナショナリズムの時代—日韓中のネット世代が憎みあう本当の理由』東京: 洋泉社.

趙慶喜, 2021, "否定の時代にいかに歴史の聲を聽くか—｢反日種族主義｣と韓國/日本", 早尾貴紀·呉世宗·趙慶喜『殘余の聲を聽く: 沖縄·韓國·パレスチナ』東京: 明石書店.

西原正, 1975, "反日論の國内的背景" 日本文化フォーラム 편『シンポジウム·反日感情の構造 —アジアの反日論—』東京: 自由社.

山本晴太 외, 2019,『徵用工裁判と日韓請求權協定—韓國大法院判決を讀み解く』東京: 現代人文社.

동아시아연구원(EAI) http://www.eai.or.kr/
《한국일보》 https://www.hankookilbo.com/
《한겨레》 https://www.hani.co.kr/
《YTN》 https://www.ytn.co.kr/
言論NPO https://www.genron-npo.net/
明治學院大學橫浜國際學會(YISA)「國際學部の扉」 http://mswwres.meijigakuin.ac.jp/~yisa/dw/
《朝日新聞》 https://digital.asahi.com/

〈토론문〉

호불호보다 위험한 무지

선우정 | 조선일보 논설위원

오가타 선생님 말씀에 공감하며 몇가지 첨언을 하면 다음과 같습니다.

한국의 반일은 기본적으로 정치의 반일입니다. 어느 나라나 마찬가지이지만 보통 사람들에게 외국은 외국일 뿐입니다. 일본도 마찬가지입니다. 식민지 과거사를 유의미하게 체험한 사람은 이제 소수입니다. 일본에 대한 경제적 콤플렉스를 경험하지 않은 세대가 주류를 형성하고 있습니다. 역설적으로 이것은 한국인의 일본에 관한 지식과 대일 인식이 얄팍해 졌다는 것과, 따라서 정치 권력의 의도에 쉽게 휘둘릴 수 있다는 것을 뜻합니다.

예전에 아베 총리가 쓴 美しい國へ를 읽고 '뜻밖'이란 생각을 했습니다. 200페이지 정도 되는 책에서 한국 관련 부분은 딱 1페이지. 우리는 한국과 일본이 치열하게 서로를 생각하는 것 같지만 사실은 아닙니다. 특히 정치인이 그렇습니다. 아베 총리는 부인이 한국 드라마라도 알았지만 한국 대통령 중 일본을 이해한 대통령은 20년 전 김대중 대통령 이후 아무도 없습니다. 일본도 다르지 않다고 생각합니다.

이런 현실은 위험한 결과를 가져옵니다. 모르니까 일이 생기면 당황하고, 그 당황을 분노로 표출하고, 그 분노가 국민 정서에게 즉각 영향을 미칩니다. 이 악순환이 지난 20년 한일관계의 기본적인 흐름이었다고 생각합니다. 현 정권은 언급하고 싶지 않고, 한국 보수 정권에 대해서만 말씀드리겠습니다.

한국 헌법재판소가 이른바 '위안부 부작위 결정'을 했을 때 이명박 정권은 일본과의 협상을 통해 해결할 수 있다고 믿었습니다. 그때 이명박 정권이 생각하는 해결은 위안부 배상을 인정받는 것입니다. 무엇을 뜻할까요? 1965년 한일협정의 역사적 맥락과 합의를 모르는 겁니다. 그러다 좌절하자 갈등을 영토 문제로 확장했습니다. 박근혜 정권도 이런 인식을 그대로 계승했습니다. 그러다가 한일이 생각하는 해결의 중간 지점에서 2015년 위안부 합의가 나왔고, 한국에서 거센 반발을 샀습니다. 박 정권은 그 반발에 대한 대비를 안 했습니다. 왜일까요? 위안부 문제에 대해 일본이 받아들일 수 있는 마지노선, 한국 시민단체(사실상 국민 여론을 움직이는)가 받아들일 수 있는 마지노선에 대한 지식이 없었기 때문입니다. 있었어도 우습게 보았기 때문입니다.

박 대통령은 "가해자와 피해자, 천년의 역사가 흘러도 변할 수 없다."고 했습니다. 이런 수준이라고 보시면 됩니다. 문재인 대통령은 말할 필요 없고 누가 되든 다음 대통령도 비슷할 것입니다.

지금 한일관계에서 가장 큰 문제는 여론조사가 얘기하는 '싫고 좋음'이 아니라 무지, 그리고 이에따른 경시라고 생각합니다. 일본에서 빈센조가, 한국에서 귀멸의 칼날이 아무리 인기몰이를 해도 한미일 삼각 안보체제를 대체할 수 없습니다. 그런데 한국은 일본의 지정학적 가치를 인정하려 하지 않습니다. 정치 권력의 무지 때문입니다. 일본도 마찬가지라고 생각합니다. 양국 모두 이 가치를 뼈저리게 느낄 날이 조만간 올 것이라고 생각합니다.

글이 짧아 논리를 단순화시킨 점 양해 부탁드립니다.

종합토론

〈종합토론〉

종합토론 녹취록

손승철 지금부터 종합토론을 시작하도록 하겠습니다. 종합토론은 3시 50분부터 5시 50분까지 2시간으로 예정되어 있습니다. 오늘 학술대회 주제가 '한국인이 본 일본·일본인에 대한 인식'입니다. 작년에는 개회사에서도 말씀드렸지만 '일본인의 한국·한국인의 대한 인식'이었습니다. 그리고 올해는 '한국인의 일본·일본인에 대한 인식'입니다. 당초 이 주제를 가지고 학술대회를 기획한 의도는 현재 한일관계에 있어서 여러 가지 어려움이 많습니다만, 그 문제를 생각하면서 이번에는 인식의 문제를 한 번 주제로 해 보자는 것이었습니다. 그래서 작년에는 일본인을 다루었고 올해는 한국인에 대해 다루게 되었습니다. 먼저 기조강연으로 신각수 대사님께서 현재 한일관계의 현황을 특히 인식의 문제를 중심으로 해서 살펴본 겁니다.

이어서 인식의 문제를 시대적으로 삼국시대부터 현재에 이르기까지 2천년 정도를 삼국시대·남북국시대·고려시대·조선시대·개항기 그리고 일제강점기·현대. 이렇게 7시대로 나누어 가지고 역사적으로 통시대적으로 고찰해 봤습니다. 사실은 엄청나게 방대한 문제를 다루는 거지요. 그런데 여러분들도 아마 느끼셨겠지만 한일문화교류기금에서는 매년 국제학술대회를 지금 34년을 계속하고 있습니다. 그런데 학술회의지만 일반 학회하고 다른 점은 교수님들도 아시겠습니다만 일반 학회에서는 세부적인 테마를 전문적으로 다루지만, 한일기금은 어떤 테마를 넓게 보고 그리고 통시대적으로 보고자하는 특징을 갖고 있습니다. 그래서 사실은 2000년을 다룬다는 것이 그렇게 쉬운 일은 아니지만 그런 목적 속에서 하고 있기 때문에 전체 흐름

속에서 한일관계가 어떤 특징을 가지고 전개되고 있는지, 어떤 문제가 있는지 뭐 그런 것들을 종합적으로 생각해보는 그런 취지의 국제 학술행사를 매년 해왔습니다 그래서 그런 취지에서 작년과 올해는 인식의 문제를 다뤄보고자 하는 것입니다. 그런데 인식의 문제를 한 번에 다루는 것이 너무 벅찰 것 같아서 작년에는 일본인을 상대로 했고, 올해는 한국인을 상대로 하려고 하는 한 것입니다. 그런데 각론으로 들어가 보니, 상고시대부터 고려시대까지는 아까 언제 발표해 주신 선생님들 모두 같은 말씀이셨지만 사료가 너무 없다 한국 쪽이나 일본 쪽의 기록이 남아있는 것이 별로 없다. 사료의 한계 때문에 상당히 어려웠다. 그런 말씀을 이구동성으로 해주셨습니다. 그런데 없음에도 불구하고 과거 일본학자들의 연구가 여러 편이 있었습니다. 그래서 이번에는 일본의 시각이 아니라 한국 쪽의 시각에서 또 일본사료를 다시 보자. 그렇게 시도를 하신거죠 그래서 어떻게 보면 없는 사료를 가지고 나름대로 열심히 해 주신 거 같아요. 그래서 나름대로 토론이 끝날 때 쯤이면 그래도 어떤 나름대로의 맥락은 잡을 수 있지 않겠나, 그런 나름대로의 성과를 기대하면서 종합토론을 시작하도록 하겠습니다.

그래서 아까도 말씀드렸지만 일반 학회 같으면 어떤 그 좁은 주제를 가지고 아주 논쟁을 하겠지만 우리는 그럴 필요까진 없을 것 같아요. 그래서 맥락을 잡는 차원에서 토론을 해서 뭔가 고대부터 현대에 이르기까지 어떤 흐름을 느낄 수 있게끔 그렇게 좀 정리하는 것이 종합토론을 목적이고 책임이 아닌가 생각이 됩니다. 약정 토론자 선생님들께서 토론문은 미리 제출을 해주셔서 자료집의 발표문 다음에 수록이 되었습니다. 그래서 전체를 다 언급하지 마시고 그 중에서 중요한 것만 그리고 통시대의 맥락을 짚어 볼 수 있거나 그렇게 유도해갈 수 있는 그런 측면에서 질의응답을 해 주시기를 부탁을 드리겠습니다. 2시간 토론을 합니다만 각 주제 당 10분 간으로 질의응답 시간을 드리겠습니다. 모두 일곱 주제니까 70분이 됩니다. 그리고 나머지 시간은 자유토론으로 하고 마지막으로 선생님들 한 분 한 분 1분 스피치 식으로 나름대로 정리를 해 주시고 그것을 제가 총정리하는 식으로 시간을 배정하도록 하겠습니다.

그러면 첫 번째 주제부터 하는데 오늘 사정이 있어서 우선 개항기를 하고 그다음에 재일한국인 이렇게 하고 시대를 거슬러 올라가도록 해보겠습니다. 그래서 먼저 개항기를 발표한 고려대학교 최덕수 교수님 주제에 관해서 하남역사박물관 김세민 선생님께서 토론해주시겠습니다. 부탁드립니다.

김세민 김세민입니다. 최덕수 선생님 발표를 잘 들었고요 선생님은 다양한 공부를 해오셨기 때문에 제가 특별히 다른 이견을 갖고 있지는 않습니다. 다만 그간에 공부를 해오면서 느꼈던 점 몇 가지를 말씀드리도록 하겠습니다. 우선 그 인식을 가지고 저희가 역사를 바라볼 때 그다음에 정치적인 어떤 입장하고는 똑같지 않을 수도 있다는 생각에서 선생님은 어떤 의견을 갖고 계시는지 여쭙도록 하겠습니다. 먼저 첫 번째 132쪽에 있는 인용문인데요 『승정원일기』 1875년 2월 5일자입니다. 내용에 보면 고종은 서계의 내용이 문제가 있다 하더라도 서계 접수 자체 그 부분은 성신에 어긋난다 함으로써 서계접수를 추정하고 있습니다. 1868년 메이지정부 수립 당시 일본에서 보내온 서계에 대한 접수가 다른 점은 고종의 입장은 일단 외교문서를 접수해서 검토해 보자는 입장이 새로 나왔다는 것이고 주목되는 점은 서계를 접속하여 적극적으로 대일 외교를 풀어가자는 입장이었다고 했습니다. 그리고 고종은 개인적으로 적극적인 태도를 갖고 있었다고 했고 이후에 조정 대신들은 그것을 거부하는 쪽이 다수였다고 합니다.

그동안 우리가 서계를 거부하고 접수하지 않은 것은 일본 측의 일방적인 외교 변경 때문이었고 조정 대신들이 서계 접수를 거부하는 쪽이 다수였는데도 불구하고 이때 고종이 선두에 서서 서계 접수를 주장하는 이유가 뭔지에 대해서 선생님께서 추가 설명 부탁드리고자 합니다. 선생님의 다른 책에 의하면 개항 전 조일관계를 보면 고종이 적극적으로 나선 그 이유는 일본의 대만침공과 일본과 서양이 연합해서 조선을 침공할지도 모른다는 청나라의 자문 영향 때문이었다고 쓰신 부분도 있습니다. 그렇다고 한다면 고종의 서계접수는 고종의 일본에 대한 인식인지 아니면 어떤 정책에 변화가 있는지 아니면 정치적 입장의 변화인지 이 부분이 궁금합니다.

두 번째로는 『승정원일기』 1876년 27일자 발표문 135쪽에 보면 고종은 최익현의 개항 반대론 왜양일체론에 대해 왜인 제외하는 일은 왜인을 제외하는 것이고 양이를 배척하는 것은 양이를 배척한 것이다. 이번에 왜선이 온 것이 양이와 합동한 것인지 어떻게 확실히 알겠는가라고 왜양일체를 부인하는 쪽으로 분류했습니다. 그때 고종의 왜양분리론은 일본과 개항과 강화도 조약을 앞둔 시기에 소위 왜양일체론의 대응 논리에서 나온 것으로 개항해야 하는 방식, 고종의 정치적 판단이자 정치적 수단으로도 볼 수도 있습니다. 당시 사람들의 대다수는 일본에 대한 논리는 왜와 양이 같은 것으로 비칠 수밖에 없었는데, 고종은 정말 왜와 양이 다르다고 생각한 것인지 이 부분에 대해서도 궁금합니다. 예를 들면 다른 부분에 고종은 예를 들면 왜는 활용선을 타고 나타나는데 이는 양이와 서로 통하기 때문이라는 이런 말도 하고 있습니다. 양이와 왜가 서로 통하고 있다는 것도 알고 있었다는 애기입니다. 이 애기를 보면 앞에서 애기했던 것과 좀 내용이 좀 다릅니다. 예를 들어서 또 고종의 경우에 활용선에 대해 관심을 보이는 그런 내용들도 보이고 있습니다. 이 내용은 결국 80년 1차 수신사 김홍집에 의해서 조선책략의 들어오라는 뒤에 조야에 반대론 일어났을 때 역시 마찬가지입니다 그래서 한 마디로 말씀을 드리면 이게 고종의 일본에 대한 인식을 얘기 하는 것인지 아니면 정책에 대해서 변화라든지 이 부분에 말씀해 주시면 고맙겠습니다.

최덕수 여러 가지 부족했습니다만 선생님 토론을 듣고 저도 생각을 다시 한번 정리하는 기회가 되었습니다. 말씀하신 것처럼 이른바 그 상대에 대한 인식의 문제는 상대방의 인식과 물론 자기 자신에 대한 인식도 되어야 하는 것이고, 그걸 인식을 하는 것과 정책으로 선택하는 것과는 거리가 있다고 생각합니다.

특별히 그런 부분이 현실정치에 대한 문제와 인식의 문제가 상당히 컸던 부분이 고종으로서는 이 시기가 아닌가. 이렇게 생각하면서 보았는데, 『고종실록』 전체를 보더라도 고종이 중대한 사건 접할 때마다 본인의 생각을 드러내지 않습니다. 너희들이 상의해 봐라. 그다음에 보고 하라 이런 쪽에 얘긴데 비교적 이 부분에 대해서는 굉장히 반대하는 의견이 많은데도 일단은 받아보자고 했습니다. 그런 면에서는 당시 1871년 신미양요 이른바 척화비를 세우긴 했지만 그 척화비를 세워 놓은 전말이 광성보에서 엄청난 하여튼 그 피해를 입었기 때문에 척화비를 세워놓은 행위하고 실제로 사실 일치가 상당히 거리가 있는 그런 입장이 있었는데 특별히 고종의 경우 1876년 이후 73년부터 본인이 친정했는데 저희 경우 일본사회에서 정한론이 되 가지고 명치 6년에 정벌 얘기하지 말라고 계유정변 얘기하는데 이 전근 자체가 상당히 어떤 사전적인 준비 단계를 거쳐 이루어지고 있습니다. 당시는 최익현의 상소를 계기로 급변하는 상황이었는데 실제로 73년에 친정 했다고 한다면 정치적 기반은 상당히 약한 그런 상황에서 앞서 보신 것처럼 71년에 조·청간에 또는 청에 관해 또는 75년에 타이완 침공 이런 상황 자체가 고종으로선 상당히 정치적인 위기의식이 굉장히 강한 그런 입장인데 그런 것을 타개 할 수 있는 현실적인 정치기반은 상당히 적었을까 그렇게 생각합니다.

그런 면에서는 현실에서 선택할 수밖에 없는 개방이라는 선택지하고 반대의 어떤 여론을 넘어서기 위해서는 탈출적 명분이 역시 정책 명분으로서는 지금의 왜와 양은 재야에서 얘기하는 일체하고 다르다 그런 명분으로 한 것이 아닌가. 특별히 제가 개항기 전체를 얘기하면서 지금까지 대외인식의 경우는 크게 보면 화이론자, 수신사로 갔다 온 개화론자 그리고 동학농민, 민족 이런 식으로 구분했었는데 대체로 이렇게 개항 과정에서는 주로 대체적인 어떤 발전면에서 특히 개항론이 선택했는가 박기수 중심의 그런 연구를 많이 했었는데 저로서는 현실정치 정책을 끌어가는 집단, 고종을 중심으로 보는 게 바람직하지 않느냐 이런 생각을 고종에게 하면서 자료를 주고 선택했습니다. 그런 면에선 선생님이 말씀하신 것처럼 인식하고 정치적인 어떤 선택 과정이 굉장히 괴리감이 있던 시기가 시기이고 그런 연구를 일치시켜주는 것이 척화비를 폐기하라고 한 임오군란, 그 시기에는 사실은 서울에 청나라 군대 3,000명 일본군 1,500명이 들어와 있는 상황에서 더 커지는 경우 어떤 그런 얘기를 이제는 대세가 어쩔 수 없다 이런 얘기로 나아간 것이 아닌가. 전적으로 선생님께서 말씀하신 것처럼 괴리 같은게 존재하는게 당시 상황이었다. 그런 생각이 듭니다.

선생님께서는 개항과 그다음에 이제 일본이랑 또는 청하고 맺는 조약 후 시기의 인식을 말씀하셨는데 실제로 개항기 전체를 보면 그 이후가 더 심각해지지 않았나 저는 그 생각이 들었거든요 그러니까 예를 들어서 개항하고 나서 일본 세력이 들어오면서 여러 가지로 일본이 접하게 되고 일본 상품을 접하게 되는 거 아닌가요? 그러면 그다음에 갑신정변이 일어나고 그 다음에 을미사변이 일어나고 그러면서 엄청나게 일본이라는 일본사람들에 대한 직접 개항한 정책 입안자뿐만 아니라 일반 서민들도 백성들도 일본을 직접 맞닥뜨리게 될 텐데, 그때 큰 인식의 변화 같은 거 물론 여기서는 시기적으로 한정해서 다루셨기 때문에 언급은 하셨지만 그 문제 때문에 그 문제를 더 생각하지 않을까 그런 생각을 하게 되네요. 간단하게 해도 그 부분에 대한 것을 가능할까요? 제가 지금 맺음말 부분에 잠깐 143쪽 부분에 대체로 지금까지 인식을 얘기할 때, 큰 틀에서 앞에서 말씀을 드린 것처럼 척사론자 화이론자하고 개화파 개화론자 그다음에 민중 이런 식으로 일본 인식을 다뤄왔었는데 대체로 척사론자 최익현의 경우 처음 끝까지 입장이고, 개화론자의 경우 문명화론 문명론 이런 걸로 다 옮겨 왔는데 얘기하지만 반일인가 친일인가 이런 틀에서 보면 화이론자와 개화론자의 경우 비교적 그 이후에 상황에서도 크게 바뀌지 않는다. 다만 화이론자와 개화론자의 경우 한일관계를 어떻게 표현하는가 이랬을 때는 처음에는 왜와 양, 왜양은 다르다 인식이였지만은 마지막에 서양과 일본과의 관계를 듣고 표현하기로는 143쪽에 보는 것처럼 지리적으로 상당히 가깝다 이제 이정도 보면 같은 운명 같은 인종 이런 틀에서 한일간의 관계를 다음에 주로 언급하고 있지 않는가. 그런 면에서는 다른 서양에 대한 인식과 비교해 보며는 같은 문명권 내에서 조선이 개항할 때 비교적 단계적으로 일본을 거쳐서 세계와 만나가는 부분이 있습니다. 그 이후에 인식 부분에 대해도 그대로 유지되고 있지 않은가 다만 오늘 선생님들 의견에서처럼 지금 저희가 주로 개항론에 대해서 적극적인 언급 후 사상적인 측면에서 인식이 변하고 현실정치에서 했던 정책 선택에 그리고 오늘 포현을 간과한 면이 있잖아 그런 생각을 갖고 있습니다.

손승철 물론 개항기 문제지만 흔히들 요즘에 그 동북아시아 여러 정세를 얘기할 때 100년 전에 조선 사회와 유사한 점이 많다 그런 얘기를 여러 번 들은 것 같아요. 그래서 어쩌면 개항기에 지금 우리가 논의하는 주제들이 지금 사회도 일정 부분 어떤 시사점 있지 않을까 그런 취지에서 간단히 말씀 드렸습니다. 혹시 지금 제 말씀에 대해서 의견 있으시면 언제든지 기회를 드리겠습니다. 말씀하시면 되겠습니다. 두 번째 주제는 재일조선인의 일본인식입니다. 청암대학 김인덕 교수님께서 발표해 주셨는데, 거기에 대해서 건국대학교 한상도 교수님께서 코멘트를 해주시겠습니다.

한상도 안녕하세요 김인덕 교수님의 토론을 맡은 한상도입니다. 김 교수님의 발표내용에 관해서는 평소 관심을 갖고 있었지만 접할 기회가 없는데 오늘 발표를 잘 들었습니다. 일반적으로 한국인의 일본 인식에 대해서는 개설서와 해제가 많이 있는데, 재일조선인은 한국인과는 조금 다른 것 같습니다. 재일한국인은 식민지 한반도 살았던 사람과는 다르게 식민지 본국에 살았던 달랐지만 그것을 헤아리기는 쉬운 일이 아니었습니다. 막연하게 추상적으로 생각은 했지만 내용은 잘 몰랐습니다. 이런 고민들은 저 뿐만 아니라 많은 분들 생각하셨고 의문이 들었을 겁니다. 그런 면에서 김인덕 교수님은 세분의 캐릭터에 대해서, 더구나 이런 대표적인 인물 3명을 뽑은 것도 쉬운 선택은 아니었을 겁니다. 그리고 세 인물의 일본에서의 살아가는 삶의 행적이랄까 행로랄까, 그리고 또 한국인으로써 자이니치로써 이런 부분에 대한 부분을 밝히고 추적해보자 하는 그런 연구 작업의 일부를 오늘 소개해 주신 것으로 알고 있습니다. 저로서는 이런 서비스를 조금 더 충족시키기 위해서 토론의 말씀에 기회를 주셨기 때문에 몇 가지만 발표자에게 여쭤보는 그런 시간을 갖도록 하겠습니다. 발표문의 앞 부분인데요 발표자께서는 고권삼, 김두용, 다케다 세이지라는 세 인물의 저작 등을 분석 대상으로 활용하였습니다. 오늘 발표 내용을 통해서 이 세 사람의 생각이나 의식은 어느 정도 접근이 가능해 졌습니다만 이를 식민지시기 재일한국인의 인식으로 일반화하기에는 개인적으로 아쉬운 느낌이 있습니다. 그래서 이런 질문을 통해서 아쉬움을 충족 받았으면 하는 마음입니다.

첫 번째 이들의 의식이나 입장이 표출되기까지의 과정에서 겪고 있는 개인으로써 한 인간으로써의 자아라 그럴까 또는 그 이상의 고민이라고 할까 이런 부분에 관련되는 사실이나 자료가 발견되지 않았는지요. 지배 민족이라고 하는 일본인이 주류를 이루고 있는 일본 사회에서 피지배 민족이 또는 마이너리티로서 살아가야 하는 당시 현실이 입장이 만들어 지는데 적잖은 영향을 미쳤다고 유추할 수 있기 때문입니다. 두 번째 같은 맥락에서 이들의 입장이나 의식 형성 과정 중에 대한 접근 결과 등이 함께 고려되면 식민지시기 재일한국인이 일본을 일본에 대한 인식이 좀 더 선명하게 들어날 수도 있지 않을까 생각을 해봅니다. 아울러 이들 세 사람 나름 각자 자신의 어떤 논리가 있었을 것인데 그것이 같은지 어떤지, 어떤 관계가 있는지 함께 소개되어 지적되었으면 하는 아쉬움을 느낍니다. 세 번째 이들에 대한 글이나 저작에 대한 당시 일본 사회에서의 반응이나 평가 등은 없었는지 만약에 있었으면 어땠는지, 재일한국인의 일본인에 대한 인식을 같은 시기에 일본인이 일본 사회가 재일한국인을 바라보는 시선과 아울러서 비교해 볼 수 있다면 재일한국인의 일본 및 일본에 대한 시각이나 의식을 심층적으로 좀 더 이해할 수 있을 것 같다. 그런 생각에서 말씀드렸습니다. 이상 말씀을 마치겠습니다.

김인덕 한상도 선생님께서 말씀해주신 기본적인 일반화는 못했고요, 편리한대로 소개하는 것으로 끝났는데 고민을 하다가 효과적인 제 능력으로 할 수 있는 자이니치 재일동포들의 일본에 대한 생각을 정리하는 방식이 이 정도 밖에는 안되구요. 그 대신에 3가지 관점에 지적하셨는데 일본 사회에 영향이나 반향이나 평가인데 다케다 세이치는 아직 살아있으니까 평가하긴 그렇고, 사실 생각보다 국내에 철학자들에겐 많이 소개되어있습니다. 다케다 세이치의 서적이 한 10권가량 번역되어 있어요. 특히 니체와 현상학에 대한 글은 굉장히 수려합니다. 특히 니체와 관련된 부분은 일본 내에서도 상당한 평가를 받는 것으로 알고 있고요. 니체에 관련된 논문이나 동시에 세계철학이나 동양철학에 대해선 일본 내에서도 상당히 많은 독자와 팬클럽이 있는 것으로 알고 있습니다. 한국 내에서도 많이 인기가 있고 일본 내에서도 지명도가 있는 철학자입니다. 우리 역사학자들은 제가 공부를 많이 했는데 철학자들은 잘 몰랐는데 물론 있습니다. 한국인 재일동포 철학자들이요. 그리고 보고타와 김두형과 대비 지점인데요. 일본사에 영향은 보고타보단 김두형이 내걸었던 기본적인 입장이 인터내셔널리즘이기 때문에 30년대 초반의 그 김주영이 주도한 운동은 일본인과 한국인이 함께했습니다. 그것에 반증이 이끼다 신부님인데요 여기 기사에 상당히 많은 내용을 김두형과 일본인들로 상당히 구성되어 있죠. 그래서 일본인들한테 영향이 높고, 결혼도 일본인과 했습니다. 그리고 나중에 해방되고 나서 또 다른 길을 가지만 식민지 시절이나 20년대에 카푸 동경지부 활동에 있어서도 김두형의 글은 일본문단에 있어서도 영향을 가지고 있었던 그런 사람 중에 하나라고 저는 알고 있고요. 여기 물론 국내에서도 김두형에 대해서 문학사적인 영향들은 풀어준 분이 있습니다. 그건 아실 것 같고요. 이와 대비되게 복원사의 경우 해방되고 나서 교수를 하는데 책이 그렇게 많지는 않았고요. 후손들이 그렇게 고권삼의 개인적인 국내에서 행적에 대해서 많이 얘기 하려고 하지 않고 있습니다. 제가 조카분하고 구술을 한번 해 봤는데 정치적인 문제와 관련해서 국내에서의 논문은 얘기하려고 하지 않았습니다. 실제로 고권삼은 자이니치 사회에선 굉장히 좋지 않은 이미지 느낌이 들었고요. 고권삼과 대비되는 이미지를 들 수 있을 것 같습니다. 고뇌와 입장형성 과정에 대해서는 다케다 세이치에 관해선 공부를 더하고 일단은 생존해 계시는 분이니까요 특히 고권삼에 관해서는 말씀을 드리고 싶은데 황도철학이 어느날 갑자기 그 논리적 구조로 만들어진 거 같아요. 황도철학과 관련된 글을 친일위원회에서 싹모아서 서책을 간행을 해 놨어요. 그래서 보니까 일본사람들을 많이 그대로 옮겨 놨다 하는 생각이 들었습니다. 그런 부분에서 좀 아쉬움이 있었습니다. 그러니까 자기논리화 부분에선 황도철학이 없었고요 아리랑주의라고 하는 고권삼의 한국적 민족주의의 또다른 지형을 갖고 있었습니다. 오늘은 그 말씀을 안 드렸는데요. 실제로 고권삼의 위치는 오사카에 30년대를 가장 사실적으로 쓴 책입니다. 이 책은 신문 기사고 단행본인데 내용적으로 퀄리티가 훨씬 높습니다. 그 이유는 총독부가 적극적으로 지원을 해서 다양한 인물들과의 면대면이 가능했던거구요. 책도 양도 많고 질도 좋은 편입니다. 원본을 봤는데 대비적으로 김두영은 요즘 우리 식으로 얘기하면 맑스주의자입니다. 활동가이고 대표적인 이론가였습니다. 20년대 30년대 초반에 재일조선인 공산주의 운동을 주도했던 사람입니다. 고뇌는 많이 있었고 부인을 선택한 것은 조금 놀라웠습니다. 일본인 부인을 선택한 것은 지금 놀라운 점입니다. 이정도로 답변을 드리겠습니다.

손승철 사실은 오늘 지금 다룬 내용이 상당히 중요하지만 지금 현재 한일관계 가장 핫이슈가 징용 징병의 문제 일본군 위안부 문제를 인식하면 징용 징병 갔던 사람들 위안부로 갔다 온 사람들의 일본인식을 어땠을까, 저는 개인적으로 그게 더 궁금했어요. 그래서 글쎄요 전혀 다른 얘기입니다만 전 그런 것들이 좀 더 조명이 됐으면 현재의 관점에서 징용 징병문제 일본군 위안부 문제의 도움을 좀 되지 않을까 합니다. 그리고 재일한국인과 재일조선인을 혼동해서 쓰고 있는데, 어떻게 통일을 해야 되나요? 그리고 왜 그 자이니치라고 쓰고 계신가요?

김인덕 자이니치라고 쓸 때도 있고요. 재일한국인이라고 쓸 때도 있고, 재일조선인이라고 쓸 때도 있습니다. 식민지 시대를 얘기할 때는 주로 재일조선인이라고 하는 말을 쓰고요. 국내에서는 재일조선인 하면 그 생각 조총련을 생각하는데 전혀 그것은 아니고요. 저의 경우는 여러 용어로 같이 쓰고 있습니다. 그래서 최근에 제가 그 근무하고 있는 연구소는 재일 코리안 연구소라는 명칭을 씁니다.

손승철 그리고 강제동원 문제는 어떻게 생각하십니까?

김인덕 강제동원 갔다 온 사람들이 기본적인 구술 자료상에 내용을 말씀드려도 될까요. 구술 자료상으로 강제동원 자들은 일본에 대해서 좋은 거 감정은 당연히 없습니다. 이영훈 선생식으로 표현으로 전체를 설명하는 방식은 좀 잘못된 거라 생각해요. 일부는 당연히 있어요. 일부의 강제 동원자들 중에서 돈 받은 사람도 있고요. 월급 정상적으로 받은 사람들도 있고요.

에 그것는 뭐 여러가지인데 전체적인 그 동원의 구조와 그다음에 피해자들의 상황, 그다음에 현장에서의 모습, 이런 것들을 사실은 총체적으로 볼 필요가 있어요. 이영훈 선생님이나 그 사람들이 쓰는 책으로만 일반화를 시키는 것은 정말 조심스러운 거라고 저같은 경우는 생각합니다. 왜냐하면 현장조사를 하면 확실이 들어나거든요. 그 대부분의 탄광이나 군사시설 가보면은요. 탄광 같은 경우는 그 큰 도시만으로는 불가능한 상황도 많거든요. 그리고 강제동원의 현장에 있어서 사망자나 부상자의 경우에 있어서 제대로 인권이라는 게 존재하지 않았어요. 이제 그런 것들을 일반화시키는 과정 속에서 사실 이런 것들은 전제가 될 필요가 있어요. 그런데 케이스로 그것을 부각시키게 되니까 마치 그게 전체인냥 보일 수도 있는 거죠. 저는 이제 전체적인 사료나 이런 것들을 대략으로 보고 선행연구를 이렇게 총체적으로 보면서 그런 일들이 좀 진행이 됐으면 좋겠다. 일본인들의 강제 동원자들의 인식을 철저하게 큰 틀에서 보면 이건 뭐 정말 죽지 못해서 살아남았다고 저는 생각합니다. 기본적인 큰 틀은. 일부는 있어요. 근데 그거 일부를 전체로 이렇게 외연 확대는 정말 조심해야 할 역사학의 아니 중요한 문제이죠. 이상입니다.

손승철 예 알겠습니다. 현대사 쪽으로 볼까요. 오카다 선생님발표에 대해서 선우정 조선일보논설위원께서 코멘트 해 주시겠습니다.

선우정 선우정입니다. 오카다 선생님께서 꼼꼼하고 정교하게 글을 읽고 많은 생각을 하게 했습니다. 잠깐 거슬러 올라가서 김인덕 선생님께 하나만 말씀드리고 싶은데요. 김인덕 선생님의 논문에 보면 재일작가로 이혜성씨가 등장하는데 개인적으로 말씀 드리면 재일동포에 대해서 아마 고등학교 때인가 대학교 때인가 그 책을 처음 읽고, 그때 처음 재일동포에 문학이란 부분을 접했는데 제목이 다듬이질하는 여인인가 그런 작품이 같은 거 같아요. 그게 잘 모르겠는데, 제가 그 책을 읽으면서 감동을 받고, 그때부터 빠져 들어가기 시작을 했는데 이예성씨가 70년대로 저는 기억을 하고 있습니다. 나중에 80년대 쯤이었는데 일본에서 아주 극단적인 차별받았다고 저는 생각하고 있었거든요. 아까다상이라는게 최고의 상이라는 걸로 알고 있는데, 그 상을 왜 재일동포에게 줬을까 문학성이 정말 안주면 못베길 정도로 뛰어난 것이기 때문에 줬을까, 일본의 문단에서 재일동포 작가에게 상을 주는 이유는 무엇일까 그런 생각을 그다음에 이영지 작가라든가 유미리 작가가 그걸 받았는데 제가 포럼할 때 유미리 작가를 인터뷰한 적이 있었는데 그때 의외로 유미리란 작가가 민족적인 작가 차별받은 작가라고 발췌해서 이야기했는데, 제가 유미리 작가와 3~4시간정도를 인터뷰했는데, 그 인터뷰에서 저는 그분의 민족적인 부분들을 발견을 못 했어요. 근데 우리는 이제 재일동포 문학에 대해 생각을 했지만 그 사람이 생각하는 건 다른 측면이 있지 않은가 그런 의심을 가진 적이 있었고, 그리고 나중에 손마사요시를 인터뷰할 때 극단적으로 손마사요시한테 처음에 자기가 한국인이라고 하는 그런 생각이 없는 걸로 굉장히 놀랐습니다. 근데 그게 어떻게 보면 굉장히 정상적인 과정을 수가 있다. 우리가 바라보는 재일한국인 재일조선인이라는 존재가 우리의 상위권으로 그들을 바라보는 것이 아닌가. 그래서 제가 질문을 드리고 싶은 건 모르지만 왜 이 사람들에게 그런 상을 줬는지, 그리고 그런 상을 준 어떤 일본 사회의 한인은 무엇인지가 궁금합니다.

김인덕 감사합니다. 관심을 가져주셔서. 그러니까 재일동포 작가들은 아주 다양하죠. 유미리나 이혜성도 있고 양석범, 김석범이나 마찬가지입니다. 지금 한국 사회에서 민족적인 부분들을 강조하다 보니까 그렇게 보일 수는 있어요. 저는 그 부분에 대해서 오늘 발표가 유의미 하다고 생각해요.

저는 다케다 세이치를 과감하게 얘기를 했거든요. 선생님이 그것을 아시는지 모르겠네요. 제가 왜 다케다 세이치를 했을까. 다케다세이지는 한국말

한국 이름이나 일본 이름이나 모든 이름을 다 같이 쓰자는 사람이에요 그러나 한국은 잘못된 내셔널리즘 저는 김의환 선생의 얘기를 할 때 일용(日用)이라고 하는 말을 했잖아요. 용일(用日)인데 한국의 민족주의는 실용주의가 아니거든요 제가 생각할 때 오래된 조선시대부터 뿌리가 있는 거에요. 그리고 일제 시대를 거치면서 반일 쪽 그 부분도 있고 친일적 부분도 있는 거죠. 반일 친일 따로 노는 게 아니잖아요 그렇죠 동의하세요? 반일과 친일이 동시에 존재하는 것이에요. 그러니까 큰아들은 친일파이고 둘째 아들은 항일운동가 되었거든요. 그래서 해방공간에서 같이 드러났을 때 어떤 경우는 같이 죽었지만 어떤 경우는 큰아들 때문에 살기도 하고 작은아들 때문에 살기도 하고 그랬던거죠. 그래서 우리의 민족주의를 그냥 이용이라고 하는 실용적인 관점에서만 보는 거에 대해서 저는 이런 기본적인 생각은 달리 하고요.

그다음에 이 상을 준 것은 이 사람들이 그들의 입맛에 분명히 부합하는 부분이 있는 거예요 그리고 뛰어난 필력은 동시에 물론 제가 100% 이들의 일본어 문투에 대해서 평가할 능력은 없어요. 한국인이 쓰는 일본어와 일본인이 쓰는 일본어는 다르거든요. 그거는 이제 제가 아는 데 그 정도까지인지는 모르겠어요. 그러나 유미리와 손마사요시로 자이니치 사회를 일반화하는 거는 정말 조심스러운 특히 일본의 기업인들의 상당수를 손정희가 잘나가는 재일동포 기업인이죠. 재일동포 한국인 출신이죠 본인은 국제주의자라 그래요. 자기는 한국을 한국말을 얘기하지 않고 일본말도 얘기하지 않겠다고 했거든요. 예 한국도 아니고 일본도 아니고 지구촌을 대상으로 해서 나는 앞으로 살겠다고 그랬어요. 그런데 이름은 손정희라고 쓰는 거에요. 그리고 읽기는 손 마사요시로 읽는 거죠. 특정한 내용을 가지고 일반화는 참 조심스러운 것이지요. 전체적인 구조 속에서 자이니치 사회를 보시는 것은 정말 중요해요. 그러니까 한국 정부가 들어서면 어떤 경우는 일본 일본인들이 자이니치에 대해서 대하는 방식이 조금 달라진다. 그렇게 생각합니다.

손승철 에 시간이 많지 않아서 요약해서 말씀해주시기 바랍니다.

김인덕 필요하시면 나중에 선우정 선생님 저랑 또 따로 얘기하시죠. 고맙습니다.

선우정 일부러 따로 질문을 해 주셔서. 여기서 반론을 제기한 건 아니구요. 거기에 플러스해서 그런 측면을 여쭈었던 건데, 뭐 잘못됐다고 그런 거 아니니까 오해하지 마십시오. 손마사요시로 일반화는 조심해야 합니다. 손마사요시는 재일사회에서 대표적인 예지만 잘 알겠습니다. 이제 본론으로 넘어가시겠습니다. 오카다 선생님 논문으로 넘어 가겠습니다 제가 아까 교수님께서 말씀하신 것처럼 용일도 나왔고 오카다 선생님 발표문에 나온 거 같아서 따로 답변을 주셔야 될 것 같은 느낌이 있는데, 일단 제 토론문이아니라 오카다 선생님이 발표문을 중심으로 몇 가지 이번엔 약간의 반론이 좀 들어갈 것 같습니다 178페이지를 보면 일본에 대해 불리한 한일관계 상황이 생기면 한국 정부가 정권 지지율 재고를 위해 반일감정을 이용하고 있다는 안일한 해석이 언론보도에서 자주 보이고 있다. 저도 언론사에 있는데 안일한 해석이라는 것에 약간 불편함을 느꼈는데 맞는 것 같습니다. 안일한 해석하는 부분이 맞는 것 같습니다. 그런 경우가 많은데 실제로 팩트 부분에서 실제로 어떤 정권이든 반일 제스처가 있으면은 한국에서는 지지율이 올라가는 것이 몇 십 년 동안 팩트였습니다. 해방부터 지금까지 계속되는 그런 현상인 것 같은데 그것은 좌든지 우든지 보수와 진보 건 어떤 상관이 없습니다. 그러니까 그 이명박 대통령 독도에 갔을 때 한 3% 정도 올라서 계속 떨어지고 추이가 다시 올라섰다. 그리고 문재인 대통령이 죽창가가 나올 때 5% 포인트 정도가 반등합니다 이건 한국에서 큰 반등이라고 할 수 있고 어떤 위기 상황에 물렸을 때 반일정서를 활용한 정권에서 활용하는 것은 지금까지 우리가 안이하게 해석할 수 있지만 그것은 분명 팩트라고 말씀드리고 싶고 거기에 대해서 여쭙고 싶고요.

그리고 179페이지입니다. 김의환 교수님 논문을 이용을 하신 건데 1996년대 말부터 2000년대까지 어떤 그 일본과 문제가 정치 쟁점이 문제가 된 적이 없다. 저는 여기에 동의합니다. 왜냐면 정치 쟁점이 된 적이 없는 것은 한국과 일본의 관계가 좋아서 계속 아니라 저는 양국에 그러니까 특히 한국이 일본에 대한 정치적인 관심 문화적 관심이 굉장히 낮았는데 그게 올라갔다고 생각을 하는데 정치적인 관심 역사적인 관심 그런 게 굉장히 떨어져서 생긴 현상이라고 보거든요 이번 대선에서도 일본과의 관계 거의 쟁점이 되질 않습니다. 그것은 일본과의 관계가 좋아져서도 아니고 나빠서도 아니고 그 자체에 대한 한국의 대선 주제라든가 그리고 정치인이라든가 일반 국민의 지적인 관심이 굉장히 적어서 그렇다고 생각합니다. 그런데 그런 한국 정치인이라든가 지식인 일반 국민의 관심이 공부를 안 한다던 가하는 측면이 아니고 과거 30년 동안 일본의 위상 변화에 있습니다. 예를 들어서 저희 그 신문사만 해도 90년대 특파원이 도쿄국 특파원이 세 명 있었습니다. 그런데 현재 제는 2000년에 있었는데 그때는 2명이 있었습니다. 2000년대 후반부터 특파원 무용론이 조금씩 나오기 시작을 했어요 그리고 지금은 한 명이 있습니다. 근데 그거는 두 가지 원인인데 하나는 그 관심부족 그리고 위상의 변화가 있고 또 하나는 거리가 가까워졌기 때문에 특파원이 언제든지 기자들 보낼 수 있기 때문에 그런 측면도 물론 있습니다 이런 부분에 대해서 말씀 좀 부탁을 드리고 싶고요.

그리고 제가 토론문에서도 말씀을 드렸지만 그냥 제 주장을 하는 겁니다만 이렇게 관심이 없어졌기 때문에 역설적으로 정치적 의도에 의해서 여론이 굉장히 쉽게 흔들리는 그런 현상이 훨씬 더 심해졌다고 봅니다.

우리의 윗세대 같은 경우는 저희가 이제 저 같은 경우는 아버지 세대죠 저는 이제 586세대지만 저희는 일본에 대해서 경험이 없습니다. 그런데 일본에 약간 콤플렉스가 있다고 할까 가지고 있는 세대입니다 왜냐면 제가 대학생 때 그때까지 일본은 굉장히 잘 나가는 사회였고 한국은 계속 독재국가였기 때문에, 그런 생각을 가지고 있는데, 지금 세대는 아예 아무것도 없거든요. 저희 아버지 세대에는 일본을 경험했기 때문에 좋던 나쁘던간에 경험에서 오는 일본에 대한 아주 큰 지식, 어떻게 보면 지혜 이런 게 있었습니다. 그런데 지금은 지금 세대는 그게 없는 상태구요. 거의 없는 상태이기 때문에 오히려 정치적 의도에 여론이 그냥 휩쓸린다. 논문 171페이지를 보면 갑자기 일본이 싫다고 하는 일본에 대해서 비호감 느끼는 비율이 71%까지 올라간 걸 볼 수 있습니다. 이것은 그 때 일어나는 것은 정치적인 원인입니다. 일반 사람들의 문화적 원인이 아니라.

그리고 더 인상적인 것은 173페이지에 보면 한국 사람의 물론 여론조사의 편차는 있겠지만 50%가 일본을 군국주의로 생각한다는 말이 있습니다. 이건 말도 안 되는 이야기죠. 말도 안되는 이야기 임에도 불구하고 50%가 일본 군국주의 알고 있습니다. 이것은 저는 역시 이것도 정치적인 의도에 따른 어떤 그 여론의 큰 변동이라고 생각을 하고 거기에 대한 한 말씀 부탁드리겠습니다.

그래서 181페이지에 보면 여론을 무시할 수 없는 세계화 시대에서 국민여론에 의해 흔들리는 지금의 반일이 아니라 저는 정치에 의한 반일이라고 말씀을 드렸지만 교수님께서 여론에 의해서 흔들리는 반일이라고 말씀하셨는데 제 입장은 거기에 다르기 때문에 거기에 대해서 한 말씀을 질문 드린 것과 사실은 똑같은 의미에 질문입니다 그리고 같은 페이지 맨 끝에 보면 그 징용 판결에 대해서 박근혜 정부의 사법적 개입 의혹으로 문재인 정부가 적극적인 대응을 도모할 여지가 없었다. 문재인 정부는 계속해서 일본 정부에 반발한다. 이렇게 말씀하셨는데 그때 교수님께서 한국을 굉장히 이해해 주신다는 그런 생각을 했는데 맞습니다. 그때 징용판결 대법원에 판결이었기 때문에 3권 분립이기 때문에 문재인정권이 옛 판결을 고치라 다시 얘기를 할 수가 없습니다. 그것은 교수님 발표문에도 보면 예전에 있던 우리는 사법농단 이라고 얘기를 하는데 사법농단이 아주 중요한 부분이 바로 그런 것이거든요. 그런 것 때문에 문재인정부가 못 했다고 말씀하시면 사실은 좀 그건 아니라고 생각합니다. 그게 판결에 대해서 현 정부가 또 뭐라고 할 수가 없습니다. 일본도 똑같고 미국도 똑같습니다. 문제는 뭐냐면 저희가 문재인 정부에 대해서 문재인 정권이 잘못했다고 얘기하는 문제는 뭐냐면 판결을 했다고 그걸로 끝난 게 아니거든요 판결에 따라 외교 문제가 생겼습니다. 그럼 외교문제는 누가 해야 되냐, 외교문제는 사법부가 해결할 수 없습니다. 사법부의 판결로 외교문제가 일어났다면 외교 문제를 해결하는 것은 문재인 행정부가 되야하는 거예요. 근데 문재인정부는 외교적 노력을 일본 이상으로 안했습니다. 그래서 그 부분을 비판하는 것이고 이 부분이 저는 틀리다 생각하기 때문에 이 부분에 대해서 한 말씀 부탁드립니다.

오가타 감사합니다. 저도 사실 재일동포 관련 연구로 박사학위를 받았기 때문에 이전의 논쟁을 굉장히 흥미롭게 들었습니다. 적지 않은 재일동포가 일본에서 문학상을 받은 것은 일본사회가 재외동포를 소수자로 인지해서라기보다 일본사회에 없는 이질적인 무언가, 혹은 일본 내에서 형성되지 않는 무언가를 문학적인 것으로 흥미롭게 받아들였기 때문이지 않을까 생각합니다. 그것이 만약 정치 또는 제도적인 영역과 관련된 것이라면 아마 다른 반응이 있을 것 같다는 생각도 듭니다.

이제 제 발표에 관한 질문에 대해서 말씀드리겠습니다.

질문 하나하나 모두 답하기는 힘든 부분이 있지만, 우선 민족주의와 관련해서 말씀드리겠습니다. 제가 발표에서 인용한 정리가 어쩌면 너무 단순화시킨 것이라고 생각할 수 있겠습니다만, 현재 한국 사회에서 거론되고 있는 '반일'이라는 것이 어떤 성격을 지니는지를 설명하기 위한 것이라고 이해해주시면 좋을 것 같습니다. 이와 관련해서는 보다 세밀한 논의가 필요할 것 같고, 어떤 시대에 대해서도 너무 단순하게 '용일'이다, '항일'이다, 이렇게 볼 수가 없다고 생각합니다. 사안에 따라서 달라지는 부분들도 있다고 생각합니다. 하지만 여기서는 진보와 보수라는 현재 한국 사회에서 분단을 초래하고 있는 하나의 개념을 규정했을 때 민족주의를 어떻게 정리할 수 있는가라는 측면에서 일단 크게 정리를 시도해본 것입니다.

그리고 언론인의 "안이한 해석"이라고 표현한 부분에 대해서는 일본 언론들을 염두에 두고 생각한 것이었는데요. 토론자 분께서는 한국 사회의 일본에 대한 인식 부족을 말씀해주셨지만 일본사회도 그런 측면이 분명히 있습니다. 제 발표에서 인용한 여론조사에 나타난 한일 간의 상호인식에서 일본을 군국주의로 보는 한국사회의 여론이 있었는데, 일본 또한 한국에 대해서 그렇게 정확한 인식을 가지고 있지 않다고 생각합니다. 일본에서 한국의 이해할 수 없는 부분에 대해서는 모두 '반일'으로 설명하려고 하는 경향이 있기 때문입니다. "한국은 반일국가이기 때문에 이렇게 말도 안 되는 반응을 한다."라는 식의 해설이 최근에 많이 늘어나는 것을 실감합니다. 그래서 제가 언론의 "안이한 해석"이라는 표현을 한 것이었습니다.

또한 "반일을 활용하는 한국 정부"라는 점에 대해서는 그 '반일'이라는 개념에 대해서 아마 조금 인식 차이가 있는 것 같습니다. 토론자 분께서 "정치의 반일"이라는 식으로 말씀해주셨는데 저는 조금 더 넓은 시야로, 사회적인 정서나 감정 등, 지금 정치라는 것이 정치인만이 하는 것이 아니기 때문에 사회적 지도자나 지식인뿐만 아니라 일반 시민들이 가지고 있는 인식까지를 염두에 두고 '반일'이라는 것을 생각했습니다.

그리고 세대에 관해서도 말씀해주셨는데 식민지를 경험했거나 직접적으로 뭔가 일본에 대한 경험이 있으신 분들의 일본에 대한 주체적인 판단과 같은 부분에 대해서는 저도 동의합니다. 그런데, 어쩌면 식민지에 대한 지식, 배우고 아는 것들에서 나오는 일본에 대한 반발의 시대가 있었다면, 지금과 같은 시대는 특히 제가 평소 만나는 대학생들과 같은 세대의 경우에는 일본에 대한 특별한 관심이 많이 떨어진 것도 있지만, 한편으로는 일본이라는 걸 인식하지 않으면서도 일본에 대한 것을 조금 더 정확히 알고 있다거나, 일본이라서 관심을 가지는 게 아니라 좋아하게 된 것이 결과적으로 일본이었다, 일본적인 것이었다… 라는 식의 시대가 되었다고 봅니다. 그런 관점에서 보면 이제 정치적으로 '반일'을 이용하려고 해서 이용할 수 있는 시대가 아니라고 저는 보고 있습니다.

만약 정치적 목적에 따라서 의도적으로 '반일'을 이용했다는 게 보이면 오히려 반감을 갖는 게 지금 한국 사회라고 생각합니다. 물론 '반일'이 결과적으로 정치적으로 이용된 부분도 있다는 점에 대해서는 저도 부정하지 않지만, 일본을 일단 비판해두면 표를 얻을 수 있다, 지지율이 떨어지는 것을 멈출 수 있다, 이런 의도가 노골적으로 보였을 때는 현재 한국 사회는 거기에 대한 반감이 오히려 더 클 것이 현재의 한국 사회라고 봅니다. 그래서 『반일 종족주의』와 같은 책이 한국 사회에서 어느 정도 받아들여진 것이라고 생각합니다. 참고로 일본에서도 『반일 종족주의』가 받아들여진 이유는 식민지 책임에 대해 부정하고 싶은 역사수정주의의 측면이 더 강한데, 한국에서 그 책이 받아들여진 배경에는 현 정부의 대한 반감도 작용된 것으로 보입니다.

마지막으로 징용문제에 관해서는 문재인 정부가 외교적 노력을 안 했다고 지적하신 것은 저도 동의합니다. 다만, 제가 말씀드리고 싶었던 것은 만약 한국정부가 어떤 외교적 시도를 하려고 했다 해도 충분한 선택지가 없는 상황이었다는 것입니다. 저는 한국 정부가 이 문제에 대한 근본적 해결을 의도하지 않았다고 봅니다. 그런데 문재인 정부의 탄생 경위를 고려하면 일본과의 관계라기보다 전 정권에서의 잘못을 원래 자리로 되돌려달라는 정도의 기대를 받은 상황이었기 때문에 어떤 조치도 하지 못했을 것이라고 저는 해석한 것입니다.

손승철 현대 한일관계 문제니까 하실 말씀이 굉장히 많을거 같은데 시간이 너무 초과했기 때문에 넘어가도록 하겠습니다. 그런데 한 가지 관심이 줄었다는 얘기를 이해할 수 없습니다. 무슨 얘기냐면 2018년에 신각수 대사가 기조강연에서 말씀했지만 양국인 왕래가 천만 명이 넒거든요. 그렇게 왕래가 많은데 왜 관심이 줄어듭니까? 그거는 좀 이해가 안 되네요. 나중에 또 얘기하기로 하고 그러면 다시 시대를 좀 거슬러 가도록 하겠습니다. 중·근세를 가도록 하겠습니다. 고려시대를 하겠습니다. 이재범 교수에 대해서 이상배 서울역사 편찬원장님께서 코멘트를 해주시겠습니다. 죄송하지만 시간이 많지 않아 요약해서 코멘트를 해주시면 감사하겠습니다.

이상배 서울역사편찬원에 이상배입니다. 이재범 교수님 논문을 읽고 고려시대 일본에 대한 인식을 상당히 좀 넓혀 주는 그런 계기가 되었습니다. 고려시대의 450여 년간 일본과의 관계를 보여 주는 사료가 너무 소략하기 때문에 그런 현실 속에서 고려인에 일본 인식에 대한 단초를 인식한다는 것이 사실상 불가능한 작업인데 일본 측 사료를 활용해서 논문을 작성하셨던 점에서 경의를 표합니다. 그래서 일본에 대한 역사적 인식이 특정한 시기에 집중적으로 참고로 했던 왜구를 고려 전 시기 현상으로 인식된 지금까지 시각을 새롭게 전망하고 접근하는 시각에는 토론자도 전적으로 동감을 표합니다. 선생님께서는 편의상 몽골 간섭기를 기점으로 해서 그 전기는 고려전기로 이후를 고려 후기로 구분해서 일본에 대한 인식을 서술하고 계십니다. 고려 전기의 고려인들은 황제국 고려와 조공국 일본이라는 구도하에서 고려가 일본을 인식하고 있었고 고려 후기에는 잦은 왜구의 침입으로 인해서 약탈자로서 인식하게 되었다라고 했습니다.

이에 대해서 말씀을 드립니다. 먼저 고려전기 황제국 고려와 조공국 일본이라는 구도의 사료적 근거가 999년과 1012년의 귀화 기록과 1073년 이후 문종대와 의종대 상인들의 교육 및 문종대 의사 파견요청 기록을 제시하고 있습니다. 이 기간은 100여 년 기록입니다. 이를 바탕으로 근 300년간 일본에 대한 인식이 황제국과 조공국 간 사이로 인식되었다는 표현은 좀 과장된 것이 아닌가 하는 생각이 듭니다. 이에 시기 구분을 고려 초기 중기 후기로 구분해서 초기에는 일본에 대한 인식이 거의 없었던 시기 인식이 없었다라고 하기는 기록이 없기에, 그리고 중기에는 물품 교류과 함께 상호 외교적 바탕으로 일본에 대한 인식을 하셨던 인식, 후기에 적대적 관계에서 약탈자를 인식되었던 시기로 세분화하는 것은 어떨지 하는 그 생각이 들었습니다.

두 번째로 제목과도 관련이 있는데 황제국 고려 조공국 일본이라는 관점 설정을 고려의 다원적인 천하관의 관점에서 설정하셨는데 다소 논리적 비약 있을 수 있다는 의견이 나올 수 있다고 생각합니다. 황제국의 표현은 대외적 표현하기보다는 고려 내적인 인식이었다. 그런 생각을 합니다. 시기적으로 뭔 몽골간섭이 이루어졌던 시기에는 내적으로도 황제를 칭하기 어려운 시기라는 여건이라는 것도 당시의 시대적 상황에 보입니다. 뿐만아니라 일본국이 아닌 대마도 지역을 중심으로 상인들의 교육을 일본국으로 확대 해석해서 조공국이라는 규정을 할 수 있는 것인지, 의사 파견을 요청했을 때 일본이 형식적 표현을 이유로 거부하는 것을 보면 조공국 일본이라고 표현하기에는 조금 무리가 있는 것은 아닌지 하는 의문이 듭니다. 이에 대한 의견을 듣고 싶습니다.

이재범 간단히 말씀드리도록 하겠습니다. 사료가 없는 상태에서 발표를 하면서 약간의 확대 해석이 있을 수 있다 이렇게 말씀을 드렸는데 실제로 여기에 말씀하신 서로 인식이 없었다 이런 건 뭐해서 외교상의 시기구분은 국내의 정치 상황과 다르게 해도 괜찮다는 걸 편하게 받아들입니다. 그런데 여기에 국내정치를 일본하고 붙여 보려고 하니까 우리는 지금 현재 고려시대 무신란을 이야기하게 되는데 전혀 맞아 들어가지 않아요. 현재 있는 기록만 가지고선 저도 이렇게 하는 것이 어떠냐고 얘기 하는 것이기 때문에 앞으로 더 좀 많은 연구해 보겠습니다.

그리고 다음에 황제국에 대한 선생님 말씀도 맞지만 일본과의 대외관계에서도 과연 고려인이 가지고 있었냐 그 얘기를 하신거죠? 그런데 일본과의 관계를 얘기할 때 저도 앞서 궁색하다고 말씀드렸는데 고려에서 귀화한 일본인을 군민으로 만들었다. 그것을 어떻게 처리했다하는 것이 아예 없어서 일반화 시킨 것이 오류였던 것 같습니다. 실제로 그 이후에 이번 발표에서 몽골간섭기에 삼별초 이런 것들을 어디에 집어넣을까 생각했었고 결국 그때 일본이 자기들이 당했던, 일본도 일본 본인들이 황제국이라고 생각했고 성지와 같은 용어가 나오는 게 황제의 용어로 써온 것 가지고 아주 불편하게 생각했기 때문에 사신을 만나지 않고 돌려보냈는데 일본은 일본대로 했고 서로의 간극 같은 것을 해소하지 못했다. 결국은 대륙에서 강제 군사동원, 여몽연합과 같은 것을 통해 극단적으로 해결하려 해 왜구가 발생했고 그리고 이제 그것이 나중에 해소된 것은 우리들이 파악했던 무력으로 인한 제압을 성공한 것이 아니라 사대교린이라는 외교적 방법으로 해결했다고 볼 수 있습니다. 왜구라는 침략집단에서 왜인이라는 이웃으로 바뀌었던 계기가 되지 않았나. 말씀드렸던 것입니다. 선생님 말씀하신 건 뭐 기본적으로 좋은 제안이라 생각하고 제가 이 분야에 공부할 수 있다면 참작을 하도록 하겠습니다. 이상입니다.

손승철 네 고맙습니다. 그러면 조선시대로 넘어가도록 하겠습니다. 장순순 교수님 발표에 대해서 다사카 선문대 교수님께서 해주시겠습니다.

다사카 네 안녕하십니까? 선문대학교에 다사카라고 합니다. 제 토론문은 자료집 124페이지에 있습니다. 첫 번째 단락은 생략하고요. 두 번째 단락부터 읽도록 하겠습니다.

장순순 선생님께서 조선통신사에 참여한 조선 지식인들의 일본인식을 사행록을 통해 도출해내는 작업을 수행하셨습니다. 사행록이라는 사료의 특성을 고려해서 전조선의 지식인을 대변할 수는 없으나 조선의 지식인 중에서도 대일 전문가라고 평가할 수 있는 삼사가 남긴 사행록을 근거로 논지를 이어가면서 조선시대의 지식인이 가진 일본과 일본인에 대한 인식을 대변할 수 있을 것으로 보입니다.

조선시대에는 중간에 임진·정유재란을 거쳐서 크게 변화한 시대라는 특징이 있습니다. 물론 개항기 이후 시대와는 비교할 수 없을 정도이지만 논거로 활용할 수 있는 사료가 풍부한 것으로 의미있는 작업이 될 것으로 기대합니다. 이번 장순순 선생님이 발표하신 것은 이 기대를 어긋나지 않은 성과로 평가하고 싶습니다.

특히 조선 전기에 왜구의 경유지이자 발생지로 주목한 곳이 대마도였고, 임진왜란과 정유재란을 거쳐서 후기에 들어서는 조·일 외교의 중계자적 역할을 한 것도 역시 대마도이며, 통신사가 가장 많이 접한 사람들도 대마도 사람들이어서 일본의 혼슈와 대마도로 분리해서 논지를 이어가는 것이 타당하다고 봅니다.

조선 전기에는 대마도가 조선의 옛 땅이었다는 대마고토의식 조선의 대마변경의식이 일반화되던 시기, 즉, 대마도를 조선의 일부처럼 가깝게 인식했던 것으로 정리할 수 있을 것 같습니다. 그러다 그러한 대마도에 대한 의식이 약해지면서 그 변화가 대마도를 혼슈와 구별해서 인식하는 새로운 대마도 인식의 탄생을 발생했다고 논하셨습니다. 여기서 두 가지 궁금한 점이 있습니다. 먼저 맺은말 부분에도 대마도의 양속관계가 약화되면서 그에 따라서 대마도 동경의식이 쇠퇴했다고 하는 언급이 있는데 양속관계가 약화한 이유가 궁금합니다. 둘째로 조선 후기에 대마도와 혼슈를 구분하는 인식이 대두했다고 하셨는데 조선 전기에 이미 대마도와 혼슈를 구분했던 것이 아닌지, 대마도와 혼슈를 구분했기에 대마변경의식, 혹은 대마속주인식이 일반화되었던거 아닌가 하는 생각이 듭니다. 아니면 대마도와 혼슈를 구분한다는 의미에 대한 좀 더 구체적이고 정확한 설명이 있다면 논지를 이해하는데 좀 더 도움이 될 것 같다는 생각이 듭니다.
제가 이 자리에 와서 다시 읽어보니 두 번째 질문은 교수님의 발제문을 깊이 읽지 않고, 교수님의 글을 충분히 헤아리지 않고 이런 질문을 했구나 이런 반성을 하고 있습니다. 무슨 이야기냐면 조선 전기부터 이미 대마고토의식이 있었던 것은 대마도를 지리적으로 인식하고 대마도라는 지역에 대한 조선의 인식입니다. 교수님이 조선후기가 되면서 17차 사행에 참여한 사람들이 남긴 사행록을 근거로 하시면서 혼슈사람과 대마도인을 구별하게 되었다고 하셨습니다. 이것은 지역에 대한 구분이라기보다 사람에 대한 인식이기 때문에 대마도에 대한 인식이 전기에는 지리적으로만 봤던 것이 후기로 오면서 더 깊이 이해하는 차원에 이르렀다. 이렇게 말씀하신 것으로 이해하면 되었다고 생각합니다.
그리고 그다음 단락은 건너뛰고요. 이 논문을 통해 조선통신사의 사행록을 통한 일본, 일본인의 인식 특히 대마도인 인식의 변화를 구체적으로 살필 수 있었습니다. 한마디로 사행록이라고 하지만 삼사의 사행록과 제술관, 서기관, 역관이라는 직위에 따라서 그 사행록의 성격이 상이할 것인데 이러한 부분에 대한 상세한 고려도 필요하지 않을까 생각을 합니다.

손승철 네 감사합니다. 바로 간단하게 답변해주세요.

장순순 네 감사합니다. 많이 부족하고 급하게 쓴 논문인데 오히려 꼼꼼히 읽어주셔서 대단히 감사드리고요. 실은 선생님께서는 크게 2가지를 말씀하셨지만 세 가지를 지적해주셨고, 2가지 부분은 오늘 해소가 되었다고 얘기를 하셨는데요. 저는 역으로 두 가지 문제를 더 보완해야겠다는 생각을 했습니다. 그래서 일단 그것은 그렇게 말씀을 드리고요.
첫 번째 질문의 경우에 대마도의 양속관계가 약화되었고, 대마변경의식이 왜 사라졌는가 하는 것은 사실은 조선전기에서 후기로 오면서 대마도의 역할이 달라지거든요. 그래서 조선전기에 있어서 대마도라고 하는 전제는 영토적으로 일본에 속해있지만 경제적으로는 조선에 속해있었던 나라고, 그래서 실제로 우리는 이것을 양속관계라고 합니다. 대마도의 스탠스를 굳이 어디 쪽이냐? 라고 얘기를 한다면 조선쪽에 가까웠던 조선전기에 대마도라고 보고 있고요. 조선후기가 되면 임진왜란의 경험도 있지만 사실은 조선 전기에는 무로마치막부가 대마도에 대한 통제가 대단히 약했습니다. 하지만 조선후기가 오면 도쿠가와막부의 막번체제 하에 대마도가 편입이 되고, 아울러서 시기가 뒤로 가면서 18세기 이후에 조·일 무역이 이전과 달리 약화되면서 대마도가 경제적으로도 막부에게 의존하게 됩니다. 그러면서 조선전기의 조선의 입장이 그렇다고 한다면 실질적으로 조선후기가 되면 막부에게 더욱 더 의존하게 되고, 막부의 영향력 하에 들어가게 되면서 실질적으로 대마도의 입장이 일본쪽으로 기울어졌다고 보고 그러다 보니깐 그런 과정 속에서 조선후기가 되면 양속관계라는 것은 현실적으로는 없고, 관념적으로만 남게 되었다는 것이 저의 생각입니다.

그다음에 선생님께서 아까 지적해주신 것 중에 사행록을 볼 때 사행록을 쓴 사람들의 역할이나 신분에 따라서 달라질 수 있는거 아니냐는 말씀을 해주셨습니다. 조선후기에는 많은 사행록이 쓰여지지만 초기에는 삼사가 중심으로 사행록이 쓰여집니다. 그러다가 1682년 사행 때부터는 사행록을 쓰는 사람들이 다양해집니다. 그래서 역관이 등장하기도 하고 소위 지식인이라고 할 수 있는 신분적으로는 중인이지만 그런 사람이 등장하고, 또한 글을 쓰는데 뛰어난 사문사라고 이야기하는 제술관이나 서기들의 사행록이 등장을 하기 시작하는데요. 1682년의 경우에는 역관들, 18세기에 들어가면 제술관이나 서기들의 사행록이 많습니다. 그래서 제가 1764년 사행을 가지고 이야기하는 것은 이때가 가장 많이 사행록이 나왔고요. 제가 이것을 검토를 하면서 보니깐 아까 말한 정사를 보면 제술관이나 서기에서만 이런 것이 나타나고 실제로 외교 분야의 전면에 나서서 실무를 담당했던 역관에게는 나타나고 있지 않은데 이건 성대중이나 남옥 같은 분의 교유관계를 보게 되면 이 사람들이 조선후기 실학자들과 많이 교류를 하고 있습니다. 그래서 성호 이익의 아들인 이맹휴가 쓴 춘관지 같은 것들을 쓰고, 참고를 해서 사행을 준비를 하고 있고, 사행을 갔다오고 나서 쓴 여러 가지 문견록들을 보게 되면 이전의 일본에 대한 대일교섭에 대한 역사를 대단히 자세하게 기록하고 있습니다. 그래서 이러한 것들을 봤을 때 이것은 일본의 대마도에 대한 인식은 단순히 사행에 참여했던 인물뿐만 아니라 조선후기 지식이 그룹에 있어서 상당히 공유되었던 인식이었다라고 저는 해석하고 있습니다. 네 이상입니다.

손승철 네 그럼 마지막 세션으로 시대를 많이 거슬러 올라가서 고대 삼국의 일본 인식에 대해서 세키네 가천대 교수님께서 토론을 해주시겠습니다. 말씀하시죠.

세키네 네 감사합니다. 가천대 세키네입니다. 죄송하지만 제가 뇌 수술을 받았기 때문에 목소리를 크게 못 냅니다. 노중국 교수님에 발표는 하나의 나라에 다른 나라에 대한 인식은 대외관계에서 경험을 하고, 삼국사기라든가 삼국유사, 중국사서, 광개토대왕비 그리고 지리지로 이렇게 하셨는데 근데 거기에 나오는 근거가 반드시 일본서기하고 맞지 않습니다. 일본에는 일본서기가 왜곡되었다고 보도하는 학자가 없습니다. 단지 개인마다 일본서기가 얼마나 왜곡되어 있는지 온도차이만 있다고 말씀드릴 수 있습니다. 저는 고대의 한일관계의 인식을 이해하는데 중요한 것이 두 가지라고 봅니다. 하나는 사료가 편찬된 시기 일본서기는 8세기, 삼국사기 같은 경우는 12세기인데 그 시대의 인식하고 삼국시대하고는 다르거든요. 분명히 구분해서 논의를 해야한다는 것이 첫 번째입니다.

다음은 우리가 일본서기를 봤을 때 메이지시대 다이쇼 시대에 근대 사학자가 가이드 라인을 만들었습니다. 그것을 고대 한일관계 지식체계라고 하는데 그런 사람의 영향이 상당히 많습니다. 그래서 8세기 10세기 19세기까지 고려해야 한다는 것입니다. 근데 노 교수님께서는 편찬된 시기에 대해서 말씀을 하셨는데 근대 학자들의 왜곡된 인식도 고려해야 한다고 봅니다.

마지막으로 세 가지 질문을 드리도록 하겠습니다. 첫째 노 교수님께서 "한 나라의 다른 나라에 대한 인식은 대외관계 속에서 형성된다."라고 하셨는데 8세기의 『일본서기』에 영향을 미친 신라-왜 관계에 대한 부연 설명을 부탁드립니다. 둘째 『일본서기』의 편자는 백제가 고급문화의 스승, 군사동맹국, 혼인관계를 맺은 국가인 것까지는 인정했음에도 불구하고 백제를 조공국으로 간주하지 않을 수 없었던 이유는 무엇이라고 생각하시는지요. 셋째, 고려왕조와 헤이씨 정권 및 가마쿠라 막부 사이에는 어떤 대외관계가 있었으며 어떤 대일 인식이 형성되었는지 설명 부탁드립니다.

손승철 가능한 것만 간단히 답변해주세요.

노중국 네. 간단하게 하도록 하겠습니다. 전체적인 총평 비슷한 것이라서 저는 이렇게 말씀을 드릴께요. 제가 이 주제를 받았을 때 자료가 없다는 것을 고민을 하면서 일본서기를 가지고 일본이 한국을 어떻게 봤느냐 이것을 추출하는 것은 저는 거의 어렵다고 봤습니다. 그래서 우리 쪽에서 만들어진 자료, 금석문이든 삼국사기든 여기서 나오는 자료를 가지고 다시 한번 검토해보는 것이 좋겠다. 이렇게 생각을 했기 때문에 일본서기가 편찬될 당시의 어떤 관점에서 편찬이 되었고, 그 이후 일본의 그때 역사학자들이 일본서기를 어떻게 인식했는가는 이번 논문에서 전혀 고려의 대상이 되지 않았다는 점을 미리 말씀을 드리겠습니다.

그리고 마지막으로 3개의 질문을 하셨는데 첫 번째와 두 번째는 같은 맥락이기 때문에 같이 말씀드리도록 하겠습니다. 720년에 만들어졌던 일본서기가 갖고 있는 나름대로의 천하관, 이것이 어떻게 형성되었는가 했을 때 그중에서도 첫 번째 질문하신 것은 통일 이후의 신라와 일본과의 관계가 일본서기 편찬에 어떠한 영향을 주었느냐 하는 것하고, 두 번째는 백제를 왜 조공국으로 간주할 수 밖에 없었는가 하는 것인데요. 사실 전 이렇게 정리를 한 번 해봤습니다. 일본서기가 가지고 있는 그런 삼국을 조공국으로 보는 인식의 출발점은 6세기 후반에 들어와서부터 이미 본격적으로 나오지 않겠냐 하는 생각을 합니다. 수나라하고 바로 직접 교섭을 하게 되는 상황에서 이름하여 견수사 파견인데요. 그 과정에서 중국세계를 접하게 되고, 그 과정에서 점차 강화되어가던 이른바 천황권을 뒷받침해주는 이념적인 기반, 이런 것이 6세기 후반서부터 형성이 된 것 같습니다. 그것을 잘 보여주는 것이 수서 왜전에 보면 국서 보내는 얘기가 나오는데요. 제일 첫 머리에 일출처천자(日出處天子)가 일몰처천자(日沒處天子)에게 삼가 편지를 보내는데 잘 계시느냐 이 당시 수나라 황제가 수양제입니다. 수양제가 이 문구를 보고 다시는 이러한 표문을 올리지 말라고 그러는데 이미 그 시기에 오면 상당히 천황 중심의 인식이 형성되어진 것이고 그것이 일본서기에 반영되어져서 나름대로 천황중심의 천하관을 형성하고 그 천하관 형식에서는 일본이 중심이고, 중국을 뺀 한반도의 나라들은 일본의 제후국이다라고 하는 이런 인식을 형성되면서 그 바탕에서 이제 백제든 고구려든, 신라든, 가야든 조공하는 나라로 정립을 한 것이 아니겠느냐 이렇게 생각을 했습니다.

마지막 세 번째 질문은 사실 이재범 교수님 발표에서도 조금 나왔지만 고려 김부식이 삼국사기를 편찬할 당시의 고려가 일본을 어떻게 인식하고 있었느냐는 거의 드러나지 않습니다. 이렇게 보면 김부식이 삼국사기를 편찬할 때 그 당시 고려의 일본에 대한 인식이 삼국사기 편찬에 큰 영향은 미치지는 않은 것 아니겠느냐 이런 정도로 대답을 할 수 있을 것 같습니다.

손승철 네 감사합니다. 자 그럼 남북국 시대 하나만 더 하고요. 임상선 선생님 발표에 대해서 안동대학교의 김종복 교수님께서 토론해주시겠습니다. 부탁드립니다.

김종복 네 저의 토론문은 자료집 71페이지에 수록되어 있습니다. 읽는 것으로 토론을 하도록 하겠습니다.

임상선 선생님의 남북국의 일본, 일본인 인식은 한국사에서 8~10세기 사이에 양립했던 신라와 발해의 시기를 남북국이라는 하나의 역사단위로 설정하고 대 일본 및 일본인 인식을 다루고 있습니다. 발표자도 지적했다시피 남북국과 일본의 관련된 사료는 그 절대다수가 일본측 자료라는 한계성 때문에 기존의 연구는 일본사 입장에서 남북국을 다루고 있는 것이 대부분이었고, 남북국의 입장에서 일본과 일본인을 다룬 것은 적을 수밖에 없던 것이 학계의 현실이었습니다. 이것은 삼국시대도 마찬가지고 또 오늘 고려시대도 그렇다는 것을 새삼 알게 되었습니다. 그래서 이러한 사료의 한계성을 타계하기 위해서는 일본측 자료를 신라와 발해의 입장에서 해석하는 노력이 필요하다고 발표자는 강조하고 계십니다. 저도 이 의견에는 적극 공감하고 있습니다. 이러한 문제의식에 입각해서 발표자께서는 발해와 신라의 일본인 인식을 몇 가지 유형으로 나눠 관련 사료를 소개하며 일본측 자료 속에서 발해와 신라의 입장을 찾으려고 상당히 고심하셨던 것으로 보입니다. 이러한 문제의식과 학문적 도모가 한일관계사에 관심을 갖는 독자들에게 좀 더 이해되었으면 하는 생각에서 몇 가지 두서없는 질문을 드리려고 합니다. 한 4가지쯤 되는데요. 그 중 첫 번째와 세 번째는 제안 같은 것이고요. 실제로 드릴 질문은 두 번째와 네 번째입니다.

먼저 첫 번째로 발해와 신라의 일본인 인식을 논하기에 앞서 그 당시 일본이 발해와 신라를 어떻게 인식했는지를 간단하게 서술해 주셨으면 논지를 이해하는데 쉽지 않았을까 생각이 듭니다. 발표 중간 중간에 언급은 되어있고, 다 아는 상식이지만 당시 천황제를 표방한 일본이 신라와 발해를 번국, 조공국으로 인식하고 있었던 사실은 당연하지만 이러한 인식을 당시 신라와 발해도 당연시 했는지 아니면 외교적 필요에 의해서 수긍했는지, 또 수긍했다고 하더라도 그것이 고정된 것인지 아니면 상황에 따라 항상 가변적인 것인지 등을 고려해보는 것이 일본측 자료 속에서 신라와 발해의 입장을 반추해내는 과정이 되지 않을까 생각하고 있기 때문입니다. 이런 부분을 감안하시면 좀 더 나아지지 않을까하는 그런 말씀이고요.

두 번째는 2장 발해와의 일본 인식을 4가지로 나눠서 하시고, 또 신라의 일본인식도 4가지로 나눠서 잘 하셨습니다. 기본적으로 일본인에 대한 신라와 발해의 인식을 같은 기준, 같은 유형으로 적용하려고 하신 것으로 생각이 듭니다. 근데 3-1의 신라의 일본인에 대한 우월의식에서 신라가 일본보다 우월하다는 사료적 근거는 조금 보이지 않는다고 생각합니다. 물론 발표문에서는 신라가 일본에 비해서 王城國이라고 표방한 것도 왕자가 황자의 오기가 아니겠느냐라고 하셨는데요. 사실 그것 이외에는 그렇게 볼 수 있는 사료가 없기 때문에 이 한 가지만 가지고 그렇게 보기는 어렵지 않을까 그런 생각이 듭니다. 그래서 오히려 대등관계로 보아야하지 않을까. 신라는 일본에 대해서 일본은 신라를 조공국으로 간주하려했지만 신라는 대등하게 하려고 한 것 같아서 양자의 갈등이 있었던 것은 아닐까 그것은 아마 일본과 발해의 경우에도 마찬가지라 생각을 하는데요. 그렇게 생각하는 이유 중에 하나는 나·당연합을 통해 백제와 고구려를 멸망시킨 신라는 당과는 사대관계를 맺고 일본과는 교린관계를 지향했던 것이 아닌가 생각이 들기 때문입니다.

세 번째로는 이 논문에서는 공적 교섭인식을 잘 다루었지만 일본인 인식, 민간인 인식은 좀 적은 것 같습니다. 물론 발해여자 高氏와 일본남자 高內弓의 결혼을 소개하면서 양국이 친근감을 갖는 사례라고 간단하게 넘어가신 측면이 있습니다. 발표문에서도 잠깐 언급이 되었지만 고매국은 학생으로서 발해어나 발해악을 배우러 간 유학생이라는 측면에서 이 부분에 주목을 하신다면 양국 간에 민간인 교섭과 인식도 좀 더 언급될 수 있지 않을까 싶고요. 또 신라의 경우에는 이러한 부분이 언급되지 않고 있습니다. 근데 이 부분은 일본의 입당구법승 엔닌이 당나라로 유학 갔다가 돌아올 때 청해진의 장보고의 도움을 받아 돌아온 사례가 있으니 그런 부분을 참고해서 언급을 하시면 신라의 일본인 인식 같은 경우도 서술할 수 있지 않을까 싶습니다.

마지막으로 이 논문을 신라와 발해를 남북국이라는 하나의 역사단위로 설정을 하고 이들의 일본, 일본인 인식을 다루고 있습니다. 그러나 실제 서술을 신라와 발해의 대일외교는 각각 변별적으로 구별 서술되어 있어서 아마 분량상의 문제 때문이라고 생각이 됩니다만 양자의 상호비교는 다루고 있지 않다는 아쉬움이 있습니다. 남북국의 대일관계 및 인식 상에서의 비교분석을 통해 공통점과 차이점이 언급된다면 고대 한일관계사뿐만 아니라 한국사에서 남북국시대에 대한 이해가 좀 더 깊어지지 않을까 하는 생각이 들었습니다.

사실 이 부분은 노중국 교수님에게 여쭤보고 싶은 문제인데요. 삼국과 일본과의 관계도 큰 틀에서는 그렇지만 그 안에서 고구려, 백제, 신라는 어떤 점에서 비슷하고 어떤 점에서 차이가 있었는가 하는 부분이 좀 더 언급된다면 한일관계를 이해하는데 이해가 깊어지지 않을까 하는 생각이 들어서 감히 말씀드려봅니다.

네. 이상으로 마치겠습니다.

손승철 네. 고맙습니다. 임 선생님 요약해서 말씀해주세요.

임상선 네. 처음에 이 주제를 받았을 때 사료가 없다는 것은 다른 어떤 분야보다도 발해사하는 사람은 늘 입에 달고 다니는데, 정말 사료가 없는 상황입니다. 좀 전에 노중국 교수님께서는 한국 책에 나와 있는 자료를 보고 일본서기를 통해서 삼국의 인식을 보는 것은 어려움이 많다고 했습니다. 그 어려움을 무릅쓰고 한 글이 이번의 글입니다. 근데 저는 그런 생각을 했습니다. 발명이라고 하는 것은, 어떤 새로운 것이 만들어진다는 것은 그 요구가 있으면 발명이 있는데, 저도 이번에 기금 측의 요청을 받고 새롭게 논문을 작성하게 되었습니다. 근데 제가 출발을 처음에 했을 때 느낌은 어떤 상황이었냐면 예를 들어서 현재 국가간의 교류를 하려고 할 때 우리나라가 잘 모르는 나라를 방문할 경우에 그 나라를 방문했을 때 어떻게 할 것인지 또는 그 나라에 방문해서 선물을 준비할 때도 그냥 선물을 준비하는 것이 아니라 그 나라에 대한 기본적인 인식을 바탕으로 해서 선물을 준비한다고 생각을 했습니다. 어떻게 보면 그런 작은 실마리를 가지고서 일본 측에 남아있는 발해의 자료를 본 것입니다.

지금 김종복 교수님께서 4가지를 말씀해주셨는데요. 그중 2가지는 제안이기 때문에 제가 여기에 대해서 반박이나 그렇기보다도 당연히 제가 내용을 보완할 때 보완하겠습니다. 첫 번째가 그런 내용이고요. 발해와 신라를 간단하게 서술할 것은 앞부분에 제가 보충하도록 하겠습니다.

뒤에 가서 두 번째 질문 중에서 신라가 일본에 대해서 우월의식이 아니라 대등하게 생각하는 것이 아니냐고 말씀을 하셨는데요. 말씀의 뜻이 일본 측에서 735년인가에 신라가 일본을 방문해서 王城國이라고 표현하니깐 일본 측에서 거부하게 되거든요. 그래서 기왕에 왕성국이라고 표현한 그 자체가 신라가 기왕과는 다른 스탠스를 취한 것이라는 것이 기본적으로 사료는 그것이고 간접적으로는 그 이후의 신라 사신들이 일본에 가서 취한 행동 같은 것이 그 전과는 다르게 수동이 아니라 나름대로 일본의 요구에 응하지 않는 자신감을 보인 것을 참조해서 이러한 설명을 했습니다. 지금 말씀하신 대등이라는 관점에서 제가 다시 한 번 살펴보겠습니다.

다음 민간교섭과 관련해서 신라의 경우 엔닌의 입당구법순례행기를 다음에 제가 보충하도록 하겠습니다.

마지막으로 신라와 일본의 대일관계인데 도리어 신라와 발해의 상호인식은 어땠는지 여기에 대한 설명도 하면 사실 전공하는 사람 입장에서는 이와 관련된 글은 여러 편이 있지만 이 글을 일반사람들이 본다는 점에서 그런 부분을 보완해줬으면 하는 말씀이신 것 같습니다. 그 내용도 다음에 제가 보충하겠습니다.

김종복 신라와 발해와의 관계가 아니라요. 대일관계에서 볼 때 신라의 대일관계와 발해의 대일관계의 공통점과 차이점 그런 측면에서 말씀드린겁니다.

손승철 네. 감사합니다. 그것은 시간이 많이 걸릴텐데 식사하시면서 하세요. 지금 시간이 거의 다되었습니다. 이렇게 해서 일단 약정토론자들의 질의, 발표자의 응답을 들었습니다. 그런데 아침부터 긴 시간 우리와 자리를 함께해 주신 선생님들이 계십니다. 그래서 한, 두 분 간단히 말씀을 듣고, 제가 정리하고 끝내도록 하겠습니다. 혹시 전성기 선생님 그래도 한 말씀씩 꼭 하셨잖아요. 안하시면 저쪽에 선생님 혹시 한 말씀 해주시겠어요?

최종대 친구인 이재범 교수님 따라 많이 배웠습니다. 저는 역사를 늦게 공부했는데요. 일본은 가깝고도 먼 나라이지요. 근데 우리는 일본을 좋아하지 않으면서 일본이 우리를 좋아해주길 바라는 것 아닌가 이것을 저는 항상 느낍니다. 그것이 저희들 시대의 과제라고 생각합니다. 제 아버님이 20년대 생이고 또 제가 군에 있을 때 백선엽 장군님을 자주 뵈었어요. 그분들께 일본이 어떤 나라입니까 질문을 하니깐 저의 부친은 배울게 많은 나라이다. 백선엽 장군은 오해받기 싫어 절대 이야기를 안 하십니다. 아까 오가타 선생님이신가요? 박정희라는 사람이 일본 제국군인 출신은 아닌 것 아닙니까? 만주군 출신이잖아요. 만주국이 형식상으로는 독립국이었죠. 어떻게 생각하십니까 오가타 선생님.

오가타 만주군 출신도 맞고, 육군사관학교를 다니기도 했습니다.

최종대 육사는 만주군관학교를 나오고 우수 졸업생일 때 위탁교육을 간 것입니다. 박정희, 백선엽은 다 만주군 출신입니다. 만주군이 20만이었다고 그래요. 우리하고는 성격이 틀리죠. 거기는 화폐도 있었고, 군대도 있었고요. 형식상으로 독립국으로 인정을 해준 겁니다. 그러니까 박정희를 제국 일본군인으로 표현하는 것은 맞지 않다. 저는 그렇게 생각을 합니다. 그래서 오늘 많이 배웠고요.

제가 어릴 때 이승만의 휘하에 있는 분이 그런 말을 하셨어요. 우리가 일본에 그렇게 꿇리지 않은 상황이라고 생각해서 아부성으로 이제 우리는 뭐 좀 어찌어찌 합니까하니깐 이승만 대통령이 그랬다고 그래요. 우리 같이 일본사람에게 종살이 한 사람은 그 콤플렉스를 못 벗어나니깐 자네 세대, 자네 아래 세대에 하라고 하셨다고 그래요. 그래서 저는 이승만이 여러 가지 친일 인사를 기용하기는 했지만 친일성향은 아니지 않나 제 3자로서 말씀드립니다. 감사합니다.

손승철 네 알겠습니다. 질문은 아니라서 그냥 말씀만 듣고요. 시간이 다 되었기 때문에 사실은 제가 1분 스피치를 해서 한 바퀴 돌려고 했는데 그러면 오늘 날샐 것 같아서 여기서 마무리를 해야 하겠습니다.

사실 작년과 올해에 걸쳐서 2년 동안 양국인의 상호인식에 관해서 우리가 토론을 했습니다. 상호인식을 주제로 한 이유는 2018년도에 양국 상호 방문객이 1,024만 명입니다. 그럼에도 불구하고 양국관계는 수교이래에 최악이 되어버렸습니다. 도대체 이 이유가 어디에 있냐? 더구나 코로나19가

급습하며 제로 상태로 갔죠. 그래서 결국에는 인식의 문제를 다뤄보자 했는데 제가 수많은 한일관계사 국제심포지엄을 했지만 인식의 문제만큼 어려운게 없네요. 그래서 그 문제를 해결하려고 기본적으로 자기 인식이 어땠느냐 타자에 대한 인식이 어땠느냐 이걸 어떻게 체계화하면은 우리가 원하는 근사치에 도달할 수 있지 않겠느냐 그런 생각을 해봤습니다. 그래서 고대부터 현대에 이르기까지 해봤습니다. 제가 작년부터 올해까지 생각한 것은 고대부터 현대에 이르기까지 관통하는 어떤 인식이 있나 일본사람이 한국사람을 생각하는, 또는 한국사람이 일본사람을 생각하는 관통하는 아주 소박하게 표현하더라도 예를 들어서 "미워한다. 상대국을 폄하한다. 무시한다. 또 일본은 침략국이다. 우린 피해자다. 일본은 믿지 못한다." 하여튼 소박한 단어라도 양국인들이 상호간에 관통하는 상호인식이 있을까 거기서부터 그걸 찾아낼 수 있다면 한번 출발해보면 어떨까 사실은 이런 생각이었습니다.

그런데 판을 벌여놓고 보니까 더 복잡해졌습니다. 근데 저는 그럴수록 요즘 흔한 말로 위기는 찬스라고 그랬잖아요. 아까 기조강연에서도 이야기했지만 어떻게 보면 최대의 위기면 어떻게든지 탈출할 수 있는 지혜로움이 일본 사람도 가지고 있을 것이고, 한국사람도 가지고 있지 않을까 그리고 그런 것에 대해서 우리가 무언가를 고민할 때 고민거리를 제공하는 학술대회가 되었으면 좋겠다. 그래서 오늘 많은 말씀을 하셨고, 여러 가지 코멘트를 많이 하셨습니다. 정말 사료도 빈곤한 어려운 상황에서 이렇게 100매씩이나 되는 원고를 주셔서 너무 감사하고 또 그것을 읽고 토론을 해주시고 어떻게든지 우리가 공동으로 할 수 있는 무언가를 찾아내기 위해 노력했습니다. 그런데 우리는 다들 인문학자들인데 인문학도 과학이라고 한다면 뭔가 합리성을 가지고 있어야할 것 아닙니까 일본사람의 논리건 한국사람의 논리건 그렇게 본다면 역사가 수학은 아니지만 그래도 근사치, 답안지를 쓰려고 하는 노력을 지금부터 해야 하지 않을까 생각합니다.

그래서 사실은 무리해서 일본대사님도 아침에 모셔 왔어요. 근데 그분도 굉장히 부담스러운가 봅니다. 이런 상황에서 어디 가서 축사하는 것이, 그런 비하인드가 있습니다. 그럴수록 양국관계는 이어가야 할 것 아닙니까? 그런데 그 관계를 이어가는 방법은 전쟁을 한다면 간단하겠지요. 저는 결국에는 문제는 정치, 언론, 교육이 문제가 아닌가. 그래서 아마도 이런 것들을 우리가 종합적으로 노력을 해야 하지 않을까 합니다.

오늘 학술대회는 끝나지만 죄송하지만 월말까지 수정보완을 하셔서 제출해주시면 단행본을 내년 3월쯤에 내겠습니다. 그래서 다른데 논문 발표할 곳 있으시면 발표하시고 일단 월말까지 수정원고를 작성해서 보내주시면 책은 내년 3월이나 4월에 출간할겁니다. 그러면 한일상호인식을 종합적으로 정리한 책으로, 작년에 일본편, 올해 한국편을 출간합니다. 그러면 이것이 한국에서 시도한 최초의 상호인식에 대해 분석한 것이 되지 않을까, 그렇다면 그 다음에 그것을 기초로 해가지고 다음단계, 다음단계로 업로드해가면 언제가 될지 모르지만 우리가 지향하는 목표로 나아가지 않을까 기대를 합니다. 장시간동안 사료도 없는데 원고 쓰시고 여러 가지 어려운 상황에서 정말 감사드리고요. 일단 학술대회는 이렇게 마무리하고 저녁식사 자리를 준비를 했습니다. 여의도에서 최고 맛집입니다. 그러니 가지 마시고 가셔서 마무리 뒷이야기를 하시면 감사하겠습니다. 코로나의 어려운 상황에서 이렇게 면대면으로 학술대회를 개최할 수 있게 해주신 한일교류기금 회장님, 사무국장님을 위해서 여러분들의 노력, 참석해주신 선생님들께 너무 감사드립니다. 이상으로 2021년 한일국제학술회의를 모두 마치도록 하겠습니다.

감사합니다.

저자 소개

발표
신각수(전 주일대사, 한일문화교류기금 이사)
노중국(계명대학교 명예교수)
임상선(동북아시아역사재단 명예연구위원)
이재범(전 경기대학교 교수)
장순순(전주대학교 연구교수)
최덕수(고려대학교 명예교수)
김인덕(청암대학교 교수)
오가타 요시히로緒方義広(후쿠오카대학 교수)

토론
세키네 히데유키關根英行(가천대학교 교수)
김종복(안동대학교 교수)
이상배(서울역사편찬원 원장)
다사카 마사노리田阪正則(선문대학교 교수)
김세민(전 하남역사박물관 관장)
한상도(건국대학교 명예교수)
선우정(조선일보 논설위원)

종합토론 사회
손승철(강원대학교 명예교수)

韓國人의 日本, 日本人에 대한 認識

2022년 4월 12일 초판 인쇄
2022년 4월 26일 초판 발행

지 은 이 한일문화교류기금
발 행 인 한정희
발 행 처 경인문화사
편 집 부 이다빈 김지선 유지혜 한주연 김윤진
마 케 팅 전병관 하재일 유인순
출판신고 제406-1973-000003호
주 소 (10881) 파주시 회동길 445-1 경인빌딩 B동 4층
대표전화 031-955-9300 팩 스 031-955-9310
홈페이지 http://www.kyunginp.co.kr
이 메 일 kyungin@kyunginp.co.kr

ISBN 978-89-499-6617-5 93910
값 20,000원